150 Alpenausflugsziele

150 Alpen-Ausflugsziele

für unvergessliche Erlebnisse

Thomas Wedel

BRUCKMANN

INHALT

Monaco

Kulturelles

Events

Französische Alpen

Alpines

Westschweiz

Touristisches

Mit der Gornergratbahn in Richtung Matterhorn

Kulturelles

Events

Alpines

Die Leidtobelbrücke bei Riezlern war bis 1930 Teil der alten Hauptstraße ins Kleinwalsertal

Allgäu

Kulturelles

Wetterstein, Karwendel, Bayerische Voralpen

Touristisches

Kulturelles

Events

Alpines

Chiemgau und Berchtesgadener Alpen

Touristisches

Kulturelles

Alpines

Tirol

Touristisches

Im Nationalpark Berchtesgaden lassen sich mit etwas Glück Steinböcke beobachten

Kulturelles

Events

Alpines

Salzburger Land und Salzkammergut

Touristisches

Berühmtes Gasthofschild »Zum Weißen Rössl«

Kulturelles

Alpines

Steiermark und Kärnten

Touristisches

Kulturelles

Alpines

Südtirol

Touristisches

Blumenwiese am Fuße der schroffen Felsen der Dolomiten

Einleitung

Pfarrkirche St. Jodok in Mittelberg im Kleinwalsertal

PIKTOGRAMME ERLEICHTERN DEN ÜBERBLICK

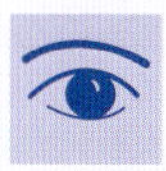 **Touristisches**

 **Kulturelles**

 **Alpines**

 **Event**

Die Alpen – dabei denkt jeder zunächst einmal an Berge, Almen, Gletscher. Doch abseits davon gibt vieles Außeralpinistisches zu entdecken!
Freilichtmuseen, spektakuläre Brückenkonstruktionen und Bergstraßen, nostalgische Eisen-, Zahnrad- und verrücktmoderne Achter- bzw. Bergbahnen, Staumauern, Burgen und Schlösser, exklusive Hotels – die man sich gern einmal leisten würde –, Events wie das berühmte Hahnenkammrennen Kitzbühel, den Grand Prix de Monaco oder anspruchsvolle Musik- und Filmfestivals. Und dann natürlich geballte Ladungen Kunst und Kultur: Klöster, Kirchen, Kunstmuseen, das immer noch im Wachsen begriffene Messner Mountain Museum, in das der weltberühmte Bergsteiger sein Erbe einbringt und vieles andere mehr.
Die Auswahl der Ausflugsziele ist subjektiv, kann nur subjektiv sein. Aber wenn man allein schon das Inhaltsverzeichnis Revue passieren lässt: Das sind echte Highlights! Da ist alles drin, was man sich nur denken (und nicht denken) kann. Selbst Alpenkennern bietet sich so manche Überraschung, Aha-Erlebnisse inklusive.
An Ausrüstung braucht es nicht viel, um den 150 Zielen nachzuspüren. Was eben Alpenreisende so mitführen: eine warme Jacke, einen Anorak, festes Schuhwerk, Mütze und Handschuhe. Für manche Aktivitäten wie zum Beispiel der Wandertour zur Schellenberger Eishöhle sollten schon Trekkingschuhe und einen kleinen Tagesrucksack mitgenommen werden.
Viele der Ziele lassen sich ideal mit öffentlichen Verkehrsmitteln (Bahn und Bus) erreichen, für andere ist ein guter Autoatlas oder eine Alpenstraßenkarte wichtig.
Diese Alpen-Highlights taugen – je nachdem wo man wohnt – als Tagesausflugs ebenso wie als Kurzurlaubstipp oder sogar für den Jahresurlaub. Die Ziele sind verschiedenen Gebieten zugeordnet und unterteilt in Touristisches, Kulturelles, Events und Alpines. Auf die Kombinationsfreude der Nutzer kommt es an, sich etwas Tolles für drei, acht, zehn oder fünfzehn Tage zusammenzustellen. Das Wetter muss dabei nicht immer mitspielen, denn etliche dieser Alpenhöhepunkte versüßen gerade auch bei Regen den Tag. Bei Unternehmungen im Freien sollte man das Alpenwetter vorher beim Alpenvereinswetterbericht abfragen. Auf ihn ist Verlass.
Ob Wandertour, Museum, Festival oder erlesene Unterkunft: Auf das Gesamterlebnis Alpen kommt's an. Kultur und Natur lassen sich gleichermaßen genießen und den Urlaub erst richtig rund gedeihen. Mit dem vorliegenden Buch dürfte das ganz ausgezeichnet gelingen.

1 Das Ozeanografische Museum

Tiefsee über dem Meer

Albert Honoré Charles Grimaldi war nicht nur Fürst von Monaco, sondern zugleich auch leidenschaftlicher Forschungsreisender. Von seinen Seefahrten brachte er eine Vielzahl an Funden zurück in sein Fürstentum. Um sie den Bürgern Monacos zugänglich zu machen, gründete er 1899 das Musée et Institut océanographique de Monaco.

Verbunden mit dem Meer. Für sein Museum wählte Albert I. in Monaco-Ville einen Standort mit Bezug zum Ozean und ließ den prachtvollen Bau an einem bis ins Mittelmeer reichenden Felshang am Rand der heutigen Altstadt errichten. Achtzig Meter über dem Meeresspiegel bietet sich an schönen Tagen von der Dachterrasse des Museums ein grandioser Blick bis zur italienischen Riveria. Freunde exotischer Pflanzen sollten auf jeden Fall einen Streifzug durch die Parkanlage unternehmen, die das Museum umgibt.

Steinfisch und Sternmuräne. Die bunte Welt der Meerestiere lässt sich in dem modernen Aquarium bestaunen, das über 4000 verschiedene Arten beherbergt. Leopardenhaie, Meerdrachen und andere Exoten aus aller Welt teilen sich die rund 90 Becken des Untergeschosses. Auch ein lebendiges Korallenriff aus dem Roten Meer gibt es zu sehen.

Eine fast ebenso große Vielfalt zeigen die Abteilungen für zoologische und angewandte Ozeonografie. Neben dem beeindruckenden Skelett eines Walfisches werden ungewöhnliche präparierte Meerestiere gezeigt wie z.B. japanische Riesenkrabben. Eine Dauerausstellung über Meeresphänomene vermittelt das Verständnis von Ebbe und Flut, eine Nachbildung des Labors vom Schiff Fürst Alberts I., der Hirondelle II, entführt uns in lange vergangene Forscherzeiten.

INFO

Musée Océanographique de Monaco
Avenue Saint-Martin
MC 98000
Tel.: +377 93 15 36 00
Fax: +377 93 50 52 97
E-Mail : musee@oceano.mc
www.oceano.mc

Öffnungszeiten:
ganzjährig
(außer am Tag des Formel 1-Rennens)
Jan. bis März und Okt. bis Dez.
von 10 bis 18 Uhr
April bis Juni und Sept. von 9.30 bis 19 Uhr
Juli und August von 9.30 bis 19.30 Uhr

Monaco, die Stadt der Schönen und Reichen, hat neben Casinos und Formel 1 noch einiges mehr zu bieten

2 Das legendäre Casino de Monte Carlo

Stelldichein der Könige

Rien ne vas plus – Nichts geht mehr

1866 auf Betreiben von Prinz Charles III. von Monaco gegründet und durch den Millionär François Blanc realisiert, war es noch in den 1870-er-Jahren das einzige Casino Europas. Die Glücksspieler kamen in Scharen in das erste Spielzimmer, den in maurischem Stil gehaltenen »Salle Europe«, um ihre Chance zu suchen. Darunter der einfache Mann von der Straße, aber auch berühmte Schauspieler, reiche Industrielle und Schriftsteller. Ja, sogar gekrönte Häupter wie der König von Nepal, William II. oder Kaiser Franz Josef von Österreich wollten sich einmal dem Kribbeln und dem Rausch hingeben. Den einen oder anderen hat diese Welt nie mehr losgelassen. So wurde Monte Carlo zum Inbegriff für das Glücksspiel schlechthin. Geschichten vom großen Geld und vom Ruin am Spieltisch heizten die Fantasien der Menschen an – für die Reichen und Berühmten war ein Besuch in Monte Carlo Pflicht geworden. Das gilt auch heute noch. Kein Geringerer als der Welt erster Geheimagent James Bond kämpfte in »Sag niemals nie« am zugegeben etwas modifizierten Spieltisch mit Bösewicht Largo im Casino de Monte Carlo um die Weltherrschaft – und gewann. Das war längst nicht das erste Mal, dass das Casino die Kulisse für großartiges Kino stellte.

INFO

Casino de Monte-Carlo
Place du Casino
MC 98000 Principality of Monaco
Tel.: +377 98 06 21 21
E-mail: vip@montecarlocasinos.com
www.montecarlocasinos.com
Öffnungszeiten: täglich ab 14 Uhr,
Zutritt ab 18 Jahren

3 Grand Prix de Monaco

Stadtrundfahrt als Formel-1-Rennen

Jeder Formel-1-Pilot träumt davon, den legendären Grand Prix von Monaco zu gewinnen – den langsamsten, aber auch härtesten Grand Prix der Formel-1-Saison, der immer im Mai stattfindet. Auf dem Kurs durch die engen Straßen von Monte Carlo und entlang des Hafens hat schon der kleinste Fahrfehler fatale Folgen und Überholmanöver sind kaum möglich. All' dies gibt dem Qualifying um die besten Startplätze hier mehr als anderswo einen entscheidenden Charakter. Die Rennen selber sind trotz der raren Überholvorgänge stets außergewöhnliche Spektakel, denn die nervenaufreibenden Duelle zwischen den Piloten enden nicht selten in Fahrfehlern, Verbremsungen oder gar Unfällen. Der erfolgreichste Pilot auf den Straßen von Monte Carlo war der 1994 in Bologna tödlich verunglückte Ayrton Senna. Insgesamt sechs Mal konnte der Brasilianer das Rennen für sich entscheiden.

Berühmte Kurven. Nach Silverstone ist Monaco der zweitälteste Formel-1-Kurs der Welt, bereits seit 1950 wurde die Rennstrecke in den Formel-1-Zirkus aufgenommen. Rennen gefahren wurden hier aber schon seit 1929. Auch der Kurs selbst ist seit dieser Zeit kaum verändert worden. Er ist 3340 Meter lang und weist einige der klingendsten Passagen des Rennsports auf, wie die Mirabeau-Kurve, Rassecasse oder die Loews-Kurve, die langsamste Kurve aller Formel-1-Rennstrecken. Der entscheidende Unterschied zu allen anderen Rennstrecken aber ist seine Streckenführung durch die Häuserschluchten von Monte Carlo und entlang des Hafens. Der Kurs kommt einer Stadtrundfahrt gleich, in deren Verlauf auch das berühmte Casino de Monaco und die unzähligen im Port de Monaco vor Anker liegenden Luxusyachten passiert werden. Und dazu das ohrenbetäubende Dröhnen der Boliden, die hautnah an den Zuschauern vorbeirasen, das ist der besondere und einzigartige Monacoflair.

INFO

L'Automobile Club de Monaco
23 boulevard Albert 1er
98000 MC MONACO
Tel.: +377 93 15 26 00
Fax : +377 93 25 80 08
E-Mail: info@acm.mc
www.acm.mc

4 Parc national de la Vanoise

Im Reich der Grande Casse

Der Vanoise-Nationalpark, noch immer ein Geheimtipp unter den Naturliebhabern

Val d'Isère ist vielen Skifahrern rund um den Globus ein Begriff, doch die gleich südwestlich davon gelegene Naturschönheit des Vanoise-Nationalparks dürfte kaum über die Grenzen Frankreichs hinaus bekannt sein. Schneebedeckte Gipfel (bis hinauf zur Grande Casse, 3855 m), Gletscher und zahllose Bergseen werden durch ein gut gestaffeltes Netz von Hütten zugänglich gemacht. Der Park selber ist durch zahlreiche Täler gut zu erreichen. Geschützt durch die Voralpen und die Belledonnegruppe ist er bekannt für sein vergleichsweise trockenes und warmes Klima. Die Lebensqualität weiß auch die Tierwelt zu schätzen. Nirgends sonst in Frankreich ist die Chance größer, wildlebende Steinböcke vor die Linse zu bekommen oder den König der Lüfte, den Steinadler, bei seinem mühelosen Dahingleiten zu verfolgen.

Nationalparkzeitung. In 16 Gemeinden rund um den Park stehen die Mitarbeiter des Nationalparks in den Sommermonaten den Besuchern mit Auskünften zur Seite, ja sogar eine eigene Zeitung, den »l'estive«, bringt der Vanoise-Nationalpark jede Saison neu heraus. Wer des Französischen nicht mächtig ist, dem entgeht allerdings die Vielzahl der Hintergrundinformationen über Fauna, Flora und Parkentwicklung. Nur die aktuellen Basisinformationen zum Nationalpark und zu den Hütten gibt es auch in Englisch, Italienisch und Deutsch.

Abstand zu den weißen Riesen. Auch für den Vanoise-Nationalpark gilt: Die beste Art und Weise, um ihn kennen zu lernen, ist zu Fuß zu gehen. Denn nur so kann man den Park hautnah erleben und sich als Teil der Bergwelt fühlen. Die vielleicht berühmteste Route im Nationalpark ist die »Gletschertour«. Je nach Gusto geht es in einer vier-, sechs- oder siebentägigen Wanderung um die zentralen Gletschergebiete des Vanoise-Parks, ohne dabei den weißen Riesen zu nahe zu kommen. Der Wegverlauf befindet sich in Höhenlagen zwischen 2000 und 2500 Meter, ist gut markiert und für alle Besucher mit Wandererfahrung im Gebirge geeignet. Da die einzelnen Etappen von Hütte zu Hütte zwischen vier und sechs Stunden lang sind, sollte man ausreichende Kondition mitbringen, schließlich sollen noch Zeit und Muße vorhanden sein, um sich die eine oder andere Rast zu gönnen und die Bergwelt zu genießen. Die beste Zeit für eine Vanoise-Gletscherumrundung ist von Mitte Juni bis Mitte September, dann sind alle Hütten bewirtschaftet (Voranmeldung empfohlen) und die Wetterbedingungen zumeist stabil.

INFO

Parc national de la Vanoise
135, rue du docteur Julliand
F-73008 Chambery Cedex
Tel.: +33 4 79 62 30 54
Fax: +33 4 79 96 37 18
www.vanoise.com

5 Parc national des Écrins
Wo die Alpen am wildesten sind

Der 1973 gegründete Nationalpark ist einer von neun französischen Nationalparks. Die Hochgebirgslandschaft des Écrins-Nationalpark zwischen Gap, Grenoble und Briançon wird von 700 Kilometern Wanderwegen durchzogen und kulminiert in der 4102 Meter hohen Barre des Écrins. Das Zentrum des Parks mit mehr als 150 Gipfeln über 3000 Meter bleibt dabei jedoch dem erfahrenen Bergsteiger vorbehalten, da es hier an den sonst vielerorts üblichen wanderbaren Übergängen fehlt. Wer als normalbelastbarer Bergwanderer in diese Regionen vordringen will, der sollte dies nur mit der professionellen Begleitung eines Bergführers wagen. Weiter unten wartet eine große Auswahl an nicht min-

Der Mont Pelvoux (links) reicht mit seinen 3946 m nicht ganz an die magische 4000er-Marke

der spannenden Themenwanderungen unter fachkundiger Führung. Seine besonders vielfältige Flora und Fauna verdankt der Park den vielen verschiedenen Vegetationszonen, über die er sich erstreckt. Höhenlagen zwischen 800 und über 4000 Meter sind die Grundlage für die Artenvielfalt des Parks, darunter 160 gefährdete Pflanzenarten und der Steinadler, das Symbol des Nationalparks. Sogar Luchse und Wölfe sind hierher zurückgekehrt.

Keine Hunde, keine Mountainbiker. An der Grenze zur Kernzone gibt es ein ausgedehntes Netz an Hütten, die durch Straßen bequem zu erreichen sind. An diesen Zugängen finden sich auch die zahlreichen Informationsstellen des Nationalparks. Von hier aus geht es nur noch zu Fuß weiter; das gilt auch für Mountainbiker, für die die Kernzone genauso tabu ist wie für Hunde. Anders die Außenzone, an deren nordöstlichem Rand in steter Regelmäßigkeit die Tour de France auf ihren Alpenetappen Station macht und der Tross den Col du Galibier und den Col du Lautaret in Angriff nimmt.

Eingeschlossen im Nationalpark ist auch das 1995 gegründete Lauvitel Nature Reserve. Betreten werden darf dieses Sperrgebiet nur zu wissenschaftlichen Zwecken, jegliche Form von touristischen Aktivitäten ist dort verboten. Ziel war es, ein Referenzgebiet zu schaffen, das völlig unberührt vom Menschen bleibt und so Vergleiche mit touristischen, land- und forstwirtschaftlichen Gebieten zulässt. Es ist das einzige seiner Art in ganz Frankreich.

INFO

www.ecrins-parcnational.fr

6 Mont Blanc

Im Banne des Monarchen

In den Alpen geht es nirgends höher hinauf als auf den »Weißen Berg«, wie er sowohl auf französischer als auch auf italienischer Seite heißt. Der »Monte Bianco« (italienisch) oder mit seinem bekannteren Namen »Mont Blanc« ist mit 4808 Metern der höchste Berg zumindest im Alpenbogen; sogar in Europa, wenn man den Fünftausender Elbrus im Kaukasus zu Asien zählt. Der Mont Blanc erhebt sich auf der Grenze zwischen Italien und Frankreich, beide beanspruchen den Gipfel für sich – Verwaltung und Bergrettung werden jedoch vom französischen Departement Haute-Savoie organisiert. Auch für den Volksmund und für die Bergsteigergemeinde liegt der Berg in Frankreich, zumal die Masse der Bergsteiger im französischen Chamonix ihr »Basislager« bezieht. Von dieser Seite aus führt auch die technisch am wenigsten schwierige Route hinauf ins ewige Eis. Als alles überragender Berg (zumindest was die Höhe anbelangt) ist er in den wenigen Monaten im Sommer, wenn die Bedingungen auch für den »Durchschnittsbergsteiger« eine Besteigung zulassen, eines der begehrtesten Ziele der Alpen. Dem entsprechend übervoll ist es an schönen Tagen auf der Goûtierhütte und am Bossesgrat unterhalb des Gipfels.

Nicht zu unterschätzen. Von oben wie von unten betrachtet beeindruckt der Mont Blanc mehr durch seine Dimensionen und die riesigen Gletscherflächen als durch eine formschöne, elegante Gestalt. Die Tatsache, dass er über die Normalwege im Vergleich zu vielen anderen Renommierbergen »relativ einfach« ist, sorgt regelmäßig dafür, dass der Berg unterschätzt wird. So sind es vor allem Steinschlag, Wetterstürze und plötzlich eintretendes Schlechtwetter in großer Höhe, was so manch einer Seilschaft den Gipfelerfolg oder gar mehr gekostet hat. Die Erstbesteigung erfolgte im August 1786 durch Michel-Gabriel Paccard und Jacques Balmat – einem Arzt und einem Kristallsucher.

INFO

Office de Tourisme
Chamonix Mont-Blanc
85, place du Triangle de l'Amitié
BP 25
F-74400 Chamonix Mont-Blanc
Tel +33 450 53 00 24
Fax +33 450 53 58 90
E-Mail: info@chamonix.com
www.chamonix.com

Öffnungszeiten:
täglich (außer Sonntagnachmittag)
von 9 bis 12.30 Uhr und
von 14 bis 18 Uhr
1. Juni nachmittags geschlossen

Der Mont Blanc, der Monarch unter den Bergen, mit seiner massigen Gestalt

7 Aiguille du Midi

Mit der Seilbahn ins Herz der Mont-Blanc-Gruppe

Direkt von Chamonix hinauf in die Schnee- und Eisregionen des Mont Blanc geht es mit der Téléphérique de l'Aiguille du Midi – einstmals die höchste Seilbahn der Welt. Die erste Etappe bringt die Besucher zur Station Plan de l'Aiguille auf 2300 Meter, bevor es entlang der Nordwand zu den Spitzen der Aiguille du Midi auf atemberaubende 3800 Meter geht. Hier an der Bergstation schweift der Blick zum ersten Mal auf das sich eröffnende Bergpanorama. Aber noch ist man nicht ganz oben. Das letzte Stück des Wegs auf die höchste Aussichtsplattform überwindet der Besucher mittels eines Aufzugs im Fels. Höher geht es nimmer an der Aiguille du Midi: 3842 Meter über dem Meeresspiegel und 1800 Meter über Chamonix. Endlich dann, wenn sich der Körper von dem raschen Höhengewinn beruhigt hat, ist Zeit, sich ganz auf die Bergwelt hier heroben einzulassen. Und die sucht ihresgleichen in den Alpen. An klaren Tagen kann man am Horizont sogar den unverkennbaren Felsturm des Matterhorns in den ferneren östlichen Walliser Alpen erspähen. Was sich da alles an prominenten Berggestalten zeigt, verraten die auf den Aussichtsterrassen aufgestellten Orientierungstafeln.

Ein Hauch von Bergsteigen. Doch als erstes geht der Blick natürlich hinüber zum König der Alpen, dem weißen Koloss, den Mont Blanc mit seinen Trabanten und dem wilden Bossonsgletscher. Wer früh genug hier oben ist, dem entgeht auch nicht die eine oder andere Seilschaft, die sich über den Normalweg von der Goûterhütte aus über den Bossesgrat dem Gipfel nähert oder erlebt hautnah, wie die Bergsteiger von der Midi-Bergstation zur Cosmiqueshütte absteigen, um sich von dort über die sogenannte Längsüberschreitung Richtung Mont-Blanc-Gipfel aufzumachen. Jedenfalls wird bei diesen Gelegenheiten erst richtig deutlich, wie die Rollenverteilung Mensch-Natur/Berg hier oben gelagert ist. Wer bei so viel Staunen noch Zeit hat, der kann sich auf der Aiguille du Midi auch verpflegen – in einem der höchsten Restaurants Europas mit der genauso kurzen wie prägnanten Bezeichnung »3842«.

Besucherweg. Ebenfalls nicht fehlen darf an so einem exponierten Ort das obligate »Postamt« mit Midi-Poststempel. Die beste Art, die Aiguille du Midi mit all' ihren Aussichtspunkten kennen zu lernen ist aber sicher der Besucherweg, der mittels Tunnel und Brücken die einzelnen Plateaus verbindet. Bei dieser Gelegenheit kommt man auch am Startpunkt zur Valleé-Blanche-Abfahrt vorbei. Von dort aus nehmen erfahrene Skiläufer eine der längsten und berühmtesten Abfahrten der Alpen in Angriff: 20 Abfahrtskilometer und 2800 Höhenmeter. Ihr Weg führt sie dabei durch wilde Hochgebirgslandschaft und über zwei spaltenreiche Gletscher – eindeutig ein ganz besonderes Abenteuer nur für ausgezeichnete Ski-Hochtouristen.

Mit der Seilbahn auf 3800 Meter Höhe. Es warten spektakuläre Ausblicke und dünne Luft

Wenn man die Höhe verträgt … So begeistert alle Besucher sind, wenn sie hoch oben in der Welt der Berge ankommen, so froh sind viele, wenn sie sie wieder verlassen können. Denn je nach persönlicher Veranlagung kommt es bereits nach einer halben Stunde Aufenthalt auf der Bergstation zu den ersten Symptomen mangelnder Höhenakklimatisation, üblicherweise Kopfschmerzen. Doch wer die Höhe gut verträgt und nicht genug bekommen kann von der Welt in Weiß und ihrer wilden Schönheit, der spekuliert sicherlich auf einen »Abstecher« nach Italien. Denn an der Aiguille du Midi muss nicht Schluss sein mit Mont Blanc und seinen Trabanten. Mit der Fahrt oder treffender mit dem »Flug« mit der »Panoramic Mont Blanc«-Seilbahn über den durch zahllose Spalten zerrissenen Géantgletscher geht der einzigartige Hochgebirgsausflug in die Verlängerung. Und die führt tatsächlich nach Italien, zur Pointe Helbronner (3460 m) und endet, so man will, im gegenüber liegenden Tal, in Courmayeur. Sicherlich die ungefährlichste Art für Nichtbergsteiger, sich dem Mont Blanc anzunähern.

INFO

Compagnie du Mont-Blanc
35, place de la Mer de glace
F-74400 Chamonix
Tel.: +33 450 53 22 75
www.compagniedumontblanc.com

8 Mer de Glace

Per Zahnradbahn zum Eismeer

Chateaubriand, Napoleon III., Pasteur waren schon dort und auch Goethe hat das »Mer de Glace«, eine der Wiegen des Bergtourismus, besucht. Zu deren Zeiten jedoch waren noch einige Mühen mehr aufzuwenden, um einen Blick auf das damals sicherlich noch mächtigere »Eismeer« zu erlangen. Mit Maultieren wurde die Reise von Chamonix (1035 m) nach Montenvers (1913 m) auf die Aussichtshöhe angetreten. Seit 1909 bringt die Zahnradbahn die Besucher bequem an den Gletscher. Zeugnis von der großen Anziehungskraft, die dieser Ort schon früh besaß, legt das 1880 erbaute Grand Hotel du Montenvers ab. Es ist eines der ältesten Hotels des Tals, wovon das historische Ambiente im Inneren des Hotels auf beeindruckende Weise Zeugnis ablegt. Draußen im Freien dreht sich hingegen alles um die wie gemalte Hochgebirgslandschaft: den zerklüfteten Eisstrom des Mer de Glace, eingerahmt von mächtigen Bastionen aus Eis und Fels, die in den abweisenden Pfeilern der Grandes Jorasses in 4205 Meter kulminieren. Zu ihren Füßen wälzt sich der 200 Meter dicke und 14 Kilometer lange Gletscher talwärts, direkt vorbei an den staunenden Besuchern, die nach 20-minütigem Fußmarsch ab der Station Montenvers das Eismeer erreicht haben.

Hinein ins Eis. Nicht entgehen lassen sollte man sich den Einblick in die unterirdischen Gletscherwelten des Eismeers, die die ins Innere des Gletschers gehauene Eishöhle preisgibt. Jedes Jahr wird in die Grotte aufs Neue ein Eispalast hinein modelliert. Ein eisiges Vergnügen tief im Inneren von Frankreichs größtem Gletscher, kaum minder unwirklich als sein oberirdisches Gesicht. Das »Museum der alpinen Tierwelt« und die Kristallgalerie sind weitere Angebote, die den Montenvers-Ausflüglern die Welt des Mont Blanc in ihren unterschiedlichen Facetten verdeutlichen.

Prachtvolle Wanderwege. Rund um die Station und das Grand Hotel gibt es zwei weitere einfache Wanderwege, den Naturtempelweg und den Viaduktweg, einen Pfad, der sich dem Thema »Begegnung mit der Schiene« widmet. Wer sich die Beine ausgiebiger vertreten muss, der wandert zurück nach Chamonix. Ab Montenvers führt ein einfacher Wanderweg hinunter in das Bergsteiger-Städtchen. Aber auch die Querung zur Midi-Mittelstation Plan de l'Aiguille (Grand Balcon Nord) in zweieinhalb Stunden auf einfachem Weg ist eine Option.

Im Mer de Glace gibt es auch einfacher zu begehende Wege

INFO

Compagnie du Mont-Blanc
35, place de la Mer de glace
F-74400 Chamonix
Tel.: +33 450 53 22 75
www.compagniedumontblanc.com

Direkt vor der Terrasse wälzt sich der Eisstrom talwärts

9 Schokoladenmuseum La Maison Cailler
Mekka für Schleckermäuler

Süßes Handwerk zum Probieren

Inmitten der üppigen Weiden und der original Fribourger Milchkühe von La Gruyère lädt Cailler of Switzerland, der bekannte Schweizer Schokoladenhersteller, im Städtchen Broc zum Rundgang ein. In der 1819 gegründeten Fabrik erfahren die Besucher Wesentliches über das Aufstreben der Branche, die Erfindung der Milchschokolade und das Kreieren verschiedener Pralinensorten.

Die Geschichte der Schokolade ist auch die Geschichte des Kakao. Man erfährt, wie der in der Ferne gewonnene Rohstoff mit der einheimischen frischen Milch und besten Nüssen oder Mandeln zum Lieblingsgetränk (nicht nur) von Kindern wird. Im Museum kann Schokolade mit allen Sinnen erlebt und auch degustiert werden.

INFO

Fabrique de chocolat Cailler
Rue Jules Bellet 7
CH-1636 Broc
Tel.: +41 26 92 15 15 1
E-Mail: broc.visites@ch.nestle.com
www.cailler.ch

Öffnungszeiten:
Vom 1. April bis 31. Oktober
Montag bis Sonntag durchgehend von 9.30 bis 16 Uhr (Start letzter Rundgang), Reisegruppen bitte voranmelden
Der Eintritt ist frei.

10 Freilichtmuseum Ballenberg
Bäuerliches Leben hautnah

Das nach wissenschaftlichen und denkmalpflegerischen Grundsätzen geführte Freilichtmuseum Ballenberg zwischen Brienz und Meiringen präsentiert heute 100 historische Objekte aus nahezu allen Kantonen und ist das einzige Freilichtmuseum für ländliche Kultur in der Schweiz. Alle Gebäude waren an ihrem ursprünglichen Standort gefährdet und konnten dort nicht erhalten werden. Sie wurden sorgfältig ab- und auf dem Ballenberg originalgetreu wieder aufgebaut.

Das Freilichtmuseum ist keine verstaubte Raritätensammlung, sondern eine Stätte betriebsamen Lebens und einzigartiger Erlebnisse. Die Gebäude dürfen betreten und ausgiebig in Augenschein genommen werden. Stuben, Küchen und Schlafkammern sind eingerichtet und laden zum Entdecken traditioneller Wohnformen und Arbeitsweisen ein. Die Vorführungen alter Gewerbe und Handwerke zeigen dem interessierten Publikum anschaulich, wie früher auf dem Lande gearbeitet wurde: Arbeit mit Pferden, Eseln oder Ochsen, Brotbacken, Goldschmieden, Holzschnitzen, Hutmachen, Kalkbrennen, Käsen, Klöppeln, Kochen, Köhlern, Mahlen, Ölpressen, Posamenten, Sägen, Sattlern, Schindeln, Schmieden, Schokoladeproduktion, Spanschachteln, Spinnen, Sticken, Stricken, Töpfern, Uhrmachen, Weben und Weißküfern.

Brauchtum, das keiner mehr kennt. In einem Teil der Gebäude befinden sich zahlreiche Dauerausstellungen wie die szenische Darstellung von Lebensstationen »Geburt, Hochzeit, Tod« oder »Vom Wagenrad zum Skizirkus«, die durch ein reichhaltiges Programm von Sonderveranstaltungen ergänzt werden. Diese erlauben zusätzliche, immer neue intensive Einblicke in das teils verloren gegangene Brauchtum der ländlichen Schweiz. Und die muntere Schar der rund 300 Bauernhoftiere tut ein Übriges, sinnlich erfahrbares Leben in die Ställe und auf die Weiden zu bringen. Denn in einer gesamtschweizerisch einmaligen Präsentation können auf dem Ballenberg alle Bauernhoftiere in ihrer ganzen Formen- und Farbenvielfalt bewundert und beobachtet werden: Bienen, Tauben, Hühner, Enten, Gänse, Kaninchen, Ziegen, Schafe, Schweine, Rinder, Esel und Pferde. Sogar vom Aussterben bedrohte Rassen haben hier einen Platz: Pfauenziegen, Spiegelschafe, Rätisches Grauvieh, Wollhaarige Weideschweine, Diepolzer Gänse ...

Von Blumen und Heilkräutern. Auch die Flora kommt im Freilichtmuseum Ballenberg zu ihrem Recht. Denn neben der historischen Drogerie erstreckt sich ein großer Garten mit Gräsern, Kräutern, Blumen und Sträuchern aus Wald und Feld, die in der traditionellen Medizin als Heilmittel verwendet wurden bzw. werden. Und die Gebäude sind von historischen Bauerngärten, Wiesen und Feldern mit regionaltypischen Blumen, Kräutern, Obstbäumen, aber auch mit längst vergessenen oder vom Aussterben bedrohten Pflanzen umgeben.

INFO

Freilichtmuseum Ballenberg
CH-3855 Brienz
Tel.: +41 33 95 21 03 0
Fax: +41 33 95 21 03 9
E-Mail: info@ballenberg.ch
www.ballenberg.ch

Öffnungszeiten:
Von Mitte April bis Ende Okt.
tägl. von 10 bis 17 Uhr
Führungen auf Voranmeldung in Deutsch, Englisch, Französisch und Italienisch

Im Freilichtmuseum Ballenberg finden nicht nur alte Häuser ein neues Zuhause

11 Augusta Raurica
Von Kelten und Römern

Römerhaus, Museum und weitläufiges Ruinengelände – das perfekte Terrain für eine Zeitreise. Denn was die keltischen Einheimischen und die vom Mittelmeergebiet zugewanderten in der einstigen römischen Stadt an Spuren hinterlassen haben, ist heute zu einem beachtlichen Teil ausgegraben und in der größten archäologischen Freilichtanlage der Schweiz (in Augst/Baselland) zugänglich. Über 30 Monumente können in Augusta Raurica besichtigt werden. So kann man im besterhaltenen antiken Theater Mitteleuropas Platz nehmen, einen 100 Meter langen Abwasserkanal erkunden oder sich in einem unterirdischen Brunnenhaus von der besonderen Stimmung dort verzaubern lassen.

Die Funde aus den Ausgrabungen wie der berühmte Silberschatz aus Kaiseraugust werden im Museum ausgestellt. Dabei handelt es sich um den umfangreichsten spätantiken Schatz überhaupt. Weitere Ausstellungen zu Themen der Römerzeit wie »Frühes Christentum«, »Baden bei den Römern« oder »Handwerk in Augusta Raurica« finden sich in den Außenanlagen.

Blick vom Theater zum Römerhaus

Das beliebte Römerhaus. Einen Teil des Museums bildet das vor allem bei Kindern beliebte Römerhaus. Es zeigt für die Römerzeit typische Räume – authentisch bemalt und möbliert: Bankettsaal, Baderäume, Küche ... Selbst das Brotbacken wie im alten Rom macht Augusta Raurica möglich. Zur Straße hin liegen eine Werkhalle mit Fleischräucherei, eine Bronzegießerei sowie eine Schankstube. Beim Besuch des »römischen« Tierparks trifft der Zeitreisende auf wollhaarige Weideschweine, Hausperlhühner und kleinwüchsige Rinder – die typischen Haustiere der Römer. Und beim Anblick des originalgetreu nachgebauten römischen Reisewagens lässt sich treffend darüber philosophieren, wie das Reisen zur damaligen Zeit wohl gewesen sein mag.

INFO

AUGUSTA RAURICA
Giebenacherstrasse 17
CH-4302 Augst
Tel.: +41 61 816 22 22
Fax: +41 61 816 22 61
E-Mail: mail@augusta-raurica.ch
www.augustaraurica.ch

Öffnungszeiten:
Museum mit Silberschatz und Römerhaus
März bis Okt.: Montag von 13 bis 17 Uhr
Dienstag bis Sonntag von 10 bis 17 Uhr
Nov. bis Feb.: Montag von 13 bis 17 Uhr
Dienstag bis Sonntag von 11 bis 17 Uhr

Außenanlagen, Römischer Tierpark und Schutzhäuser:
täglich von 10 bis 17 Uhr

12 Montreux Jazz Festival
Treffpunkt der Musiklegenden

Seit der Gründung des Festivals durch Claude Nobs ist das »Montreux Jazz Festival« zu einem der bedeutendsten Musikfestivals Europas aufgestiegen. Der Name bürgt seit über 40 Jahren für qualitativ hochwertige Musik und man hat sich immer wieder neuen Musikrichtungen geöffnet. Was als reines Jazzfestival begann, steht längst auf stilistisch breitem Sockel und heißt auch andere Musikrichtungen willkommen. Wie reichhaltig das zweiwöchige Programm inzwischen geworden ist, zeigt ein Blick auf die musikalische Gästeliste des Jahres 2008: Eddy Grant (Reggae), Ellen Alien (Electro), Deep Purple (Altrocker), Alicia Keys (R&B), Joan Baez (Folk) oder auch Lenny Kravitz (Rock) waren vertreten und legten Zeugnis ab von der musikalischen Bandbreite. Vielseitig und originell lautet das Credo auf den zahlreichen großen und kleinen Bühnen, eine Tatsache, die Montreux auch zwei Wochen lang zu einer Begegnungsstätte unterschiedlichster Geschmäcker macht. Musikschaffende und Fans erschließen sich so ganz nebenbei neue Anregungen und Horizonte.

»Smoke on the water«. Das Festival und sein Gründer mussten übrigens schon in den ersten Jahren eine schwere Prüfung über sich ergehen lassen. 1971 ging das alte Casino während des Festivals in Flammen auf und Claude Nobs selbst betätigte sich als Retter und Feuerwehrmann. Auch das konnte dem Festival nicht schaden, im Gegenteil; die Rockband Deep Purple, die ebenfalls vor Ort war, soll durch den Brand zu ihrem großen Welthit »Smoke on the Water« inspiriert worden sein. Der Titel spielt auf den Rauch über den Wassern des Genfer Sees an und eine Textzeile aus dem Song beschreibt Nobs' heroische Aktivitäten am Brandherd sehr treffend mit »Funky Claude was running in and out, he was pulling kids out the ground«, was etwa mit »Der verrückte Claude lief raus und rein und zog die Kinder aus dem brennenden Gebäude« übersetzt werden könnte. Auch auf diese Weise hat das Festival also Musikgeschichte geschrieben.

Das Montreux Jazz Festival bietet Bühne und Plattform für viele Musikrichtungen

Nobs Spuren folgen. Auf Entdeckungsreise in und um Montreux können Sie auch mit Claude Nobs gehen. Er gründete als Angestellter des Tourismusbüros von Montreux 1967 das Montreux Jazz Festival und stellt seine Lieblingsplätze vor:
das Auditorium Stravinsky und die Miles Davis Hall, die nach dem Casinobrand 1971 neu und modern aufgebaut wurden, die Chauderonschlucht als ungezähmte Naturschönheit am Rande von Montreux, den Rochers-de-Naye mit Blick auf Genfer See und die umliegende Bergwelt, das Freddie Mercury Memorial als Walllfahrtsort für alle Fans des legendären Frontman der britischen Band »Queen« und nicht zuletzt Schloss Chütelard aus dem 17. Jahrhundert und Schloss Chillon am Eingang zum Kanton Wallis.

INFO

Fondation du Festival de Jazz de Montreux
Sentier de Collonge 3
CP 126
CH-1820 Territet-Montreux
Tel.: +41 21 96 64 44 4
Fax: +41 21 96 64 43 3
www.montreuxjazz.com
Das Fest findet jährlich im Juli statt.

13 Matterhorn glacier paradise
Kleinmatterhorn-Bahn, die höchste Luftseilbahn Europas

Die Aussicht vom Kleinmatterhorn in eine Welt aus Fels und Eis

Damit es überhaupt zum Bau dieses technischen Wunderwerkes kam, mussten einige Hürden übersprungen werden: Vom Konzessionsgesuch bis zum Baustart dauerte es rund drei Jahre, und wiederum drei Jahre zogen ins Land bis zur Fertigstellung am 23. Dezember 1979. Die Baubedingungen auf Höhen zwischen 3000 und 4000 Metern bargen einige Tücken, da beispielsweise das Leistungsvermögen der Arbeiter in diesen Höhen nur zwischen 50 und 75% liegt. Aber auch das extreme Wetter dieser Höhenlagen erschwerte das Vorangehen der Arbeiten. Allein für den Bau der Bergstation flogen die Helikopter der Air Zermatt rund 33 000 Einsätze. Ein Arbeiter beschreibt seinen Einsatz beim Bau dieser Seilbahn wie folgt: »Wenn ich gewusst hätte. Aber stolz bin ich doch, dabei gewesen zu sein. Schließlich haben wir so etwas wie einen technischen Weltrekord erzielt.« Denn was am Ende dabei rauskam, ist ein Bauwerk der Superlative, das die Besucher auf ihrer letzten Etappe in nur acht Minuten auf den höchsten Aussichtspunkt der Alpen in 3883 Metern hievt.

38 Hochgipfel. Doch los geht die Reise ganz unten, im autofreien Zermatt. Von der Talstation des Matterhorn glacier paradise bringt die 8-er-Gondelbahn Matterhorn-Express die Gäste zur Mittelstation Furi. Von dort aus geht es mit der Luftseilbahn (120 Personen) weiter bis Trockener Steg, wo sich ein Restaurant befindet. Die höchste Luftseilbahn Europas transportiert die Gäste ins Matterhorn glacier paradise, damit in die atemberaubende Bergwelt rund um Zermatt und direkt in den Bannkreis einiger der berühmtesten Alpengipfel wie Matterhorn, Täschhorn, Dent Blanche und Weisshorn – eine genauso furchteinflößende wie faszinierende Welt aus Fels und Eis, die sonst nur Alpinisten so hautnah erleben dürfen. Und dabei dauert die Fahrt hinauf in diese Regionen nicht einmal eine Stunde. Doch diese Reise weitet wahrhaftig den Horizont. Der 360-Grad-Panoramablick mit atemberaubenden Bergansichten von 38 der höchsten Gipfel der Alpen, das größte Sommer-Schneesportgebiet und der Gletscherpalast begeistern täglich Hunderte von Besuchern aus aller Welt! Und wem die Höhe nicht auf den Magen schlägt, der kann sich hier oben natürlich auch in aller Form im Restaurant der Bergstation verpflegen.

Gletscherpalast. Im höchstgelegenen Gletscherpalast der Welt rund fünfzehn Meter unter der Gletscheroberfläche können auf eindrückliche Weise der Palast sowie der Gletscher mit seinen Spalten erforscht werden. Diskrete Beleuchtung und sphärische Klänge begleiten durch ein kleines Wunder der Gletscherwelt. Informationen über die Entstehung des Palastes sowie imposante gemeißelte Eisskulpturen runden den unanstrengenden Ausflug in die erhabene Bergwelt ab.

»Hausberg« Breithorn. Durch die Kleinmatterhorn-Bergstation wird das Breithorn (4165 m) zu einem nahen und verlockenden Ziel. Nur 360 Höhenmeter und zwei bis drei Stunden mäßig steiler Gletscheraufstieg trennen potenzielle Gipfelstürmer von einem der am häufigsten bestiegenen Viertausender der Alpen. Doch auch der im Vergleich zu vielen anderen Bergen dieser Kategorie relativ leichte Normalweg darf keinesfalls unterschätzt werden. Unerfahrene lassen sich oft vom herdenartigen Auftrieb den Gipfel hinauf verleiten. Allein die Höhe und die Gefahr von Gletscherspalten machen das Unternehmen nur für diejenigen Aspiranten zu einer Option, die im Umgang mit Seil, Pickel und Steigeisen geübt sind und über die nötige Hochgebirgserfahrung verfügen. Für alle anderen sollte der Ausflug an der Bergstation zu Ende sein. Wer sich die Chance auf einen Viertausender trotzdem nicht nehmen lassen will, der engagiert im Alpincenter Zermatt (www.alpincenter-zermatt.ch) einfach einen Bergführer.

INFO

Zermatt Bergbahnen AG
Postfach 378
CH-3920 Zermatt
Tel.: +41 27 966 01 01
Fax: +41 27 966 01 00
E-Mail: matterhornparadise@zermatt.ch
bergbahnen.zermatt.ch

In weniger als einer Stunde nahe an die 4000-m-Marke

14 Gornergratbahn

Zum vielleicht schönsten Aussichtspunkt der Alpen

Sie ist die älteste Zermatter Bergbahn, führt über 9,3 Kilometer hinweg in eine Höhe von 3089 Metern und eröffnet den Ausblick auf 29 Viertausender. Damit gehört der Gornergrat zu den Spitzenaussichtsplätzen in den gesamten Alpen.

Die Gornergratbahn ist die höchste im Freien angelegte Zahnradbahn Europas mit Start-/Endbahnhof in Zermatt. Über die Stationen Riffelalp, Riffelberg und Rotenboden geht es über Brücken, durch Galerien und Tunnels, später im freien Gelände hinauf in die Dreitausenderregion. Vom Gornergrat aus genießt man einen Prachtblick auf den Gletscherdom des Monte Rosa, den man fast hautnah vor sich hat. Liskamm, Breit-, Matterhorn, Obergabel-, Zinalrot- und Weisshorn – man weiß gar nicht, wohin man sich zuerst wenden soll bei solcher Hochgebirgsherrlich-

Mit der Gornergratbahn in luftige Höhen

keit. Und dies alles hat man sich ohne jegliche Mühe »verdient«. Wer Lust hat, kann in Riffelberg aus- und beim Rückweg wieder dort einsteigen, so hat man das aussichtsreiche Wegstück über die freien Matten per pedes kennen gelernt.

INFO

Gornergrat Bahn
Nordstraße 20
CH-3900 Brig
Tel.: +41 27 92 14 11 1
Fax: +41 27 92 14 11 9
E-Mail: info@gornergrat.ch
www.gornergrat.ch

15 Matterhorn

Der Löwe von Zermatt

Bergsteiger und Nichtbergsteiger sind sich einig: Das Matterhorn ist – von Nordosten gesehen – einer der schönsten Berge der Alpen, ja sogar der Erde. Es gibt etliche Gipfel, die in den Westalpen höher aufragen als der 4478 Meter hohe »Löwe von Zermatt«, aber kaum einen, der bekannter ist. Die Idealansicht des Berges ist ein Markenzeichen für die Schweiz und die Alpen. Vier markante und teils schwierige Grate ziehen zum Gipfel: Nordost- oder Hörnligrat, Südost- oder Furggengrat, Südwest- oder Liongrat sowie Nordwest- oder Zmuttgrat. Der Hörnligrat ist der technisch leichteste der vier Grate und über ihn erfolgte auch die Erstersteigung am 14. Juli 1865 durch Edward Whymper, Reverend Charles Hudson, Lord Francis Douglas, Douglas Robert Hadow und die Führer Michel Auguste Croz, Peter Taugwalder und dessen gleichnamigen Sohn. Ein Seilriss oberhalb der »Schulter« wurde vieren der Erstbesteiger beim Abstieg zum Verhängnis. Hadow glitt aus, drückte Croz aus dem Stand, die beiden rissen Douglas und Hudson mit und das schwache Seil zwischen den Stürzenden und den Taugwalders sowie Whymper zerriss. Douglas konnte bis heute nicht gefunden werden. Durch diese Katastrophe erlangte Zermatt Weltruf. Das Schicksal der vier Bergsteiger brachte Scharen von Reportern ins Gebirgsdorf, die von dort aus in die ganze Welt berichteten. Von den zahllosen Gipfelaspiranten, die seither den Sturm auf den so begehrten Berg wagten, verloren an seinen Graten und Wänden bis heute etwa 400 das Leben.

Alpingeschichte im Museum. Wer die Geschichte des Matterhorns nachvollziehen möchte, sollte das Museum in Zermatt besuchen. Der autofreie Kurort ist das »Tor zum Matterhorn« und liegt auf 1620 Meter Höhe. Als Erlebnis- und Entdeckungsmuseum konzipiert, zeigt es die großen Dramen in der Erschließungsgeschichte des Matterhorns und den Weg Zermatts vom unbedeutenden kleinen Bergdorf hin zum Bergsteiger-Mekka. Außerdem wurde das Zermatt des 19. Jahrhunderts nachgebaut und atemberaubende Videoshows zeigen das Matterhorn aus allen Perspektiven.

Zur Hörnlihütte Hautnahes und kribbelndes Matterhorn-Erlebnis für Bergwanderer vermittelt ein Aufenthalt in der Hörnlihütte. Sie ist Stützpunkt für die im Sommer vielbegangene Normalroute und auf stellenweise etwas exponiertem Steig (bei Neuschnee oder Vereisung ist eine Stelle heikel) zu erreichen. Hier übernachten die Gipfelanwärter, um früh am Morgen ihren Aufstieg beginnen zu können. Mit einem Fernglas lassen sich die Anstiege der verschiedenen Gruppen beobachten. Vielleicht gibt der eine oder andere Rückkehrer auch noch einen Erfahrungsbericht aus erster Hand

INFO

Zermatt Tourismus
Bahnhofsplatz
CH-3920 Zermatt
Tel.: +41 27 966 81 00
E-Mail: info@zermatt.ch
www.zermatt.ch

Öffnungszeiten:
14.04. bis 14.06.
Mo bis Sa von 8.30 bis 12 Uhr und
13.30 bis 18 Uhr
So von 9.30 bis 12 Uhr und 16 bis 18 Uhr
15.06. bis 27.09.
Mo bis Sa von 8.30 bis 18 Uhr
So von 08.30 bis 12 Uhr und
13.30 bis 18 Uhr

Einer der schönsten Berge der Welt – das Matterhorn

16 Großer Aletschgletscher

Zum längsten Alpengletscher

23 Kilometer Eis am Stück! Als Betrachter steht man oberhalb des Gletschers und schaut auf das riesige Eismeer hinunter. Das ist anders als in den übrigen Alpen, wo man in der Regel auf einen Gletscher hochblicken muss. Der Große Aletschgletscher ist der längste Eisstrom der Alpen. Sein Einzugsgebiet liegt in der Jungfrauregion auf über 4000 Meter über dem Meer, das Gletschertor rund 2500 Meter tiefer am Eingang der Massaschlucht.

Eisstrom der Superlative. Die Folgen der Klimaerwärmung gingen auch am Großen Aletschgletscher nicht spurlos vorüber. So hat beispielsweise der ehemals berühmte Märjelensee im Eggishorngebiet seine Eisumrahmung verloren. Trotzdem beeindruckt der Eisstrom immer noch. Er weist eine Oberfläche von 86 Quadratkilometern auf. Allein der Konkordiaplatz wäre groß genug, um darauf eine mittlere Schweizer Stadt in der Größe von Chur oder Bellinzona aufzubauen. Die Eisdecke ist dort 900 Meter dick. Könnte man das gesamte Eis abtauen, würde das Schmelzwasser ausreichen, um jeden Menschen auf der Erde über einen Zeitraum von sechs Jahren täglich mit einem Liter Wasser zu versorgen. Aus verschiedenen Untersuchungen wissen wir, dass der Große Aletschgletscher während der letzten Eiszeit eine gewaltige Ausdehnung hatte. Vor etwa 18.000 Jahren war sogar der Bergrücken zwischen Bettmer- und Riederhorn noch mit Eis bedeckt. Nach einem vorübergehend starken Rückgang stießen die Alpengletscher gegen Ende der letzten Eiszeit (vor rund 11 000 Jahren) nochmals gewaltig vor. Damals lag die Zunge des Aletschgletschers im Rhônetal. Sein Rand reichte fast bis auf die Riederfurka. Um diese Zeit lagerte er nochmals eine mächtige Seitenmoräne ab, die vor allem im Aletschwald (Moränenweg) noch sehr gut sichtbar ist.

Gletschertraversierung. Der Große Aletschgletscher bietet vor allem einmalige ästhetische Eindrücke. Eine vom Bergführer begleitete Tour über den Gletscher gehört sicher zum Schönsten, was man in der Aletschregion erleben kann. Am Seil gesichert führt einen die Gletschertour vorbei an mächtigen, türkisblau strahlenden Spalten oder Spüllöchern, in denen das oberflächlich schmelzende Wasser unter lautem Gurgeln verschwindet.

INFO

Riederalp Mörel Tourismus
Bahnhofstrasse
CH-3987 Riederalp
Tel.: +41 27 92 86 05 0
Fax: +41 27 92 86 05 1
www.riederalp.ch

Der gewaltige Aletschgletscher ist noch immer der größte Gletscher der Alpen

17 Jungfraujoch

Ins Innerste der Berner Alpen

Selbst wenn man den Slogan »Top of Europe« nicht zu wörtlich nehmen sollte: Eine Reise zum Jungfraujoch gehört zu den absoluten Höhepunkten, die Alpentouristen erleben können. Die Jungfraubahn ist im Jahr 1912 nach sechzehnjähriger Bauzeit eröffnet worden; eine eindrucksvolle Leistung der Eisenbahningenieure. Über 12 Kilometer geht's von der Kleinen Scheidegg zum 3454 Meter hoch gelegenen Joch, das immer noch die höchstgelegene Bahnstation Europas ist. Der größte Teil der Fahrstrecke führt durch einen in den Berg gehauenen Tunnel, in dem man die Stationen »Eigerwand« und »Eismeer« passiert. Dort können die Reisenden durch riesige Aussichtsfenster atemberaubende Panoramen auf sich wirken lassen. Insbesondere die Schau in die berüchtigte Eiger-Nordwand hinterlässt tiefe Eindrücke. Auf dem Jungfraujoch findet man sich in eine Welt aus Eis und Schnee versetzt, die vom Großen Aletschgletscher dominiert wird. Die Fernsicht reicht an klaren Tagen nordwärts bis in die Vogesen und den Schwarzwald. So zählt die Sphinx-Aussichtsterrasse unbedingt zu den Attraktionen hier heroben, ebenso wie der Eispalast und die Hundeschlittenfahrten im Sommer. Das touristische Angebot wird ergänzt durch einen Skilift, eine Tonbildschau, verschiedene Restaurants und eine Poststelle.

Sphinx. Der Eisenbahnpionier Adolf Guyer-Zeller, der Vater der Jungfraubahn, steuerte die stattlichre Summe von 100 000 Schweizer Franken zum Zweck der Errichtung einer Wetterstation auf dem Jungfraujoch bei. Allerdings erlebte er die Realisierung nicht mehr, denn die Gründung der »Internationalen Stiftung Hochalpine Forschungsstationen Jungfraujoch und Gornergrat« erfolgte erst 1930 – 18 Jahre nach Fertigstellung der Bahn –, und im Jahr darauf ging es an den Bau der Station auf der Sphinx (so benannt wegen der Ähnlichkeit des Felsens mit der Gestalt aus der griechischen Mythologie). Zunächst konzentrierten sich die Forschungen auf meteorologische, glaziologische und physiologisch-medizinische Fragen. Als aber 1937 das Sphinxlabor und 1950 – mit Unterstützung der UNESCO – ein Observatorium hinzugekommen waren, verlagerten sich die Forschungsschwerpunkte auf Astronomie, Astrophysik und kosmische Strahlung. Die Labors sind zwar nicht öffentlich zugänglich, doch die Aussichtsterrasse auf dem Sphinxfelsen (3571 m) ist stark frequentiert, sodass 1996 ein hochmoderner Doppellift mit einer Kapazität von 1200 Personen pro Stunde installiert wurde. Das ist das Fünffache, was der alte Lift zu leisten imstande war.

Palast aus Eis. 1934 begannen zwei Bergführer aus Grindelwald bzw. Wengen, eine große Halle mit über 1000 Quadratmetern Grundfläche aus dem Eis zu schneiden. So entstand in Handarbeit der Urbau eines der Wahrzeichen des Jungfraujochs; eine Attraktion, die über das ganze Jahr hinweg besucht werden kann, auch bei schlechtestem Wetter. Höhlenartige Gänge verbinden Räume und Hallen, in Nischen sind Eisskulpturen zu erkennen. Ein Werk, das nie fertig wird, denn laufend müssen die Gewölbe der Gänge, die

Die Jungfrau zu erobern ist mit der Jungfraubahn ein Leichtes

Decken der Hallen nachgehauen werden. Die filigranen Eisfiguren eines Interlakener Künstlers entstehen jedes Jahr neu: Eisadler, Pinguine, Eisbären. Durch die Wärme, die Tausende von Besuchern mit sich in den Eispalast tragen, werden sie angeschmolzen, auch wenn der Palast seit einigen Jahren zusätzlich gekühlt (und die entzogene Wärme für die Heizung des Berghauses verwendet) wird.

INFO

Rail Info Jungfraubahnen
Höheweg 37
CH-3800 Interlaken
Tel.:+41 33 82 87 23 3
Fax: +41 33 82 87 26 0
E-Mail: info@jungfraubahn.ch
www.jungfraubahn.ch

18 Eiger-Nordwand
Die berühmt-berüchtigtste Alpenwand

Um keine andere Wand der Alpen rankt sich ein solcher Mythos

Sie ist die vielleicht berühmteste Wand der Erde, ein Mythos, der Emotionen wachruft. 1858 wurde der Eiger (3970 m) erstmals von den Grindelwalder Bergführern Christian Almer und Peter Bohren zusammen mit ihrem Gast, dem Iren Charles Barrington erstmals erstiegen. 1921 ließ sich der japanische Bergsteiger Yuko Maki von drei Führern über den Nordostgrat – den Mittellegigrat – lotsen; eine Tour, die viele Bewerber abgewiesen hatte. Als Dank und Erinnerung an diese alpine Leistung stiftete Maki die Mittellegihütte, die von der Station »Eismeer« der Jungfraubahn zugänglich und heute wichtiger Stützpunkt für die Grattour ist. An die Nordwand dachte man ernsthaft ab Mitte der 1930-er-Jahre. Nach den großen Tragödien von 1935 und 1936 glückte es 1937 Mathias Rebitsch und Ludwig Vörg zwar nicht, die Wand zur Gänze zu durchsteigen, doch sie kehrten als erste lebend aus den oberen Wandbereichen zurück. 1938 dann die Erstdurchsteigung: Den Deutschen Anderl Heckmair und Ludwig Vörg sowie den Österreichern Fritz Kasparek und Heinrich Harrer gelang der große Wurf – dank Heckmairs Können und Zähigkeit. Er führte die entscheidenden Passagen bei miserabelsten Verhältnissen, und ohne seinen Einsatz hätte es vermutlich wieder eine Tragödie gegeben. Eine Weltsensation, festgehalten und kommentiert in Zeitungen und von Rundfunksendern. Die Helden vom Eiger wurden gefeiert – und vom Naziregime missbraucht. Bis zur »Winterdirettissima« 1966 blieb die Heckmairroute die einzige in der Wand. Heute sind es über 20 Durchstiege und die »Heckmair« wurde von dem Schweizer Hochleistungsalpinisten Ueli Steck solo in 2.47 Std. durchklettert. Das ist der jüngste Rekord in der langen Geschichte des großen Bergsports in der Eigerwand.

INFO

Eine grandiose Sicht auf die Wand bietet sich von der Aussichtsgalerie der Station Eigerwand der Jungfraubahn (s. Tour 17).

19 Triftbrücke
Eine Brücke (nicht nur) für Bergsteiger

Gleich zwei Superlative lassen sich mit dem Besuch der Triftbrücke über dem Haslital »abhaken«. Mit 102 Metern Spannweite ist sie die längste Hängeseilbrücke Europas, und ihre Lage auf 1870 Meter macht sie auch gleich noch zur höchstgelegenen. Der Aufwand für dieses schwindelerregende Erlebnis ist dabei durchaus überschaubar. Den Auftakt macht eine bequeme zehnminütige Fahrt mit der Triftbahn. Von ihrer Bergstation auf 1357 m führt ein Wanderweg in eineinhalb Stunden hinauf zur Windegghütte (1887 m). Viele zieht es sofort weiter zur nahe gelegenen Triftbrücke. Nach 20 Minuten ist das Ziel erreicht. Siebzig Meter über den tosenden Triftwassern genießt der Wanderer atemberaubende Tiefblicke und ungeahnte Einblicke in die Hochgebirgswelt mit Triftsee, Triftgletscher und den umliegenden Dreitausendern. Der Blick folgt dabei dem Weg des fünf Kilometer langen Gletschers von der Gipfelregion in 3380 Meter bis hinab in den Triftsee, den er speist.

Hängebrücke. Die Konstruktion der nach nepalesischer Bauart gefertigten Brücke besteht aus 220 vorfabrizierten Stahlteilen und 210 Lärchenholzplanken. Die gesamte Brücke wurde vor Ort zusammengebaut und an sechs Stahlseilen aufgehängt. Ausgelegt ist die Triftbrücke für eine maximale Belastung von 750 kg/m^2 zuzüglich des Eigengewichts. Die Brücke wurde übrigens kürzlich neu gebaut, weil zu fürchten war, dass die alte den bisweilen auftretenden, großen Windstärken nicht standhalten kann.

Wer auf Aufstiegshilfen gerne verzichtet, für den bietet sich der Besuch der Triftbrücke im Rahmen einer zweitägigen Wanderung an: Aufstieg von der Talstation Triftbahn in dreieinhalb Stunden zur Windegghütte und am nächsten Tag über den Furtwangsattel hinab nach Guttannen (6 Std.). Eine andere, allerdings alpine Route führt über die Triftbrücke hinauf zur Trifthütte (2520 m). Die durch den zunehmenden Rückgang des Triftgletschers erschwerte Erschließung der Trifthütte war auch der eigentliche Grund für den Bau der Brücke.

INFO

GRIMSELWELT
KWO-Besucherdienst
Grimselstrasse
CH-3862 Innertkirchen
Tel.: +41 33 98 22 62 6
Fax: +41 33 98 22 00 5
E-Mail: info@trift.ch
www.trift.ch

Nichts für schwache Nerven ist die Triftbrücke 70 m über den Triftwassern

20 Aareschlucht

200 Meter Tiefe

Beide Schluchtwände zum Greifen nahe: die Aareschlucht

Das Haslital ist eines der großen Quertäler des Alpenmassivs. Es erstreckt sich von der Grimsel bis zum Brienzersee. Der flache Talgrund des unteren Tales wird durch einen imposanten Felsriegel, »Kirchet« genannt, vom oberen Tal getrennt. In diesen Felsriegel zwischen den Ortschaften Meiringen und Innertkirchen hat die Aare in Tausenden von Jahren einen Lauf erodiert und dabei eine 1,4 Kilometer lange, bis zu 200 Meter tiefe Schlucht geschaffen. Die Schlucht kann seit über hundert Jahren auf sicherem Steg und durch Tunnels bequem begangen werden. Diese Wanderung ist ein Erleben der Natur von ganz besonderer Art.

Es wird eng. Von Westen startend wird schnell ein erster Höhepunkt der Schluchtbegehung erreicht: die »Kleine Eng«. Sie ist die schmalste Stelle der Schlucht – über 40 Meter Wegstrecke sind die gegenüberliegenden Wände nur eine Armeslänge entfernt. Auch die nachfolgende »Große Eng« ist nicht viel breiter, hier aber ragen die Wände beeindruckende 200 Meter hoch in den Himmel. Weiter geht es vorbei an Kavernen, die im Zweiten Weltkrieg von der Armee genutzt wurden, zur »Trockenen Lamm«; einer Schlucht, die von der Aare in einer Zwischeneiszeit erodiert wurde. Die Hängeseilbrücke über die Aare markiert schließlich das Ende der Tour. Etwa 40 Minuten Gehzeit sind für die Wanderung durch die Aareschlucht einzuplanen. Der Weg durch ihre schönsten Partien, ab Eingang West bis Mitte der Schlucht, ist behindertengerecht ausgebaut und sogar mit Rollstuhl befahrbar.

Den westlichen Eingang der Schlucht erreicht man von Interlaken oder vom Brünigpass her kommend kurz nach dem Dorf Meiringen. Der Besucher findet hier einen großen Parkplatz und ein Restaurant. Der Osteingang liegt an der Straße vom Grimsel- und Sustenpass einen Kilometer westlich von Innertkirchen. Auch hier steht ein Parkplatz zur Verfügung. Beide Eingänge zur Schlucht sind auch von Haltestellen der Meiringen-Innertkirchen-Bahn in wenigen Minuten leicht erreichbar. Alternativ kann auch der Rückweg zu Fuß angetreten werden: Durch die Aareschlucht und über den öffentliche Wanderweg übers Lammi zurück zum Ausgangspunkt. Eine ausgesprochen runde Sache für einen Nachmittag.

Von Gemeindebürgern gebaut. Der durchschnittlich ein bis zwei Meter breite Steg in der Aareschlucht führt zumeist über Holzbelag auf Stahlträgern, die im Fels verankert sind. Nicht immer ist es jedoch möglich, entlang der Wände über den Wassern zu spazieren und so ist ein Teil des Weges als Tunnel oder Galerie angelegt. Die Zu- und Abgänge sind Kies- und Asphaltwege. Geschaffen wurde der Weg bereits vor über hundert Jahren. Am 28. September 1887 erteilte der Regierungsrat des Kantons Bern der Bäuertgemeinde Willigen eine Konzession für die Anlage »einer Galerie und eines Fusswegs durch die so genannte Aarlamm von der Sandey bis zur Finsteren Schlauche, hinaufführend bis zu der Hof-Meiringen-Strasse im Lammi«. Einige Bürger aus den Gemeinden Schattenhalb und Meiringen gründeten und finanzierten eine Gesellschaft, die sofort mit der Anlage des Fußwegs begann. In gefährlicher Arbeit wurde ein Laufsteg durch die beiden Engen erstellt, der 1888, im Jahr der Eröffnung der Brünigbahn, begehbar war. Noch im Sommer desselben Jahres besuchten bereits 12 000 Personen die Aareschlucht.

INFO

Aareschlucht AG
CH-3860 Meiringen
Tel. Eingang West: +41 33 97 14 04 8
Tel. Eingang Ost: +41 33 97 11 04 8
E-Mail: info@aareschlucht.ch
www.aareschlucht.ch

Öffnungszeiten 2009:
Zugang vom Osteingang
(Seite Innerkirchen)

Juli und August von 8 bis 18 Uhr,
Mittwoch und Freitag auch von 21 bis 23 Uhr
mit Abendbeleuchtung

Sept. bis Okt. von 9 bis 17 Uhr

21 Biosphärenpark Entlebuch

Geschützte Moorlandschaften im Herzen der Schweiz

»Erhalten, Entwickeln und Kooperieren« ist die langfristige Ausrichtung des UNESCO Biosphärenreservats Entlebuch zwischen Luzern und Thun. Damit soll die einzigartige, geschützte Natur- und Kulturlandschaft, speziell die Moorlandschaften und Karstgebiete, erhalten und gleichzeitig eine nachhaltige Regionalentwicklung realisiert werden. Biosphärenreservate sollen Modelle sein dafür, wie Menschen mit Ressourcen schonend umgehen können. Die Interessen der Menschen und die Bedürfnisse der Umwelt sollen in einem fairen Kompromiss »unter einen Hut« gebracht werden. Die Bewohner der Region werden aktiv in die Arbeit am »Projekt Biosphärenreservat« einbezogen.

Die einzigartige Moorlandschaft kann auf einem Lehrpfad erkundet werden

Eine Besonderheit dieses Biosphärenreservats sind die Feuchtgebiete. Nirgends sonst in der Schweiz gibt es so viele geschützte Moore auf so engem Raum wie im Entlebuch. 44 Hoch- und 61 Flachmoore sowie vier Moorlandschaften bieten wertvollsten Lebensraum für seltene Pflanzen und Tiere. Und diese Moorlandschaften kann sich der Besucher mittels des 2003 eröffneten Moorlandschaftspfades in vier Tagen erwandern. Auf 81 Kilometern wird fast die gesamte Region durchquert und den Naturfreuden erschließen sich die Geheimnisse dieser speziellen, teilweise uralten Lebensräume. Die abwechslungsreiche und durchwegs beschilderte

Route verläuft auf federnden Moorwegen, steinigen Bergpfaden und uralten Passrouten vorbei an herrlichen Aussichtspunkten. Einige Abschnitte haben dabei durchaus wilden Charakter.

Das Entlebuch, 30 Kilometer lang und 15 Kilometer breit, wird umgeben vom bernischen und luzernischen Mittelland und vom Kanton Obwalden; an seiner östlichen Grenze beginnt das historische Hirtenland der Schweiz. Das geschlossene Haupttal des Entlebuch wird begrenzt durch die Pilatusausläufer, die Brienzer-Rothorn-Kette und die Napfhöhen.

INFO

UNESCO Biosphäre Entlebuch
Biosphärenmanagement
Chlosterbüel 28, CH-6170 Schüpfheim
Tel.: +41 41 48 58 85 0
Fax: +41 41 48 58 85 1
www.biosphaere.ch

22 Dampfbahn Furka-Bergstrecke

Mit dem Zug im hochalpinen Gelände

Die Furka-Dampfbahn bietet die Gelegenheit, die bahntechnischen Pionierleistungen unserer Vorfahren inmitten einer grandiosen Gebirgslandschaft nachzuvollziehen. Vom Urner Bahnhof Realp auf 1420 Meter Höhe gelegen führt die 1925 eröffnete Strecke zum Furkapass (2160 m) hinauf und endet in Gletsch im Wallis auf 1760 Meter. Zahlreiche Tunnel, Brücken und Viadukte bilden dabei das Rückgrat der Trassenführung und machen das ganze zu einer unvergesslichen, zweistündigen Erlebnisfahrt in sorgfältig restaurierten Nostalgiezügen.

Seit bald 100 Jahren ist dieser Wagon der Furka-Bahn in Betrieb

Wasserfassen in Tiefenbach. Nach der Abfahrt klettert die über 80-jährige Dampflok entlang der rauschenden Wasser der Furkareuss im Zahnstangengleis bergwärts. Mit gemächlichem Tempo passiert sie die kühne Wilerbrücke, die drei Senntumstafel-Tunnels und die berühmte Steffenbach-Klappbrücke. Eine erste Pause in Tiefenbach wird zum Wasserfassen genutzt. Mit vollem Dampfkessel geht die Fahrt durch blühende Alpwiesen weiter. Rhythmisch schnaubend überquert das Triebfahrzeug mit seinen Reisezugwagen den Steinstafel-Viadukt. Dann folgt ein kurzer Stopp im höchst gelegenen Bahnhof Furka, ehe der Zug durch den 1874 Meter langen Scheiteltunnel dem Wallis entgegenrollt. Bei der Haltestelle Muttbach-Belvédère beginnt der Abstieg auf dem bis zu 12 Prozent abfallenden Schienenstrang. Ein besonderes eindrückliches Naturspektakel bietet der Anblick des zauberhaften Rhônegletschers, der sich den Fahrgästen bald zwischen schneebedeckten Berggipfeln zeigt. Die Abenteuerreise über den Furkapass endet vorläufig in Gletsch (1760 m), wo für die Weiterreise nach Oberwald oder via Grimselpass nach Meiringen Post-Omnibusse warten.

Rhônegletscher im Schwinden. Nach der nostalgischen Reise über den Furkapass bietet sich am Endpunkt in Gletsch die Möglichkeit, das ehemals vom Rôhnegletscher bedeckte Terrain auf einem Naturlehrpfad zu erkunden. Dokumentiert wird dabei auch in Wort und Bild der erschreckende Rückzug des Gletschers, der vor 400 Jahren noch bis zum Parkplatz in Gletsch herunterreichte. Die Eismassen des Rhônegletschers zogen schon Mitte des 19. Jahrhunderts die ersten Touristen an und legten den Grundstein für den Tourismus der Region. Heute ist die Gletscherzunge nur noch ansatzweise in der Ferne zu erkennen.

INFO

Dampfbahn Furka-Bergstrecke AG
Postfach 141
CH-6490 Andermatt
Tel.: +41 848 000 144
E-Mail: reisedienst@fu-be.ch
www.furka-bergstrecke.ch
Fahrplan: 20. Juni bis 2. Juli und
17. Aug. bis 4. Okt. Fr., Sa, So
3. Juli bis 16. Aug. täglich
Platzreservierung obligatorisch

Über Frankreich und Vietnam fand diese Dampflok zurück in die Schweiz

23 Glacier Express
Über atemberaubende Viadukte

Der Glacier Express ist eine der Hauptattraktionen des Schweizer Tourismus. Er verbindet die bekannten Orte St. Moritz und Zermatt mit Streckenführung durch eine einzigartige Gebirgswelt. Landschaftsgenießer kommen dabei voll auf ihre Kosten, aber auch Eisenbahnfreaks und Technikbegeisterte: Die Strecke zwischen Preda und Bergün mit verwirrenden Kehrtunnels und atemberaubenden Viadukten, das Landwasserviadukt als Wahrzeichen des Albulatals oder die Zahnradstrecke zum 2033 Meter hohen Oberalppass – dem höchsten Punkt der siebenstündigen Reise – beeindrucken tief. Nach den verträumten Dörfern des Goms folgt der finale Höhepunkt: die Schau auf das Matterhorn.

Schräge Weingläser. Auch Gaumenfreuden kommen im Glacier Express nicht zu kurz. Früher ging man in den Speisewagen, heute wird beim Fahrgast serviert; stilvoll mit weißen Stofftischtüchern, Porzellangeschirr und Messingbesteck. Die Weingläser sind schräg, und das ist mehr als ein Gag. Entsprechend positioniert wird dadurch verhindert, dass der Rebensaft bei extremen Steigungen aus dem

Die Strecke zwischen Preda und Bergün führt über atemberaubende Viadukte

Glas schwappt. Spirituosen werden aus einem Meter Höhe punktgenau ins Schnapsglas platziert. Für die Kellner oder Kellnerinnen des Glacier Express soll dies eine Aufgabe der Aufnahmeprüfung für die Arbeit im Glacier Express sein.

INFO

Matterhorn Gotthard Bahn
Nordstrasse 20
CH-3900 Brig
Tel.: +41 27 92 77 77 7
Fax: +41 27 92 77 77 9
E-Mail: info@glacierexpress.ch
www.glacierexpress.ch

24 Luzern und Vierwaldstättersee

In der Ur-Schweiz

Die hölzerne Kapellbrücke ist das Wahrzeichen Luzerns

Als geografisches und historisches Kernstück der Schweiz wird Luzern und die Region Vierwaldstättersee gerne als »Schweiz en miniature« bezeichnet. Zu Recht, denn nirgendwo sonst findet man so viel Schweiz auf so kleinem Raum: der charakteristische Vierwaldstättersee, Ausflugsberge ersten Ranges wie Rigi, Titlis und Pilatus, von denen sich das Alpenpanorama in 360 Grad genießen lässt und eine Stadt, die sich als Festival-City einen Namen gemacht hat. Dank seiner einmaligen Lage ist Luzern weltweit bekannt geworden. Eingebettet zwischen sanften Hügelzügen liegt die Stadt am Ausfluss des Vierwaldstättersees. Hier tut sich ein einzigartiges Panorama auf, das vom Rigi über das Stanserhorn bis hin zum Pilatus reicht und je nach Wetter, Tages- und Jahreszeit die unterschiedlichsten Stimmungsbilder vermittelt.

Berühmte Binnenschifffahrt. Bei einem Besuch in Luzern drängt sich ein Ausflug in die Region geradezu auf. Erste Adresse ist dabei sicherlich eine Schifffahrt auf dem 38 Kilometer langen, idyllisch gelegenen Vierwaldstättersee. Auf ihm verkehrt die größte Binnenschifffahrt Europas. Fünf große Motorschiffe, drei Panoramaschiffe, drei mittlere und drei kleine Motorschiffe beweisen eindrucksvoll, dass es offensichtlich einiges zu sehen gibt entlang der Schifffahrtsrouten. Doch Motorschiffe und Ausflugsdampfer gibt es auf den meisten der großen Alpenseen, nicht jedoch aktiv im Linienverkehr befindliche, nostalgische Raddampfer. Die fünf prächtigen Gefährte (Uri, Unterwalden, Schiller, Gallia und Stadt Luzern) bieten die einmalige Möglichkeit, zwei Reisen in einer zu machen: die eigentliche, aussichtsreiche Überfahrt und obendrein eine Zeitreise – zurück in die ausklingenden »Roaring Twenties«. Das Flaggschiff der Raddampferflotte, die »Stadt Luzern«, ist nun seit 80 Jahren auf dem See im Einsatz und ihr elegantes Äußeres, ganz dem Zeitgeist der 1920-er-Jahre geschuldet, hat selbst das englische Königspaar zu einer Rundfahrt animiert, als es 1980 zu Gast in der Schweiz war.

Abendstimmung über dem Vierwaldstättersee

INFO

Luzern Tourismus AG
Zentralstrasse 5
CH-6003 Luzern
Tel.: +41 41 22 71 71 7
Fax: +41 41 22 71 72 0
E-Mail: luzern@luzern.com
www.luzern.com
www.lakelucerne.ch

25 Glasi Hergiswil

Auch die Schweiz hat ihre Glasbläser

Die Glashütte Hergiswil besteht seit 1817 am Vierwaldstättersee und ist die einzige Glashütte der Schweiz. Die Gebrüder Siegwart fanden hier in Hergiswil einen Produktionsstandort mit idealem Transportweg für Energie und Ware. Zurück in ihre Gründerzeit führt die neu eröffnete Ausstellung in der Glashütte Hergiswil »Glas Juwelen«: Ein großer Fels, Wasser, Bäume, ein kurzer, auf den Fels projizierter Videofilm und über 250 Flühligläser der Vorfahren, die größte Sammlung der Welt (Taufflaschen, Schnapshunde, bemalte Parfümfläschli, Kelche, Trinkgläser u.v.m.) sind Teil des neu gestalteten Ausstellungsraumes direkt auf der Zuschauertribüne, wo den Glasbläsern auch bei der Arbeit zugeschaut werden kann. 1975 hätte die Glashütte eigentlich geschlossen werden sollen. Der Anschluss an die neue Technik war verpasst und die automatische Glasproduktion im Ausland drängte die damaligen Besitzer aus dem Wettbewerb. Die Glasi-Lüüt, die Gemeinde Hergiswil und allen voran Roberto Niederer retteten die Glasi vor der Schließung. Die handwerkliche Tradition wurde neu belebt und mit heute gültigem Design verbunden.

Glasi Museum »Vom Feuer geformt«. Die Ausstellung »Vom Feuer geformt« erzählt die Geschichte des Glases und der Glasi Hergiswil. Mit Licht und Ton werden die Besucher durch ein Kulissenlabyrinth geführt. Inszenierte Räume schildern die Entwicklung des Handwerks und die wirtschaftlichen Höhen und Tiefen des Unternehmens. Die Ausstellung erzählt vom dörflichen Filz, vom Kampf zwischen den Kleinen und den Großen, von Direktoren und Arbeitern. Sinnliche Räume zeigen die große Krise nach dem zweiten Weltkrieg und die Rettung der Glasi. Das Museum ist ein begehbarer Film, ein Landtheater, ein Illusionskabinett, eine Zeitmaschine. Die Attraktivität des Museums zeigt auch die Tatsache, dass es 1996 vom Europarat als »eines der schönsten Museen Europas« ausgezeichnet wurde.

Nach so vielen Einblicken in die »gläserne Welt« ist die Lust groß, selbst Hand und Mund anzulegen. Ein Kleinofen und ein Glasmacher treffen die Vorbereitungen und dann ist der Besucher selbst an der Reihe, sich sein ganz spezielles Souvenir zu blasen. Nach 15 Minuten Kühlzeit ist die Kugel bereit zum Abtransport.

Das Blasen einer Glaskugel dürfen Sie auch selbst versuchen

Allerlei Dreingaben. Wenn nach dem Glasblasen die Luft raus ist, dann ist ein Abstecher in die Glasibar die erste Option. Beim Blick über den Vierwaldstättersee glitzert und funkelt es zum Abschluss noch einmal. Die Attraktion draußen ist die sieben Meter hohe Kugelbahn, die aus vielen Gläsern der Glasikollektion durch Alex Schmid gefertigt wurde. Glaskugeln dafür gibt's am Automaten oder in den Glasiläden. Eine lange Rutschbahn, ein großer Quarzsandkasten bieten den Kindern ein außergewöhnliches Erlebnis. Dazu kommt Leandra, der Glasidrache. Der farbenfrohe Drache ist 12 Meter lang und 4 Meter hoch, wurde im Auftrag der Glasi von den beiden Nidwaldner Künstlern Franz Birvé und Elionore Amstutz gestaltet und wacht im Glasipark.

INFO

Hergiswiler Glas AG
Seestrasse 12
CH-6052 Hergiswil
Tel.: +41 41 63 23 23 2
E-Mail: info@glasi.ch
www.glasi.ch

Öffnungszeiten:
Montag bis Freitag von 9 bis 18 Uhr,
Samstag von 9 bis 16 Uhr
Sonntag geschlossen

Die Glasmacher arbeiten am
Samstag bis 16 Uhr.

Gruppenführungen (ab 10 Personen)
auf telefonische Voranmeldung
Dauer: ca. 1,5 Std.
Kleinere Gruppen oder Einzelpersonen
brauchen sich nicht anzumelden.
Der Eintritt ist frei.

26 Appenzeller Schaukäserei
Käse gehört einfach dazu

Zu einem erlebnisreichen Aufenthalt im Appenzellerland gehört auch ein Besuch in Stein, einer malerisch gelegenen Gemeinde zwischen Appenzell, Herisau und St. Gallen. Denn nur hier hat man die Möglichkeit, den Käsern quasi über die Schulter zu schauen.

Von der Milch zum Käs'. Die »Appenzeller Schaukäserei« gibt es bereits seit 1978, doch seit kurzem zeigt sie sich in neuem Gewand: Beleuchtete Informationstafeln geben Informationen rund um die Käseherstellung, im »Käsekino« läuft ein mehrsprachiger Film zur Käseproduktion und man darf sogar an der sagenumwobenen Kräutersulz schnuppern! Täglich werden hier etwa 20 000 Liter Milch zu Käse verarbeitet. Durch große Glasscheiben verfolgt der Gast, wie die Milch im 6000-Liter-Chäschässi (Käse-Kessel) aufbereitet und der Käse später in Formen gepresst wird. Der Blick ins Käselager lässt die Herzen der Käsefans höher schlagen: Dort reifen sage und schreibe 13 500 Laibe. In der Schaukäserei kann man seinen Lieblingskäse auch kaufen. Oder ein Essen im modernen Restaurant, in der gemütlichen Säntisstube oder auf der sonnigen Terrasse genießen. Angeboten werden leckere Käsegerichte wie Fondue, Raclette, pikanter Käsekuchen und Chäshörnli, aber auch Salate und Fleischgerichte. Und jeden Sonntag gibt es hier ein üppiges »Zmorge« (Frühstück). Die »Appenzeller Schaukäserei« begeistert bei weitem nicht nur Kinder, sondern ist ein ideales Ausflugsziel für Jung und Alt. Besonders schön ist es an jedem ersten Sonntag im Monat, wenn 11 bis 17 Uhr die »Schauchäsi-Stobete« mit Appenzeller Livemusik stattfindet.

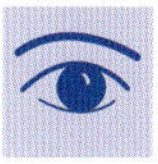

Altes Handwerk und moderne Technik müssen sich nicht ausschließen

INFO

Appenzeller Schaukäserei
Dorf 711
CH-9063 Stein
Tel.: +41 71 36 85 0 0
Fax: +41 71 36 85 0 5
E-Mail: info@schaukaeserei.ch
www.schaukaeserei.ch

Öffnungszeiten:
täglich von 8.30 bis 17.30 Uhr

Bei Voranmeldung sind auch Führungen möglich.

27 Bad Ragaz

Namhafter Kurort im »Heidiland«

Als Zentrum der Ferienregion »Heidiland« im Kanton St. Gallen steht Bad Ragaz für eine Jahrhunderte alte Badetradition. Hauptattraktion ist die heiße Tamina-Quelle, die mit 37 Grad Celsius aus der nahe gelegenen Schlucht sprudelt. Ab 1840 wurde das Thermalwasser talauswärts geleitet, wo der bekannte Kurort entstand. Der kleine Ort liegt auf 500 Meter Höhe in der fruchtbaren Rheinebene, umgeben von Bergen, unter denen der Pizol mit 2844 Metern der höchste Gipfel ist. Eine Kabinenbahn und zahlreiche Wanderwege führen hinauf in die Bergwelt. Das Pizolgebiet, das Tamina- und Calfeisental sowie das ganze Falknisgebiet laden zu lohnenden Bergwandertouren ein. Diese Landschaften hatte Johanna Spyri vor Augen, als sie 1880 die Geschichte von Heidi und dem Geißenpeter schrieb.

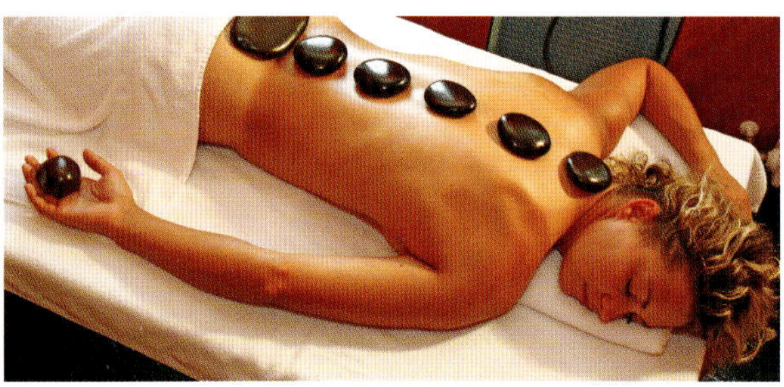

Heiße Steine sind nur eines der Wellnessangebote von Bad Ragaz

Das Bad. Historische Zeugnisse über die Nutzung der Thermalquelle in der Taminaschlucht als Heilbad gehen auf das 13. Jahrhundert zurück. Glaubhaftere Quellen liefern jedoch Urkunden aus dem 14. Jahrhundert. Friedrich Graf von Zollern (Bischof von Augsburg, 1488) und Lukas Rem (1511) waren zwei bedeutende Badegäste, die in Tagebüchern über die Badekur berichteten und den beschwerlichen Zugang der Schlucht erwähnten. 1542 verfasste Theophrastus Bombastus von Hohenheim, besser bekannt als Paracelsus, ein medizinisches Consilium über die Anwendung und Heilwirkung des Bades in der Taminaschlucht. Der Badetourismus nahm seinen Anfang. In der zweiten Hälfte des 16. Jahrhunderts wurde ein neuer, bequemer Zugang geschaffen, bevor 1630 das Wasser erstmals aus der Schlucht heraus an den Ort der alten Badegebäude geleitet wurde. Als ab 1840 das Wasser bis zur vier Kilometer entfernten äbtlichen Statthalterei im Hof Ragaz lief, begann die Geschichte des Kurortes. Nach 1868 wurde er durch die Initiative und den Weitblick des Architekten und ehemaligen Eisenbahndirektors Bernhard Simon schnell zum Weltkurort.

Der Kurort. Die Infrastruktur im Dorf wurde den Bedürfnissen der Kur- und Badegäste angepasst. Es entstanden Hotels und Pensionen für den Mittelstand, Restaurants, Läden und Geschäfte. Zahlreiche russische Adelige kamen mehrere Monate zur Kur, dem Ruf von Bernhard Simon folgend, der früher als Architekt des Adels in St. Petersburg tätig war. Ebenso besuchten viele Engländer das Heilbad, sodass um 1900 sogar eine englische Kirche in Ragaz gebaut wurde. Sie steht heute jedoch nicht mehr. Ragaz erfreute sich einer glanzvollen Internationalität, welche die Bedeutung des Kurortes bis zum Ausbruch des Ersten Weltkrieges nachhaltig prägte. Der darauf folgende wirtschaftliche Einbruch wirkte bis in die 1950-er-Jahre nach. Heute hat sich Bad Ragaz längst davon erholt. Die Bäderkultur erlebt eine erquickende Renaissance.

INFO

Bad Ragaz Tourismus
Am Platz 1
CH-7310 Bad Ragaz
Tel.: +41 81 30 04 02 0
Fax: +41 81 30 04 02 1
E-Mail: info@spavillage.ch
www.spavillage.ch
Öffnungszeiten:
Montag bis Freitag von 8.30 bis 12 Uhr
und von 13.30 bis 18 Uhr,
Samstag von 9 bis 13 Uhr,
Sonntag geschlossen

28 Rhein-Quellregion mit Rheinschlucht

Flusslandschaft mit vielen Höhepunkten

Die Ruinaulta lädt zu Wanderungen, Radtouren und Riverrafting ein

»Vater Rhein« ist allbekannt. Wenn der Strom bei Rotterdam in die Nordsee mündet, denken jedoch wenige daran, wo die Wiege und die ersten 65 Kilometer dieser Wasserstraße liegen: in Graubünden nämlich. Auf seiner 1320 Kilometer langen Reise vom Quell zur Meeresmündung »spricht« der Rhein verschiedene Sprachen. Das rätoromanische Wort »Rein«, »Rain« oder »Rin« bedeutet in seinem ursprünglichen Sinne nichts anderes als »Fluss«. Integriert in die Jahrtausende alte Siedlungsgeschichte Graubündens, ist der Rhein schon seit Menschengedenken zum Begleiter und zum Lebensquell der lokalen Bevölkerung geworden.

Quellregion des Rheins. Gleich zwei Quellen hat die Wasserstraße, die über 50 Millionen Europäer verbindet. Auf 2344 Meter über dem Meeresspiegel, oberhalb von Disentis-Sedrun, liegt ein bescheidener Bergsee, der Lai da Tuma. Als kleiner Bergbach entspringt dort der Vorderrhein, der wenige Kilometer weiter bereits zum Erlebnisterrain wird. In Disentis warten Goldhungrige mit Waschpfannen und Gummistiefeln darauf, dem Medelserrhein einen Nugget zu entlocken und mit Ilanz durchfließt der Fluss schon die erste Stadt.

Die Rheinschlucht. Noch bevor der Vorderrhein bei Reichenau mit seinem Bruder, dem Hinterrhein, zusammenfliesst, durchquert er unweit der Alpenarena von Flims Laax Falera eine der schönsten Schluchten Europas, die Ruinaulta, auch »Little Swiss Grand Canyon« genannt. Hautnah zu erleben ist diese Rheinschlucht beim Riverrafting oder mit dem Kanu. Wer die trockene Variante bevorzugt, wählt eine Fahrt mit der Rhätischen Bahn oder entdeckt die Rheinlandschaft per Bike. Von der Aussichtsplattform »Il Spir« bietet sich ein grandioser Ausblick.

Der »Walser« Hinterrhein. Am Paradiesgletscher beim Rheinwaldhorn entspringt die weniger bekannte, aber landschaftlich genauso reizvolle Quelle des Hinterrheins. Unweit davon liegt das Dorf Hinterrhein, dessen Bevölkerung noch heute für den unverfälschten Walserdialekt bekannt ist. Vorbei an Splügen, mit dem Wakkerpreis für sein intaktes Dorfbild ausgezeichnet, fließt der Rhein weiter nach Andeer, das dank des Andeerer Granits nicht nur »steinreich«, sondern auch über die Landesgrenzen hinaus bekannt geworden ist. Zillis, welches mit der ältesten bemalten Holzdecke Europas (Kirche St. Martin) auch »Sixtina der Alpen« genannt wird, liegt nur wenige Kilometer vor der Viamala. Dem »bösen Weg« Graubündens haftet nicht zuletzt dank John Knittels gleichnamigem Roman ein unvergleichlicher Mythos an.

INFO

Graubünden Ferien
Alexanderstrasse 24
CH-7001 Chur
Tel.: +41 81 25 42 43 2
Fax: +41 81 25 42 40 0
E-Mail: contact@graubuenden.ch
www.graubuenden.ch
www.ruinaulta.ch

29 Kloster St. Johann in Müstair

Gleich an der Grenze zum Vinschgau

Das Kloster vereint Baustile verschiedener Epochen harmonisch miteinander

Kommt man von Südtirol über Glurns/Vinschgau und Taufers (Landesgrenze), eröffnet sich dem Reisenden ein suggestives Bild: Wiesen und Felder und das Kloster St. Johann Müstair mit seiner unverwechselbaren Silhouette im Hintergrund. Hier fügen sich Klosterleben, Kulturpflege, Museum, Forschung und Restaurierung zu einem einzigartigen Kulturbetrieb von Weltrang (UNESCO Welterbe) zusammen.

Wertvolle Wandbilder. Karl der Große gilt als Gründer des Klosters Müstair. Die Legende erzählt, dass er nach seiner Krönung zum König der Langobarden 774 auf dem Umbrailpass in einen Schneesturm geriet und heil davon kam. Aus Dankbarkeit gelobte er die Stiftung des Klosters in Müstair. Heute noch wird er als Gründer verehrt, wofür die Stuckfigur in der Kirche sichtbares Zeugnis ablegt. Kirche und Heiligkreuzkapelle sind aus der Gründungszeit (8. Jahrhundert n. Chr.) erhalten.

Die Entdeckung der einzigartigen karolingischen und romanischen Wandbilder in der Kirche hat wesentlich dazu beigetragen, dass die Klosteranlage von Müstair seit nunmehr 25 Jahren zu den Weltkulturerbestätten der UNESCO zählt. Die Klosteranlage wurde in den 1200 Jahren ihres Bestehens nie völlig zerstört, sondern immer wieder teilweise auf- oder umgebaut. Heute kann man verschiedenste Bauweisen von der karolingischen bis zur heutigen Zeit erkennen und Kirche und klösterliches Leben, Forschung und Restaurierung, Museum und Klosterladen fügen sich in harmonischer Weise zu einem einzigartigen Ganzen zusammen

Die Benediktinerinnen von Müstair Seit dem 12. Jahrhundert wird das ursprüngliche Männerkloster durchgehend von Benediktinerinnen bewohnt. Ihr Leben richtet sich nach der Regel des Hl. Benedikts im geordneten Rhythmus der Zeiten für Gebet, Arbeit, Schweigen und Gemeinschaft. Sie führen ein Gästehaus, organisieren Fasten- und Exerzitienkurse, betreiben biologischen Garten- und Obstanbau, stellen kostbare Stickereien her und führen den Klosterladen. Er befindet sich am Eingang zum Museum und bietet Hintergrundinformationen sowie handwerkliche und kulinarische Spezialitäten der Benediktinernonnen und der Region.

Der wohl älteste Wohnturm des Alpenraum, der »Plantaturm« aus dem 10. Jahrhundert, beherbergt das Museum. Es erlaubt einen Blick in das einstige Leben der Nonnen, vom Kreuzgang über das Refektorium und Dormitorium aus gotischer Zeit bis hin zu barocken Zellen. Zudem werden archäologische Funde und Objekte aus dem Klosterschatz gezeigt: farbige Fenstergläser und marmorne Flechtwerkplatten aus karolingischer Zeit, mittelalterliche und barocke Skulpturen und ein Regal (Tischorgel) aus dem 17. Jahrhundert.

Forschung und Restaurierung Das Kloster wird seit 1969 mit Hilfe der Stiftung und Denkmalpflege restauriert und archäologisch erforscht. Das größte gegenwärtige Vorhaben ist die Restaurierung der karolingischen Heiligkreuzkapelle. Das kleeblattförmige Juwel am Weg zur Kirche enthält Teile des original karolingischen Mörtelbodens auf den im Jahr 788 gefüllten Deckenbalken. Bis zu 10 Malschichten – die älteste wohl aus karolingischer Zeit – bedecken die Wände der Kirche.

INFO

museum & butia
CH-7537 Müstair
Tel.: +41 81 85 16 22 8
E-Mail: museum@muestair.ch
www.muestair.ch

Öffnungszeiten:
täglich geöffnet, Ausnahme 25.12.

Mai bis Okt. von 9 bis 12 Uhr und
von 13.30 bis 17 Uhr,
Nov. bis April von 10 bis 12 Uhr und
von 13.30 bis 16.30 Uhr

Sonn- und Feiertage nur nachmittags

30 Festival Lucerne

Große Dirigenten, große Musik

Diese Musikfestwochen haben ihren Ursprung im Jahr 1938, als im Rahmen einer Konzertreihe Arturo Toscanini am 25. August das »Concert de Gala« vor Richard Wagners ehemaligem Wohnsitz auf Tribschen leitete. Toscanini, entschiedener Gegner aller Diktaturen, hatte Mussolinis Italien den Rücken gekehrt. Einladungen nach Salzburg und Bayreuth lehnte er aus politischen Gründen ab, wie auch viele Musiker auf Grund ihrer Herkunft oder aus Gewissensgründen dort nicht mehr auftraten. Aber eben in Luzern, und so gilt dieses Festkonzert »Festival Toscanini à Tribschen«, das von über 80 Rund-

Auch die Nähe zum See verleiht dem Festival einen besonderen Charakter

funksendern in Europa und Amerika übertragen wurde, als Geburtsstunde des Lucerne Festival.

Toscanini eröffnete auch das zweite Festwochenjahr 1939. 1943 erfolgte die Gründung des Schweizerischen Festspielorchesters. Es trug während und nach dem Zweiten Weltkrieg unter Dirigenten wie Wilhelm Furtwängler, Herbert von Karajan, Paul Klecki, Otto Klemperer oder Rafael Kubelík entscheidend zum wachsenden Prestige der Festwochen bei. Ab 1993 erfolgten immer häufiger Einladungen an Spitzenorchester aus dem Ausland. Doch seit 2003 hat das Lucerne Festival wieder ein eigenes Orchester (Lucerne Festival Orchestra), das Claudio Abbado und Michael Haefliger gründeten.

Der Konzertsaal als Mittelpunkt des Festivals

Drei Festivals jährlich. Die Stiftung Lucerne Festival führt jährlich drei Festivals durch. In den Sommermonaten August und September das »Im Sommer« mit etwa 100 Veranstaltungen, darunter Sinfoniekonzerte, Kammermusik, Rezitals, Neue und Alte Musik und Spezialproduktionen. Zu diesem bedeutenden Sommerfestival gibt es seit 1988 während ca. 10 Tagen bis Palmsonntag »Zu Ostern« und im November »Am Piano«. Die letztgenannte und jüngste Veranstaltung (seit 1998) ist ein Festival rund um Tasteninstrumente. »Am Piano« präsentiert im Konzertsaal Rezitals mit erstrangigen Pianisten aus Klassik und Jazz, überdies erweitern Filme, Workshops, Ausstellungen etc., die mit Tasteninstrumenten in Zusammenhang stehen, das Angebot.

INFO

Lucerne Festival
Hirschmattstrasse 13
CH-6002 Luzern
Tel.: +41 41 22 64 40 0
Fax: +41 41 22 64 46 0
E-Mail: info@lucernefestival.ch
www.luzernfestival.ch

31 Filmfest Locarno

Jury sind die Zuschauer

In den 60 Jahren seines Bestehens hat sich das Filmfest Locarno eine absolute Spitzenposition unter den internationalen Filmfestivals erarbeitet. Jedes Jahr im August treffen sich Cineasten, Journalisten und Filmemacher in der kleinen Stadt am Lago Maggiore, die dann für elf Tage zur Hauptstadt des Autorenfilms wird. Am Treffpunkt dreier wichtiger europäischer Kulturen und Sprachen wurde Offenheit und Dialog schon immer gelebt und machte Locarno zur perfekten Plattform für Kinoschaffende aus aller Welt, von Südamerika bis Asien. Das Filmfest Locarno kennt keine Grenzen, weder geographisch noch thematisch noch stilistisch.

Immer wieder Entdeckungen. Ins Leben gerufen wurde das Festival, um neue Trends aufzuspüren und jungen, unerschrockenen Filmemachern eine Plattform zu bieten. Von den ersten neo-realistischen italienischen Streifen über die Nouvelle Vague aus Frankreich, dem osteuropäischen Kino der 1960-er-Jahre bis hin zur fünften Generation der chinesischen Regisseure hat sich das Locarno-Festival seinen Ruf als Sprungbrett für junge, innovative Künstler erhalten und seinen Pioniergeist auch als inzwischen renommiertes Festival stets zu wahren verstanden. In diesem Geiste wurden wegweisende neue Regisseure entdeckt und ausgezeichnet, lange bevor die Filmindustrie auf sie aufmerksam wurde.

Vorführungen im Freien. Höhepunkt des Filmfestivals sind für die Zuschauer die berühmten und stets gut besuchten abendlichen Open-Air-Vorführungen auf der Piazza Grande. Der riesige Renaissanceplatz ist Herzstück und Bühne zugleich und fasst über 8000 Zuschauer. Eine der größten Kinoleinwände und Tausende von Zuschauer – eingebettet in das Ambiente der Piazza Grande – erzeugen die Magie, von der Filmschaffende und Cineasten noch lange schwärmen. Und das Publikum auf dem Platz ist zugleich die größte Jury, die es im Filmgeschäft gibt. Denn schließlich sind die Zuschauer es, die darüber entscheiden, wer einen der begehrtesten Filmpreise bekommt, den das Festival zu verleihen hat: den Prix du Public.

Tausende von Zuschauern verfolgen die Festivalbeiträge …

INFO

Festival internazionale del film Locarno
Via Ciseri 23
CH–6601 Locarno
Tel.: +41 91 75 62 12 1
Fax: +41 91 75 62 14 9
E-Mail: info@pardo.ch
www.pardo.ch

… und wählen ihren Favoriten zum Sieger

32 Pilatusbahn
Von Drachen und Geistern

Die Fenster der Pilatusbahn sind der max. Steigung von 48% angepasst

Den Berg umgab schon immer eine ganz spezielle Aura. Seit Urzeiten umhüllen geheimnisvolle Sagen und Mythen den schroffen Gesellen hoch über Luzern. Im Mittelalter glaubte man, heilbringende Drachen und Geister würden in den kahlen Klüften hausen. Und im ehemaligen Pilatussee habe Pontius Pilatus seine letzte Ruhe gefunden, daher auch der Name.

Steilste Zahnradbahn der Welt. Als Ingenieur Eduard Locher im 19. Jahrhundert die Idee hatte, eine Bahn auf den Pilatus (2132 m) zu bauen, hielten ihn Viele für verrückt. Doch 1889 wurde die bis 1937 dampfbetriebene Bahnstrecke eröffnet und mit 48% Steigung ist sie bis heute die steilste Zahnradbahn der Welt. Dabei überwindet sie eine Höhendifferenz von mehr als 1600 Metern und eine Strecke von über viereinhalb Kilometern. Möglich machte dies die geniale Konstruktion mit zwei horizontal drehenden Zahnrädern, die anlässlich der Weltausstellung 1889 in Paris präsentiert wurde.

Bis zu 12 km/h schnell drängt die Bahn gipfelwärts, runter geht's – technisch bedingt – noch ein bisschen langsamer. Droben lassen sich auf bequemen Panoramawegen drei kleine Gipfelpunkte ersteigen oder man kann den »Drachenweg« (Rundgang) begehen. Wer glaubt, »Fun« haben zu müssen, kann sich mit der längsten Sommerrodelbahn der Schweiz oder im »Seilgarten« vergnügen. Zu den prominentesten Pilatusbesuchern gehörten Richard Wagner, Königin Victoria von England (hoch zu Ross), König Don Carlos von Spanien und Antarktisforscher Lincoln Ellsworth. Sie waren fasziniert von der überwältigenden Aussicht auf 73 Alpengipfel (darunter Eiger, Mönch und Jungfrau) sowie unzählige Seen.

»Goldene Rundfahrt«. Eine faszinierende und abwechslungsreiche Art, den Pilatus zu überschreiten – besser gesagt: ihn zu »überfahren« ist die »Goldene Rundfahrt«. Mit Schiff, Zahnradbahn, Luftseilbahn und Gondelbahn um den Pilatus: eine tolle Sache und goldrichtig von Mai bis Mitte Oktober. Der Einsatz der Beine beschränkt sich dabei auf ein Minimum, dafür werden die Augen ordentlich beansprucht. Und so geht's: Von Luzern aus mit dem Dampfschiff auf dem Vierwaldstättersee nach Alpnachstad, von wo die Zahnradbahn hoch zum Pilatus Kulm führt; mit der Luftseilbahn wieder talwärts zur Station Fräkmüntegg und zurück mit der Panorama-Gondelbahn nach Kriens/Luzern.

Die Panorama-Gondelbahn vollendet die »Pilatus-Überschreitung«

INFO

Pilatus-Zahnradbahn
E-Mail: info@pilatus.ch
www.pilatus.ch
Betriebszeit: Mai bis Nov.
Fahrzeit bergwärts: 30 Min.
Fahrzeit talwärts: 40 Min.

33 Rigi
Synonym für einen Aussichtsberg

Die Rigi wurde 1871 als erster Berg in Europa mit einer Bergbahn erschlossen und ist heute immer noch der beliebteste Ausflugsberg der Schweiz. Hauptattraktion ist dabei die außergewöhnliche Weitsicht über 13 Seen, das Mittelland und die Alpen. Die zentrale Lage und die optimale Erschließung ermöglichen kurze Anfahrtszeiten aus der ganzen Schweiz und den Nachbarländern. Zahnradbahnen ab Vitznau und Goldau sowie eine Luftseilbahn ab Weggis bringen die Gäste an 365 Tagen bequem und sicher ins einzigartige Erlebnis- und Erholungsparadies. Immer bekannter wird die Rigi auch im fernen Ausland. Kamen zu Beginn des Bergtourismus im 18. Jahrhundert die Leute fast ausschließlich aus Europa, so sind heute Gruppen- und Individualreisende aus der ganzen Welt auf der Rigi anzutreffen, die sich vom Bergzauber einfangen lassen. Ganz so wie vor über hundert Jahren, als Abenteuerlustige und Romantiker – darunter auch Mark Twain – zum legendären Sonnenaufgang auf die Rigi reisten. Dieses Naturspektakel ist heute dank der bequemen Fahrt mit den Rigi Bahnen für jedermann mühelos zu erleben – nur frühes Aufstehen wird einem nicht erspart. Der grandiose Panoramablick auf die Alpen sowie ergreifende Alphornklänge bilden eine gewaltige Kulisse für das Erwachen des neuen Tages.

Aus der Belle Epoque. Dass es an diesem Berg Tourismusgeschichte gibt, wird schon auf dem Weg nach oben klar. Denn die Rigi-Bahnen besitzen heute den weltweit größten betriebsfähigen Nostalgie-Zahnradbahn-Fahrzeugpark. Bestückt ist dieser mit Salonwaggons aus der Belle Epoque, Dampfloks und dem ältesten, betriebsfähigen elektrischen Zahnradtriebwagen der Welt. Was andere Bergbahnen in den letzten Jahrzehnten schon längst zum alten Eisen gaben und ausmusterten, wird bei den Rigi-Bahnen als wertvoller Schatz gehegt und gepflegt. Auch wenn deren Betrieb einiges an Aufwand erfordert. Denn wenn die Rigi-Dampflokomotive fauchend und stampfend auf die Königin der Berge klettert, frisst sie pro Bergfahrt 500 kg Kohle und trinkt 2200 Liter Wasser.

Über 150 Kilometer gepflegte und gut markierte Wanderwege erwarten den Wanderfreund in der Destination Weggis Vitznau Rigi. Allein die Rigi, das Wanderparadies, bietet über 100 Kilometer autofreie Wanderwege mit traumhafter Weitsicht über das Mittelland und die Alpen. Gedeckte Feuerstellen, Kinderspielplätze und die höchste Trampolinanlage der Schweiz sind nicht nur für Familien beliebte Rastplätze am Wegesrand.

INFO

Rigi Bahnen AG
CH-6354 Vitznau
Tel.: +41 41 39 98 78 7
Fax: +41 41 39 98 70 0
E-Mail: rigi@rigi.ch
www.rigi.ch

Die Rigibahn bringt die Besucher stilecht auf einen der besten Aussichtsberge der Schweiz, die Rigi

34 Titlis Rotair
Da kommt man ins Rotieren

»Bequem hinauf in eine Welt aus Schnee und Eis«, so könnte das Motto des Rotair lauten. Dabei wird der Mund nicht zu voll genommen, schließlich rotiert man mit der Rotair-Seilbahn hinauf auf den Kleinen Titlis auf 3020 Meter und steht sodann auf dem höchsten Aussichtspunkt der Zentralschweiz – und das mit der ersten drehbaren Luftseilbahn der Welt. In fünf Minuten rotiert die Gondel einmal um die eigene Achse und sorgt dafür, dass die Blicke der Passagiere ungestört die atemberaubende Rundumsicht genießen können. Doch die abwechslungsreiche Auffahrt, die in mehreren Etappen die 2000 Höhenmeter überwindet, ist erst der Auftakt. Die Hochgebirgswelt am Gipfel des Kleinen Titlis hat neben der berühmten Aussicht noch einiges Lehrreiches und Unterhaltsames zu bieten.
Zum Beispiel die Gletschergrotte im Herzen des Titlis-Gletschers. Umringt von glitzernden Eiswänden eröffnet sich eine völlig neue Welt, die Tausende von Lampen erst so recht zur Geltung bringen. Die eindrückliche Grotte führt Besucher über 150 Meter Länge bis 20 Meter unter die Gletscheroberfläche. Oder eine Rundfahrt mit dem »Ice-Flyer«, der modernsten Gletscher-Sesselbahn der Schweiz. Sie eröffnet atemberaubende Einblicke in Gletscherspalten. Die »Ice Flyer«- Sesselbahn endet direkt im Titlis-Gletscherpark. Beim Rutschvergnügen auf 3000 Metern ist Spaß Trumpf: Mit einem großen Reifen (Snowtube) auf einem präparierten Run rutschen oder auf der zweiten Bahn verschiedenste Rutschgeräte (Balancer, Snow-Scoots, Snake Gliss usw.) ausprobieren. Der Aufstieg erfolgt mühelos mit dem Förderband »Magic Carpet«.

Viele bergsteigerische Möglichkeiten. Doch es muss nicht nur der Erlebnispark am Kleinen Titlis sein. Die Hänge des Titlismassiv bieten eine große Auswahl an attraktiven und anspruchsvollen Ski- und Snowboardpisten für jedes Niveau. Engelberg-Titlis ist aber nicht nur bei Skifahrern und Snowboardern ein Begriff. Langläufer, Winterwanderer, Schneeschuhgeher und Tourenskifahrer erfreuen sich ebenfalls am vielseitigen Angebot.

INFO

Titlis Rotair
Poststrasse 3
CH-6390 Engelber
Tel.: +41 41 63 95 05 0
Fax: +41 41 63 95 06 0
E-Mail: titlis@titlis.ch
www.titlis.ch

Ein 360°-Panorama ohne den Kopf zu drehen bieten die rotierenden Gondeln der Rotair

35 Säntis

Prominenter Luginsland

Der Säntis im Alpsteinmassiv südlich von St. Gallen erlangte als Aussichtsberg Berühmtheit. Die Schau vom Gipfel aus reicht ins Fürstentum Liechtenstein, nach Vorarlberg, Bayern, Baden-Württemberg, in die umliegenden Schweizer Kantone bis zu den Berner Alpen oder gar bis ins italienische Piemont – und genau so vielfältig sind die Möglichkeiten rund um den Berg und die Schwägalp. Das Säntis-Erlebnis beginnt nämlich bereits dort mit einer Schaukäserei und einem Naturforschungspark, der von der Internationalen Bodenseekonferenz ausgezeichnet worden ist. Die Alp ist Ausgangspunkt für die traumhafte Hochmoorlandschaft.

Sitz der Wetterfrösche. Schon bevor der Gipfel mit einer Schwebebahn erschlossen wurde, war der Säntis für die ganze Schweiz wichtig: Seit 1879 gibt es in der Schweiz tägliche Wetterprognosen bereits drei Jahre später wurde das Säntis-Observatorium in Betrieb genommen, das heute noch unverändert auf dem Gipfel bewundert werden kann. Seither werden regelmäßig Daten gemessen, die für die Wettervorhersagen bedeutend sind. Die erste bescheidene Schutzhütte, die auch als Gasthaus diente, wurde bereits 1846 errichtet. Der Säntis galt als besonderer Magnet unter Bergsteigern; Anfang des 20. Jahrhunderts sollen ihn an schönen Sonntagen Touristenmassen jeweils im vierstelligen Bereich bestiegen haben.

Säntis-Seilbahn. Die Geschichte der Säntis-Schwebebahn ist eine Erfolgsstory über Jahrzehnte, wie es im Schweizer Tourismus nur wenige gibt. Die Bahn wurde 1935 eröffnet. Vermochten die ersten Kabinen lediglich 35 Personen zu fassen, sind die neuen, beheizten Panorama-Kabinen für 85 Personen ausgerichtet und verfügen über eine stündliche Förderleistung von 1600 Fahrgästen. Insgesamt kommen jährlich eine halbe Million Besucher auf den Säntis. Spezialfahrten mit verlangsamter Berg- oder Talfahrt, um die atemberaubende Sicht länger genießen zu können, oder gar ein Aperitif an der weltexklusiven DrehBar sind spezielle Angebote. Rund 1500 Führungen gibt es jedes Jahr und zahllose spezielle Events. Von Juni bis Oktober sind die Tage auf dem Säntis besonders lang: Es gibt Sonnenaufgangsfahrten für Gruppen auf Voranmeldungen. Im Winter dann Pferdeschlittenfahrten oder Schneeschuhlaufen. Wen es nach Gaumengenüssen gelüstet: Drei Gastronomiebetriebe (das Gasthaus Passhöhe, das Berghotel Schwägalp und das Panorama-Restaurant Säntisgipfel) bieten reichhaltige Angebote und gepflegten Service.

Auf dem Gipfel des Säntis findet man neben einer spektakulären Aussicht auch das Säntis-Observatorium

INFO

Säntis-Schwebebahn AG
CH-9107 Schwägalp
Tel.: +41 71 36 56 56 5
Automatischer Auskunftsdienst:
Tel.: +41 71 36 56 66 6
E-Mail: kontakt@saentisbahn.ch
www.saentisbahn.ch

36 Schweizerischer Nationalpark
Das ideale Schutzgebiet

Aussicht vom Munt la Schera (2587 m), einem der Gipfel des Nationalparks, die bestiegen werden dürfen

Der Schweizerische Nationalpark (SNP) war nicht nur der erste Nationalpark der Alpen, sondern auch der erste Mitteleuropas. Seit seiner Gründung im Jahr 1914 hat er sich zu einer einmaligen Oase der Wildnis entwickelt. Der Park umfasst ein besonders eindrückliches Stück alpiner Landschaft mit einer reichen Tier- und Pflanzenwelt. In diesem Lebensraum wird die Natur ihrer uneingeschränkten Entwicklung überlassen, der Mensch steht im Hintergrund und ist Zeuge der dynamischen Prozesse, die dieser Landschaft ihren unvergleichlichen Charakter verleihen.

Der SNP liegt im Engadin/Münstertal (Kanton Graubünden), der östlichsten Ecke der Schweiz, und umfasst 170 km^2 in Höhenlagen von 1400 bis 3200 Metern. Das Gebiet ist bekannt für seinen Reichtum an Alpentieren und -pflanzen in einer kaum berührten Naturlandschaft. Gemäß der International Union for the Conservation of Nature (IUCN) gehört der Schweizerische Nationalpark zur exklusiven Gruppe der strengen Naturreservate (Kategorie I). Dieser hohe Schutzstatus verpflichtet. Für einmal spielt der Mensch lediglich eine Zuschauerrolle und lässt diese eindrückliche Landschaft in ihrer ganzen Vielfalt auf sich wirken. So haben jedes Jahr rund 150 000 Wanderer die Gelegenheit, Rothirsche, Gämsen, Steinböcke, Murmeltiere und Steinadler zu beobachten, farbenprächtige Alpenpflanzen zu fotografieren und auf ausgedehnten Wanderungen längs der markierten Wege die formenreiche Gebirgslandschaft zu bewundern.

Kaum berührte Wildnis. Im Zentrum jedes Nationalparkbesuchs steht das Naturerlebnis in der vom Menschen kaum berührten Wildnis. In Ergänzung dazu bietet der Nationalpark Angebote und Informationen für alle Altersklassen an und erleichtert damit allen Naturliebhabern den Zugang zu den Besonderheiten dieses alpinen Schutzgebiets. Das soeben eröffnete neue Nationalparkzentrum in Zernez bietet eine Fülle an Erlebnis und Information. Das Zentrum beherbergt Dauer- und Wechselausstellungen, versorgt den Wanderer mit allen relevanten Informationen, und im Bedarfsfall kann man sich dort sogar Feldstecher und digitale Wanderführer ausleihen.

INFO

Nationalpark Zentrum
Schweizerischer Nationalpark
CH-7530 Zernez
Tel.: +41 81 85 14 14 1
Fax: +41 81 85 14 11 2
www.nationalpark.ch
E-Mail: info@nationalpark.ch

Öffnungszeiten:
Anf. Juni bis Ende Okt.,
täglich von 8.30 bis 18 Uhr

Nov. bis Mai 9 bis 12 Uhr
und von 14 bis 17 Uhr

Samstag und Sonntag geschlossen

37 Kunstmuseum Liechtenstein

Kunstwerke im Kubus

Im Zentrum von Vaduz fällt der unverwechselbare schwarze Kubus des Kunstmuseums Liechtenstein auf. Die Fassade aus eingefärbtem und fugenlos gegossenem Beton aus vorwiegend schwarzem Basaltgestein und farbigem Flusskies ist so behandelt, dass ein lebendiges Spiel auf der reflektierenden Oberfläche entsteht. Im Innern befinden sich sechs großzügige Ausstellungssäle, die durch verschiedene Lichtqualitäten zurückhaltende und doch flexible Museumsarchitektur bieten.

Sammlung moderner und zeitgenössischer Kunst. Für das Kunstmuseum Liechtenstein ist die eigene Sammlung das inhaltliche Zentrum der Arbeit. Die noch junge Sammlung internationaler moderner und zeitgenössischer Kunst umfasst den Zeitraum vom 19. Jahrhundert bis in die Gegenwart, mit Schwerpunkten bei Skulpturen, Objekten und Installationen. Ein Kernstück dieser musealen Sammlung bilden Werke von Künstlern, die zur Gruppe der »Arte Povera« gehören.

Programm. Die Ausstellungstätigkeit des Kunstmuseums Liechtenstein nimmt immer wieder Bezug auf die eigene Sammlung. Im Vordergrund stehen längerfristig angelegte Ausstellungsreihen. Eine Besonderheit im Museum ist die dialogisch angelegte Präsentationsform. Immer wieder werden die Kunstwerke der Sammlung neu miteinander kombiniert und in spannungsvolle Nachbarschaften gebracht. Im »Dialog« dieser Gegensätze und Verwandtschaften kann Kunst neu gesehen und verstanden werden. Die privaten Sammlungen des Fürsten von und zu Liechtenstein sind mit thematischen Ausstellungen alljährlich zu sehen. Sie gehören zu den weltweit bedeutendsten Privatsammlungen mit Gemälden von Peter Paul Rubens, Anthonis van Dyck und anderen flämischen Malern, italienischer Malerei des 14. bis 18. Jahrhundert sowie Skulpturen und Kunsthandwerk.

Begleitprogramm und Kunstvermittlung. Das Begleitprogramm zu den Ausstellungen bietet den Besuchern die Möglichkeit, sich aus unterschiedlichen Blickwinkeln mit dem Thema einer Ausstellung zu befassen. Das Museum bietet dafür ein vielfältiges Programm für Kinder, Jugendliche und Familien an, das auf spielerische und lustvolle Weise an die Welt der Kunst heranführt.

Dunkel von außen, licht von innen: das Kunstmuseum Liechtenstein beeindruckt auch durch seine Architektur

INFO

Kunstmuseum Liechtenstein
Städtle 32
FL-9490 Vaduz
Tel.: +423 23 50 30 0
Fax: +423 23 50 32 9
E-Mail: mail@kunstmuseum.li
www.kunstmuseum.li
Öffnungszeiten:
Di bis So 10 bis 17 Uhr, Do 10 bis 20 Uhr

38 Liechtensteinisches Landesmuseum

Zur geschichtlichen Entwicklung des Fürstentums

Das bäuerliche Wohnmuseum (oben) und das Postmuseum (unten) machen die Vergangenheit des Fürstentums lebendig

Das Landesmuseum Liechtensteins zeigt die geschichtliche Entwicklung des Fürstentums. Es umfasst mitten in Vaduz drei Gebäude: die ehemalige herrschaftliche Taverne, den alten Amtssitz der Landvogte und einen 2003 eröffneten Erweiterungsbau. In der Gemeinde Schellenberg führt das Landesmuseum außerdem ein bäuerliches Wohnmuseum, das über die bäuerliche Arbeits- und Lebensweise informiert. Im Jahre 2006 wurde das seit 1930 existierende Liechtensteinische Postmuseum dem Landesmuseum angegliedert.

Dauerausstellung mit sechs Schwerpunkten. Die neue Dauerausstellung ist thematisch ausgerichtet und auf menschliche Tätigkeiten fokussiert. Unter den sechs Leitbegriffen »Siedeln« (inhaltlicher Schwerpunkt Archäologie), »Schützen« (Mittelalter), »Herrschen« (Neuzeit), »Feiern« (Volkskunde), »Schaffen« (19.–21. Jh.) und »Nutzen« (Naturgeschichte) werden diese Tätigkeiten in Liechtenstein anhand der Sammlungsobjekte dargestellt und in einen übergreifenden Zusammenhang gebracht. Das Leitsystem führt Besucher und Besucherinnen durch die drei Museumsgebäude mit 42 Ausstellungsräumen und annähernd 2000 Quadratmeter Ausstellungsfläche. Dazu kommen Medienräume, Foyer und Caféteria.

INFO

Liechtensteinisches Landesmuseum
Städtle 43
FL-9490 Vaduz
Tel.: +423 23 96 82 0
Fax: +423 23 96 83 7
E-Mail: landesmuseum@llm.llv.li
www.landesmuseum.li
Öffnungszeiten:
Di bis So von 10 bis 17 Uhr,
Mi bis 20 Uhr, Mo geschlossen

39 Fürstin-Gina-Weg
Pfad der 400 Pflanzenarten

Der Fürstin-Gina-Weg gilt als einer der schönsten und aussichtsreichsten Rundwanderwege Liechtensteins in alpinen Höhen. Er ist der Klassiker unter den Liechtensteiner Wanderwegen. Bis weit in die Sommermonate hinein blühen hier Frühlingsblumen wie die tiefviolette Teufelskralle, leuchtend gelbe Sonnenröschen und der Frühlingsenzian. Gewürzkräuter wie der kleinblättrige Bergthymian oder der wilde Majoran, Sauerampfer und Katzenminze gedeihen an den teils felsig-kargen, teils feuchten Berghängen. Etwa 400 Pflanzenarten säumen den je nach Verweildauer drei- bis fünfstündigen Gratwanderweg, der für Jung und Alt gleichermaßen geeignet ist. Ausgangspunkt der Blumenwanderung ist das auf 2000 Meter gelegene Sareiserjoch, das man bequem über den bekannten Bergort Malbun und die Sesselbahn Malbun-Sareis erreicht. Vom Joch schweift der Blick über das Gipfelpanorama der Berge des Dreiländerecks Liechtenstein, Österreich und Schweiz. Über den Augsten berg (2360 m) führt ein gut gesicherter Gratweg über blumenreiche Grasborden zur Pfälzer Hütte (2108 m) hinunter. Wer Zeit und Muße hat, spät losgegangen ist oder noch weitere Gipfel erklimmen möchte, kann hier auch übernachten. Von der Hütte geht es in eineinhalb Stunden auf einem markierten Bergweg über blühende Alpmatten wieder hinab zum Ausgangspunkt nach Malbun.

INFO

Liechtenstein Tourismus
Städtle 37
FL-9490 Vaduz
Tel:. +423 23 96 30 0
E-Mail: info@tourismus.li
www.tourismus.li
Öffnungszeiten:
täglich von 9 bis 17 Uhr

Während des Sommers ein Blumenmeer: der Fürstin-Gina-Weg

40 Rolls-Royce Museum Dornbirn

Museale Heimat einer Edelmarke

Ein Wunschtraum für viele Automobilenthusiasten ist der Rolls Royce, geziert von der Kühlerfigur Emily

Wie restauriert man einen Rolls-Royce? Mit welch' edlen Karossen wurden King Georg V. und der spanische Diktator Franco chauffiert? Diese und viele weitere Fragen rund um eine der berühmtesten Automarken der Welt werden im Rolls-Royce Museum in Dornbirn beantwortet. Das weltgrößte Rolls-Royce Museum (3500 m^2 Ausstellungsfläche) ist in einer 150 Jahre alten, ehemaligen Baumwollspinnerei untergebracht, deren Industriearchitektur von 1862 sich perfekt mit der Nostalgie der Perlen der Automobilgeschichte ergänzt. Es dauerte fast ein halbes Jahrhundert, um diese Sammlung mit weit über 1000 Exponaten aufzubauen. Jeder Rolls-Royce im Museum ist ein Unikat und jedes Automobil kann auf seine eigene, sehr spannende Geschichte zurückblicken. Einen wichtigen Beitrag zum Erhalt des Vermächtnisses von Rolls Royce leistet die einzigartige Show-Restaurationswerkstatt als Teil des Museums. Die Besucher erhalten dort die Chance, hautnah und live mitzuerleben, wie die Museumsexponate in Handarbeit und unter Verwendung alter Techniken mühevoll restauriert werden. Bei einer Führung durch den Museumsgründer persönlich werden die grundlegenden und bereits in Vergessenheit geratenen Arbeitsabläufe erklärt. So wird Automobilgeschichte im Rolls-Royce Museum zum faszinierenden Erlebnis.

INFO

Rolls-Royce Museum
Franz Vonier GmbH
Gütle elf a
A-6850 Dornbirn
Tel.: +43 557 25 26 52
Fax: +43 557 25 26 52 6
E-Mail: contact@rolls-royce-museum.at
www.rolls-royce-museum.at

Öffnungszeiten:
1. April bis 31. Okt. von 10 bis 18 Uhr
1. Nov. bis 31. März von 10 bis 17 Uhr
Montag Ruhetag

41 Vermuntbahn, Wassererlebnisstollen und Europatreppe

Aus der Pionierzeit der Wasserkraftwerke

Die Talstation der Vermuntbahn liegt unmittelbar neben dem Vermuntwerk der Vorarlberger Illwerke AG in Partenen. Von dort führt die Seilschwebebahn sommers wie winters in ca. fünf Minuten von Partenen (1032 m) nach Trominier (1731 m). Die Bergstation Trominier ist Ausgangspunkt für eine Vielzahl von Unternehmungen: der Silvretta-Bike-Safari, für Wanderungen zu traumhaften Aussichtspunkten sowie für die Erkundung des Wassererlebnisstollen Vermunt. Außerdem endet hier die Europatreppe 4000.

Die Silvretta-Bike-Safari führt direkt duch den Wassererlebnisstollen

Stollen als Erlebnisstrecke. Der Wassererlebnisstollen Vermunt hat eine mehr als 75-jährige Geschichte. Die Anfänge der Anlage »Vermuntstollen« wurzeln in den Pioniertagen des Wasserkraftausbaus. Auf Trominier bzw. Vermunt gruben sich die Bauleute in den Fels, Fenstergalerien und Trassen wurden angelegt, Gleise verlegt und die Anlage »Höhenbahn« gebaut. Leider entsprach diese später nicht mehr den Erfordernissen für einen lawinensicheren Zugang zum Obervermuntwerk. Das veranlasste die Illwerke, die Strecke zu sanieren und wintersicher auszubauen: Aus der Höhenbahn wurde 1974 der »Höhenweg« Trominier – Vermunt. Mehr als 30 Jahre später wird der Stollen zur kurzweiligen Erlebnisstrecke. Verschiedene Stationen im eineinhalb Kilometer langen Tunnel informieren kurzweilig über die Geschichte des Orts und über Kraftwerkbau und Nutzung der Wasserkraft im alpinen Raum. Der Wassererlebnisstollen ist darüber hinaus auch Ausstellungsfläche für Kunstwerke zum Thema Wasser, welche von Jugendlichen in Kooperation mit dem Kunstforum Montafon geschaffen wurden. Für Kinder besonders interessant ist »Gustav«, die sprechende Lokomotive, sowie das »Freisprengen« eines Stollens.

Europatreppe. 4000 Stufen, 700 Höhenmeter – das ist die längste gerade Treppe Europas. Diese Europatreppe 4000 von Partenen (1030 m) nach Trominier (1730 m) wurde im Jahr 1928 von den Vorarlberger Illwerken gebaut. Im Jahr 1998 wurde sie restauriert und steht seither allen zur Verfügung, die ihre Leistungsfähigkeit unter Beweis stellen wollen. Frei nach dem Motto »Trimm dich fit« kann jede(r) die Treppe besteigen, die/der ihre/seine Kalorien lieber in der freien Natur als in geschlossenen Räumen im Fitnesscenter auf dem »Step« abbauen will. Und sollte den Treppensteigern die Luft ausgehen: Ruhebänke entlang der Treppe laden zum »gemütlichen Hock« ein und liefern einen herrlichen Blick über die Landschaft.

Sportler und Wanderer haben die Möglichkeit, ihre persönliche Richtzeit für die Bewältigung von 4000 Stufen, 700 Höhenmetern, einer max. Neigung von 86% und einer mittleren Neigung von 20% festzulegen. Willkommen sind jedoch nicht nur Spitzensportler, welche die schnellste Zeit unter sich ausmachen, sondern auch Hobby-Treppen-Geher. Zur Ermittlung des persönlichen Rekords ist am Beginn wie auch am Ende der Treppe eine Steckuhr angebracht. Steckkarten sind bei den Tourismusbüros Silvretta-Partenen und Gaschurn sowie direkt bei der Steckuhr bei der Treppe und der Vermuntbahn erhältlich. Gegen Vorlage dieser Steckkarte und einer geringen Gebühr kann bei den Tourismusbüros Silvretta-Partenen und Gaschurn eine Plakette und eine Urkunde »I did it« erstanden werden.

INFO

Vermuntbahn
A-6794 Partenen
Tel.: +43 55 56 70 18 52 31
E-Mail: tourismus@vermuntbahn.at
www.vermuntbahn.at
Fahrzeiten:
27. Juni bis 11. Oktober
halbstündlich von 8.30 bis 16.30 Uhr

Eine echte sportliche Herausforderung: die Europatreppe mit ihren 4000 Stufen

42 Silvretta-Stausee und -Hochalpenstraße

Mit 30 Kehren ins Hochgebirge

Kurvenreiche Strecke mit beeindruckender Aussicht: die Silvretta-Hochalpenstraße

Bootfahren auf über 2000 Meter mitten im Hochgebirge? Der Silvretta-Stausee macht's möglich. Dabei ist die Anfahrt allein schon eine Highlight, schließlich muss man dafür auf die Bielerhöhe (2032 m). Der Weg hinauf führt über die Silvretta-Hochalpenstraße, eine der beliebtesten Panoramastraßen Österreichs, die das Montafon in Vorarlberg mit dem Tiroler Paznauntal verbindet. Beginn des mautpflichtigen Streckenabschnitts ist auf Vorarlberger Seite Partenen (105 m). Von dort windet sich die aussichtsreiche Straße in 30 Kehren vorbei am Vermunt-Stausee auf 1750 Meter bergwärts und erreicht mit 2032 Metern ihren Scheitelpunkt, die Bielerhöhe, und auch den Stausee. Vorteil der großen touristischen Bedeutung der Straße ist die beispiellose Infrastruktur der Bielerhöhe. Mehrere Gasthäuser (Restaurant Silvrettasee, Silvretta-Haus, Berggasthof Piz Buin) versorgen die Ausflügler – das atemberaubende Panorama gibt es gratis.

Den Großen Piz Buin entdecken. Nebst stahlblauem Silvrettasee entzücken vor allem die schneebedeckten Gipfel der umliegenden Silvrettagruppe wie z. B. der Große Piz Buin das Auge und locken zu ausgiebigeren Entdeckungstouren. Die Bielerhöhe ist dazu der perfekte Einstiegsort. Wanderwege führen von hier zu den höher gelegenen Hütten und tief hinein ins Hochgebirge. Aber schon eine zweistündige Umrundung des Silvretta-Stausees ist bestens geeignet, sich die Beine zu vertreten und etwas Abstand vom Trubel der Bielerhöhe zu gewinnen. Und eben auch die oben angesprochene, halbstündige Bootstour auf dem See, die sich gut mit der See-Umrundung kombinieren bzw. diese abkürzen lässt. Die Abfahrt hinunter ist dann deutlich weniger kurvenreich und die eigentliche Silvretta-Hochalpenstraße endet an der Mautstelle bei Galtür auf 1725 Meter im Paznauntal.

INFO

Die Silvretta-Hochalpenstraße ist je nach Witterungsbedingungen von ca. Juni bis Okt. geöffnet.
Aktuelle Informationen unter:
www.silvretta-bielerhoehe.at

Bootstour, Spaziergang oder beides, die stahlblaue Farbe des Stausees lässt sich auf vielen Arten genießen

43 Walser Kulturweg im Kleinwalsertal

Wo Mark und Schilling galten

Die Sonderstellung des Kleinwalsertals ist natürlich bedingt. Da nach Süden hin eine hohe Bergkette das Tal vom Mutterland Österreich abgrenzt, ist es nur von Norden mit Verkehrsmitteln zu erreichen. Die Straße führt von Oberstdorf (B 19) bis zur Walserschanze und als österreichische Landesstraße L 201 weiter bis zum Talende nach Baad. Der Handel über die Berge war mühsam und im Winter fast unmöglich. So entstand im Jahre 1891 der Zollanschlussvertrag, der bis heute Gültigkeit hat, jedoch nicht mehr so kurios wirkt wie vor der Gründung der Europäischen Union. So gab es z.B. Telefonzellen, in denen D-Mark und Schillinge eingeworfen werden konnten. Verkehrssünder bezahlten die Strafen in D-Mark an die österreichischen Gendarmen. Und österreichische Freimarken im Postamt (Schilling-Tarif) wurden ebenfalls mit D-Mark bezahlt. Doch das gehört nun auch längst der Vergangenheit an.

Im Reich des Hohen Ifen. Der Talanfang um Riezlern ist U-förmig mit einer Breite von ca. drei Kilometern. Danach teilt der Heuberg ab Hirschegg das Breitach- und das Schwarzwassertal. Die Siedlungen Hirschegg, Mittelberg und Baad liegen taleinwärts rechts der Breitach. Knapp 5000 Bürger leben hier im Schatten des Hohen Ifen. In unverwechselbarer Form thront die markante Berggestalt über den Öden und Auen des Schwarzwassertals. Er ist nicht der höchste (das ist der Große Widderstein am Talschluss, 2536 m hoch), aber wohl der bekannteste Berg im Kleinwalsertal. Durch seine bestechende Form, ähnlich einem Schiff, ist er beliebtes Foto- und Ansichtskartenmotiv. Aus Schrattenkalk geformt ist auch das stark zerklüftete Gottesackerplateau, das dem »Tafelberg Ifen« vorgelagert ist. Aber nicht nur durch seine eigenwillige und dominante Form, sondern auch als Wintersport- und Sommerwandergebiet haben der Ifen und seine Umgebung zahllose Verehrer.

40 Stationen Kultur. Nicht nur eine einmalige Landschaft zeichnet das Kleinwalsertal aus. Die wechselvolle Geschichte dieses Hochgebirgstals weist Zeitzeugen auf, die im Walser Kulturweg festgehalten sind und in aller Kürze auf wesentliche Fakten hinweisen. Somit geleitet der Kulturweg interessierte Talbesucher zu einigen ausgesuchten kulturhistorisch bedeutsamen Punkten. Die festgelegten Rundwege beginnen jeweils an der Pfarrkirche in jedem der drei Orte. So sind es in Mittelberg 18, in Hirschegg 12 und in Riezlern 10 Stationen, die durch eine vorgegebene Wegroute innerhalb der betreffenden Ortschaft zu Fuß gut erreichbar sind. Stationen des Weges sind für diesen Landstrich typische Häuser, Kapellen und Kirchen und die berühmten Sühnekreuze. An den verschiedenen Objekten befinden sich Tafeln mit der Aufschrift »Walser Kulturweg«. Die kurz gehaltenen Texte geben über die spannenden Hintergründe der Bauwerke Auskunft. Der Walser Kulturweg ist eine zusätzliche Bereicherung und Ergänzung der Wandermöglichkeiten und ein Paradebeispiel für das Entdecken der »Geschichte zu Fuß«.

Das Walsermuseum. Es ist ein wichtiger Bestandteil des Weges. Seit 1969 befindet sich in diesem Haus das Heimatmuseum. Der größte Teil der Kulturgüter kommt von Leih- und Geschenkgebern aus dem Tal, jedoch stammen viele der hier gezeigten Ausstellungsstücke aus der Privatsammlung der Familie Felder aus Riezlern, die ihren gesamten Besitz der Gemeinde in Form einer Stiftung übertragen hat. Eine stilechte Walserstube, Kammer, Küche und eine Alphütte repräsentieren die Jahrhunderte lange Wohnweise der Walser Bevölkerung. Auch eine Bibliothek mit den alten Alp- und Kirchenbüchern sowie eine umfassende Literatursammlung fanden dort Platz. Im ersten Stock werden neben dem Trachtenwesen eine Reihe von interessanten kulturgeschichtlichen Sammlungen aus dem weltlichen (Handwerk, Landwirtschaft, Siedlung, Handel etc.) und religiösen Leben in Vitrinen zur Schau gestellt. Die handgeschriebene, achtbändige Volksgenealogie (1600 bis 1950) des Kleinwalsertales von Alfons Köberle, dem verstorbenen Heimatforscher, gilt als Herzstück des Museums. Seine Außenfassade ziert ein sehenswertes Wandmosaik des Künstlers Hubert Berchtold.

INFO

Kleinwalsertal Tourismus
Im Walserhaus
D-87568/A-6992 Hirschegg
Tel.: +43 55 17 51 14 0
Fax: +43 55 17 51 14 41 9

E-Mail: info@kleinwalsertal.com
www.kleinwalsertal.com

Lebendige Tradition im Kleinwalsertal: Alphornbläser in Tracht vor einem typischen Walserhaus

44 Füssen mit Hohem Schloss und Kloster St. Mang

Kulturschätze im Ostallgäu

Liebevoll restaurierter Stadtkern, Schloss und Kloster, im Hintergrund die Berge – Füssen ist sehenswert

Die historische Stadt Füssen liegt am Ufer des Lechs, am Kreuzungspunkt von »Romantischer Straße« und »Deutscher Alpenstraße« und sie ist die höchstgelegene Stadt Bayerns. Vom Lech her zeigt sie sich von ihrer schönsten Seite. Wie von Künstlerhand gezeichnet erheben sich das Hohe Schloss, die barocke Klosteranlage St. Mang und die verwinkelten Dächer der Altstadt aus dem satten Grün der umgebenden Natur. Unterschiedliche geschichtliche Epochen begegnen sich hier in einem romantischen Ensemble: mittelalterliches Gassengewirr, hohe gotische Häusergiebel, die Überreste der alten Stadtmauern, daneben reich dekorierte Kirchenbauten aus der Zeit des Barock und Rokoko. Einzigartig vielfältig ist auch die Naturlandschaft rund um den Urlaubsort Füssen. Sanfte Allgäuer Hügel, die wildromantische Bergwelt der Ammergauer, Lechtaler Alpen und Tannheimer Gruppe und die idyllische Seenlandschaft direkt am Alpenrand bieten tausend Möglichkeiten für einen vielfältigen Urlaub.

Hohes Schloss. Über der Stadt thront als Wahrzeichen das Hohe Schloss, einst der Sommersitz der Fürstbischöfe von Augsburg, Stadtherren für beinahe fünf Jahrhunderte. Ihre zu Beginn des 16. Jahrhunderts vollendete Residenz ist eine der größten und besterhaltenen spätgotischen Burganlagen Schwabens. Sie beherbergt in den früheren Wohnräumen der Bischöfe eine Filialgalerie der Bayerischen Staatsgemäldesammlungen. Vor allem Kunstwerke der Spätgotik und Renaissance aus dem allgäu-schwäbischen und fränkischen Raum sind hier zu bewundern. Sehenswert sind aber auch die fünfhundert Jahre alten Illusionsmalereien an den Fassaden des Innenhofes, in diesem Umfang einzigartig in Deutschland.

Kloster St. Mang. Unterhalb des Hohen Schlosses liegt die prachtvolle Barockanlage des einstigen Benediktinerklosters St. Mang. Seine Geschichte reicht bis zum Auftreten des heiligen Magnus, des »Apostel des Allgäus« (einem irischen Mönch) im 8. Jahrhundert zurück. Neben der barocken Basilika des Johann Jakob Herkomer, die auf mittelalterlichen Fundamenten steht und in ihrer Ostkrypta das älteste in Bayern erhaltene Fresko (ca. 980, Reichenauer Schule) vorweisen kann, ist innerhalb der Klosteranlage vor allem das

Museum der Stadt Füssen einen Abstecher wert. Der Besucher wird in die Welt des bayerischen Barock mit seiner überschäumenden Lust an Dekoration und heiterer Farbigkeit geführt: Fürstensaal, Klosterbibliothek, Colloquium und Kapitelsaal – die reich ausgestatteten Säle lassen den früheren Wohlstand des Benediktinerstifts erahnen. Wertvolle historische Lauten und Geigen bilden einen weiteren Schwerpunkt des Museums und erinnern an Füssen als Wiege des europäischen Lautenbaus. Hier wurde im 16. Jahrhundert die erste europäische Lautenmacherzunft gegründet. In der barocken Annakapelle ist der Füssener Totentanz (v. Jakob Hiebeler) zu sehen, der im Jahre 1602 während der am Lech wütenden Pest entstand und heute der älteste in Bayern erhaltene Totentanzzyklus ist.

INFO

Füssen Tourismus und Marketing
Kaiser-Maximilian-Platz 1
D-87629 Füssen
Tel.: +49 8362 93 85 0
E-Mail: tourismus@fuessen.de
www.fuessen.de

45 Schloss Neuschwanstein

Ein zu Stein gewordener Traum

Das Schloss Neuschwanstein, sagenumwoben und märchenhaft

Über der Pöllatschlucht thront das Schloss Neuschwanstein auf einem zerklüfteten Felsen. Wie eine Fata Morgana wirkt das weltberühmte »Märchenschloss« vor der Kulisse der Ammergauer Alpen, an dem Ort, an dem es Ludwig II. von Bayern ab 1868 erbauen ließ, weil er ihn für einen der schönsten hielt, »die zu finden sind, heilig und unnahbar, ein würdiger Tempel für den göttlichen Freund«. Dieser »göttliche Freund« war dem König der Komponist Richard Wagner, dessen Bühnenwelten er in dem neuen Schloss Realität werden lassen wollte: Die Burg sollte, wie Ludwig 1868 in einem Brief an Wagner schrieb, »im echten Styl der alten deutschen Ritterburgen« gebaut werden und »Reminiscenzen aus Tannhäuser und Lohengrin« enthalten. Heute ist die Burg das bekanntste Schloss Bayerns und zieht jährlich über eine Million Besucher aus aller Welt an.

Baugeschichte und Vorbilder. Nachdem Ludwig II. bereits zwei Jahre nach seiner Krönung (1864) miterleben musste, wie Preußen sein Land besiegte und unter seine Hegemonie stellte, schuf er sich eine Gegenwelt, da er sich mit dem Dasein als unsouveräner, konstitutioneller Monarch nicht abfinden konnte. Er glaubte, als König des damaligen Bayerns wie ein König des Mittelalters oder des barocken Absolutismus leben zu können. Dieser Glaube schlug sich nachhaltig in der Gestaltung seiner Schlösser nieder.

Seine »Neue Burg«, Schloss Neuschwanstein, ließ er über den Resten zweier kleiner mittelalterlicher Burgen – »Vorder-« und »Hinter-Hohenschwangau«, die er seit seiner Kindheit kannte – über der Pöllatschlucht errichten. Dabei lagen die Planungen für Neuschwanstein zunächst in den Händen Eduard Riedels, der Ideen des Bühnenmalers Christian Jank umsetzte. Dieser schuf Idealentwürfe, in denen er neben Motiven der Wartburg (in München), die Ludwig II. bei seinem Besuch 1867 sehr beeindruckt hatte, vor allem Bauornament, aber auch Motive aus Bühnenbildern zu »Lohengrin« und „Tannhäuser" einbrachte: die vom König im oben zitierten Brief erwähnten »Reminiscenzen«.

Der Grundstein wurde am 5. September 1869 gelegt, der Torbau war 1873 bereits fertiggestellt. Im weiteren Verlauf zeichnete Georg Dollmann für das Bauvorhaben verantwortlich, unter dessen Leitung die Innenausstattung bis 1886, dem Todesjahr Ludwigs II., weitgehend vollendet werden konnte. Für das malerische Programm der Innenräume war Hyazinth Holland zuständig. Zwischen 1886 und 1892 brachte Julius Hoffmann das Bauprojekt zu einem Abschluss, der das Schloss allerdings in gewissem Sinne unvollendet ließ: Der südliche Bauteil, die »Kemenate«, wurde unter seiner Leitung 1891 vereinfacht fertiggestellt, der geplante »Bergfried« mit Kapelle ist nicht mehr realisiert worden. Noch während des Baus bewohnte Ludwig II. übrigens Neuschwanstein erstmals vom 27. Mai bis 8. Juni 1884 im Torbau, danach waren auch seine Wohnräume beziehbar. Er sah sie niemals ohne Baugerüste.

INFO

Schlossverwaltung Neuschwanstein
Neuschwansteinstraße 20
D-87645 Schwangau
Tel.: +49 8362 93 98 80
Fax: +49 8362 93 98 81 9
E-Mail: svneuschwanstein@bsv.bayern.de
www.neuschwanstein.de

Öffnungszeiten Schloss:
April bis Sept. von 9 bis 18 Uhr,
Okt. bis März von 10 bis 16 Uhr

Öffnungszeiten Ticket-Center:
April bis Sept. von 8 bis 17 Uhr,
Okt. bis März von 9 bis 15 Uhr
Tel.: +49 8362 93 08 30
Fax: +49 8362 93 08 32 0
www.ticket-center-hohenschwangau.de

Ticketreservierung:
Eintrittskarten sind im Ticket-Center in Hohenschwangau erhältlich. Eine Reservierung von Eintrittskarten ist gegen Zuschlag zum Kartenpreis möglich. Eine Umbuchung der Einlasszeit oder eine Stornierung kann nur bis zu zwei Stunden vor der Einlasszeit erfolgen (auch telefonisch).

Führungen:
Führungen im Schloss (ca. 35 Min.) in Deutsch, Englisch oder per Audioguide in elf Sprachen. Sonderführungen auf Anfrage. Sonderführungen für Rollstuhlfahrer und Gehwagenbenutzer mittwochs nach Voranmeldung; Behindertentoilette in der Nähe des Schlosses

Verkehrsmittel:
DB bis Füssen, Bus (RVA) »Hohenschwangau«
Kutschbetrieb bis unterhalb des Schlosses
Gebührenpflichtige Parkplätze in Hohenschwangau vorhanden

Das Ende des Monarchen. Wie wichtig Ludwig II. seine »Neue Burg« war, die für ihn zur »Gralsburg« geworden war und die nach seinem Wunsch nie ein Außenstehender hätte betreten dürfen, zeigt sich nicht zuletzt an der hohen Verschuldung, die er für den Bau auf sich nahm. Als die Banken schließlich mit Pfändung drohten, betrieb die Regierung die Entmündigung des weltentfremdeten Monarchen – der sich in seinen letzten Jahren mit dem Gralskönig Parzival aus Wagners Umsetzung der Sage (»Parsifal«) identifiziert hatte – und ließ ihn im Schloss Berg internieren. Dort fand Ludwig II. am 13. Juni 1886 im Starnberger See seinen mysteriösen Tod. Kurz darauf, am 1. August 1886, wurde das Schloss zur Besichtigung freigegeben und »Neuschwanstein« genannt. Es avancierte seither zu einem der meistbekannten, meistbesuchten und meistfotografierten Bauwerken der Welt.

46 Nebelhorn
Vorposten zur Allgäuer Hochgebirgswelt

Ob zum Wandern oder Skifahren, der Gipfel des Nebelhorns ist leicht erreichbar

Das Nebelhorn, der Hausberg Oberstdorfs, ist bekannt für seinen 400-Gipfel-Panoramablick und bietet neben leichten Spazierwegen (auch rollstuhl- und kinderwagentauglich) Bergwander- und bergsteigerische Möglichkeiten jedweder Couleur. Die höchste Bergbahn des Allgäus führt in drei Teilstrecken bis zum Gipfel auf 2224 Meter. Neu seit 2008: das Projekt »Uff d'r Alp«, ein drei Kilometer langer Rundwanderweg um die Seealpe mit interaktiven Stationen zu spannenden Naturthemen wie Jagd und Wild, Holz, Lawinen oder Kühe.

Die »Aktiv«-Station Höfatsblick verfügt über einen fantasievollen Spielplatz, den »Flying Fox«, die 300 Meter lange Seilrutsche und eine Kletterwand. Hoch im Kurs bei den Besuchern sind die geführten geologisch-botanischen Wanderungen und die »Fotopirsch«.

Das höchste Skigebiet im Allgäu. So hoch, so gut: Das Nebelhorn ist das vielleicht vielseitigste Skigebiet im Allgäu. Mit Schneesicherheit und Bergen soweit das Auge reicht bietet es reichhaltigen Wintergenuss. Hinauf führt die höchste Kabinenbahn des Allgäus, und auf bestens präparierten Pisten und der längsten Talabfahrt Deutschlands – 7,5 Kilometer lang – geht es rasant abwärts. Ab der Station Seealpe ist die Talabfahrt beschneit. Von hier führt auch eine drei Kilometer lange Naturrodelbahn ins Tal.

INFO

Nebelhornbahn AG
Nebelhornstraße 67
D-87561 Oberstdorf
Tel.: +49 8322 96 00 0
Fax: +49 8322 96 00 60
E-Mail: info@das-hoechste.de
www.nebelhorn.de

47 Klassische »Hörner-Tour«

In die »sanften« Allgäuer Berge

Das Allgäu bei den Hörnern packen! Die Hörnertouren mit ihren Panorama-Höhenwegen hoch über dem Illertal gehören unbestritten zu den schönsten Bergerlebnissen im Allgäu. Als einer der beliebtesten und bekanntesten Wanderwege dort wird der als Klassiker geltende »Hörner-Tour«-Panoramaweg über den Weiherkopf (1665 m), das Rangiswanger und Sigiswanger Horn bis hinüber zum Ofterschwanger Horn (1406 m) genannt. Die Wegführung ermöglicht es auch Familien mit Kindern und Senioren, eine aussichts- und abwechslungsreiche Wanderung zu erleben.

Egal, ob Bergfreunde die Tour an der Bergstation des »Weltcup-Express« in Ofterschwang in Richtung Süden beginnen oder von der Gipfelstation der 6er-Kabinenbahn »Hörnerbahn« in Bolsterlang Richtung Norden aufbrechen – allein schon der grandiose Blick auf die Allgäuer und Lechtaler Alpen lohnt sich. Nicht selten zeigen sich dem Wanderer sogar die Gipfel von Schesaplana und Säntis. Das herrliche Panorama auf die Hindelanger Berge, die Blicke auf das Ostrachtal und das grüne Illertal bis hin zum »Wächter des Allgäus«, dem Grünten, und im Westen hinüber ins Ostertal und zur Nagelfluhkette vervollständigen den Eindruck der Allgäuer Bergwelt.

Die »Hörner-Tour« führt in etwa drei bis vier Stunden Gehzeit über sanft geschwungene Blumenberge, deren artenreiche Flora einzigartig in den Allgäuer Alpen dasteht. Ein besonderer Höhepunkt im alljährlichen »Blühkalender« ist die Alpenrosenblüte, die je nach Witterung ab Ende Mai bis Ende Juni mit ihrem roten Blütenmeer den Betrachter in Bann zieht. Seit einigen Jahren bieten die beiden Bergbahnen in Ofterschwang und Bolsterlang ein Kombi-Ticket an.

Die Hörnertouren sind Wanderungen für die ganze Familie

INFO

Hörnerbahn GmbH & Co. KG
Hörnerstraße 12–16
D-87538 Bolsterlang
Tel.: +49 8326 90 91
Info-Tel.: +49 8326 90 93
E-Mail: info@hoernerbahn.de
www.hoernerbahn.de

Betriebszeiten:
täglicher Fahrbetrieb (außer bei Regen) von 8.30 bis 16.30 Uhr,
in der Ferien-Hochsaison ab Anfang Juli bis Anfang Sept. bis 17 Uhr

Den müden Wanderer bringt die Bergbahn wieder ins Tal

48 Ruine Falkenstein

Nur Ruine – und kein Schloss der Superlative

Auf dem Falkenstein bei Pfronten standen zu Lebzeiten Ludwigs II. die Überreste einer Burg, die 1280 von Graf Meinhard II. von Tirol erbaut und im Verlauf des 30-jährigen Krieges niedergebrannt worden war. 1883 fasste der Märchenkönig den Entschluss, die Burgruine durch ein noch imposanteres Burgschloss als Neuschwanstein zu ersetzen. Mit seinem frühen Tod starben auch die Pläne für die Ruine Falkenstein. Welchen Einfluss das geplante Schloss auf dem Falkenstein auf den Fremdenverkehr im Pfrontener Tal gehabt hätte, lässt sich bei einem Blick hinüber nach Schwangau erahnen, wo allein auf Neuschwanstein jährlich eine Million Besucher gezählt werden. Beileibe beschaulicher geht es da auf dem Falkenstein zu, der zwar kein Traumschloss, dafür aber Deutschlands höchst gelegene Burgruine (1268 m) zu bieten hat. Im Mai 2008 wurde die Ruine um ein Burgenmuseum ergänzt, das einem Schwalbennest gleich an der 400 Meter hohen Felswand der Ruine klebt. Es informiert über die Entstehung und die wechselvolle Geschichte der Burg und besticht dank der großen Panoramascheiben mit vorzüglichen Weitblicken.

Unterhalb der Ruine führt der Weg weiter zur Mariengrotte aus dem Jahr 1889. Von der Grotte folgt man dem steilen Waldweg unter den Felsabbrüchen zum Bahnhof Pfronten-Steinach, dem Ende der Tour. Mit Schildern in Form einer Lokomotive werden Wanderer von Vils nach Pfronten geleitet. Der mittelschwere Weg verbindet die beiden Bahnhöfe Vils und Pfronten-Steinach; die Gehzeit beträgt rund fünf Stunden, dabei müssen 440 Höhenmeter überwunden werden. Natürlich kann man den Weg in beiden Richtungen begehen.

INFO

Pfronten Tourismus
Vilstalstraße 2
D-87459 Pfronten
Tel.: +49 8363 69 83 9
Fax: +49 8363 69 86 6
E-Mail: info@pfronten.de

Die höchstgelegene Burgruine Deutschlands auf dem Falkenstein

49 Deutsche Alpenstraße
Vom Bodensee zum Königssee

Die »Deutsche Alpenstraße« führt über 450 Kilometer durchs zumeist bayerische Alpenvorland von Lindau am Bodensee über das Allgäuer Oberjoch auf 1200 Meter (höchster Punkt) bis nach Berchtesgaden am Königsee. Die sowohl fahrerisch als auch landschaftlich abwechslungsreiche Strecke passiert dabei eine Vielzahl von Höhepunkten, die sich mit alten Bauernhöfen, idyllischen Weilern, markanten Berggestalten und den beschaulichen Ortschaften des Alpenvorlandes einer Perlenkette gleich aneinander reihen.
Berühmteste Attraktion am Wegesrand ist sicher Schloss Neuschwanstein (Tour 45). Ein Muss für alle Kunstliebhaber: die Wieskirche bei Steingaden, die als eines der bedeutendsten Bauwerke des bayerischen Rokoko gilt und Teil des UNESCO Weltkulturerbes ist. Abseits der Straße bieten sich unzählige Wandermöglichkeiten in die Berge, und wer es im Geist der Reise auch hier gemütlich angehen möchte, der findet im Herzogstand und im Wendelstein die geeigneten Ziele. Bei beiden hilft die Technik für den Aufstieg, sodass nur im Gipfelbereich einige wenige Höhenmeter zu überwinden sind – gerade genug, um sich die Beine zu vertreten, ehe die Aussichtsterrassen locken. Dort gibt es jeweils freie Sicht hinaus ins Alpenvorland, aber auch hinein Richtung Alpenhauptkamm – Wetterglück vorausgesetzt. Auch Deutschlands höchster Gipfel, die Zugspitze (2962 m), ist von der Deutschen Alpenstraße aus ein greifbares Ziel, zumal die Zugspitzbahn beim Aufstieg kräftig mithilft. Die höchsten Berge, die größten Seen: Die Deutsche Alpenstraße ist eine Straße der Superlative. Nach Forggensee, Walchensee und Schliersee folgt gegen Ende der Reise das »Bayerische Meer«, der Chiemsee. Eine Dampfer-Rundfahrt mit Besuch von Schloss Herrenchiemsee und der benachbarten (bewohnten) Fraueninsel vor dem Panorama der Chiemgauer Alpen stimmt schon ein wenig ein auf den krönenden Abschluss der Fahrt, dem Triumvirat aus Königsee, St. Bartholomä und Watzmann-Ostwand.

An der Deutschen Alpenstraße reihen sich die Seen aneinander wie Perlen an einer Kette

INFO

Touristikverein Deutsche Alpenstraße
c/o Tourismusverband München-Oberbayern e.V.
Radolfzeller Straße 15
D-81243 München
Tel.: +49 89 82 92 18 0
Fax: +49 89 82 92 18 28
E-Mail: deutschealpenstrasse@oberbayern.de
www.deutsche-alpenstrasse.de

50 Walchensee

Wo Corinth seine Motive fand

Für aktive und für beschauliche Stunden ist der Walchensee ein ideales Ziel

Der Luftkurort Walchensee gehört zu den schönsten Fleckerln im herrlich bunten Teppich der oberbayerischen Landschaft und ist ein ideales Urlaubsziel für Aktivsportler, Naturliebhaber, Erholungssuchende und Familien. An den Ufern verweilte Goethe auf seiner Reise nach Italien; Märchenkönig Ludwig II. bestaunte diesen See auf seinen unzähligen Höhenwanderungen und ließ hier eine seiner schönsten Jagdhütten bauen. Der Maler Lovis Corinth lebte hier. Ihn haben die landschaftlichen Schönheiten der Berge und Täler wie auch die wechselnden, eindrucksvollen Farbkompositionen dieses Gebirgssees zu herrlichen Bildern inspiriert. Am 21.07.2008, an Lovis Corinths 150. Geburtstag, wurde in Urfeld am Walchensee das Walchensee-Museum eröffnet. Dort werden neben Gemälden heimischer Künstler auch Werke bekannter Maler ausgestellt. Einen besonderen Anziehungspunkt bilden dabei Prof. Lovis Corinths Grafiken.

Trinkwasserqualität. Der Walchensee (7 km lang, 5 km breit und 196 m tief) ist einer der wenigen Seen in den bayerischen Alpen, deren Ufer überall frei zugänglich sind. Die wenig besiedelten Ufer bilden v. a. im Süden und Osten weitgehend naturbelassene Badestrände. Der Walchensee zählt zu den saubersten Seen Oberbayerns (Trinkwasserqualität). Die Wassertemperatur liegt im Sommer zwischen 18 und 22°C. Der reiche Fischbestand in dem reinen Wasser zieht viele Angler an und die günstigen Windverhältnisse machen den See für Surfer und Segler so attraktiv, dass er häufig mit dem Gardasee verglichen wird.

Zum Herzogstand. Der Walchensee ist aber nicht nur ein Dorado für Wassersportler. Unzählige Spazier-, Wander- und Radwege in allen Schwierigkeitsgraden rund um den See und in den Bergen laden ein, die Natur und die Leute dieser zauberhaften Gegend kennenzulernen. Besonders beliebt ist der Besuch des Walchensee-Hausberges, des Herzogstands. Er kann leicht erstiegen oder bequem mit der Gondel erreicht werden. Nach wenigen Minuten gelangt man von der Bergstation aus zum bewirtschafteten Herzogstandhaus (1680 m). Das Panorama dort ist atemberaubend. Für Trittsichere bietet der alpine Gratweg zwischen Herzogstand und Heimgarten spannende Wegstellen.

INFO

Tourist Info Walchensee
Ringstr. 1
D-82432 Walchensee
Tel.: +49 8858 41 1
E-Mail: info@walchensee.de
www.walchensee.de

Öffnungszeiten:
Mo bis Do von 9 bis 17 Uhr
und von 13 bis 17 Uhr
Fr von 9 bis 12 Uhr und von 13 bis 16 Uhr
Sa von 10 bis 12 Uhr

51 Walchensee-Erlebniskraftwerk

Erleben, wie man Strom erzeugt

Dass Wasserkraftwerken umfangreiche Konzepte zu Grunde liegen, zeigt das Beispiel des Walchenseekraftwerks sehr eindrucksvoll. Der Ingenieur Oskar von Miller konstruierte in den bayerischen Alpen und Voralpen ein in Deutschland wohl einzigartiges zusammenhängendes Kraftwerkssystem. Die Erfolgsgeschichte begann im Jahre 1919 mit dem Bau des Walchenseekraftwerks bei Kochel am See. Da der Walchensee ursprünglich über fast keine natürlichen Zuflüsse verfügte, mussten die Ingenieure tätig werden, um dem Speicher Wasser für den Betrieb des Walchenseekraftwerks zuzuführen. So wurden an der Isar bei Krün und am Rißbach kurz vor der Landesgrenze zu Tirol Wehranlagen und Stollen zur Überleitung des Wassers errichtet. Noch bevor das übergeleitete Wasser in den Walchensee läuft, treibt es in den Kraftwerken Obernach (Isarüberleitung) und Niedernach (Rißbachüberleitung) Turbinen an.

Im Walchensee wird das Wasser dann gespeichert, bis es bei erhöhtem Lastbedarf wieder zur Stromerzeugung benötigt wird. Darüber hinaus ist seit 1990 direkt am Isarwehr in Krün ein kleines Wasserkraftwerk mit einer Leistung von 200 kW in Betrieb, das das in die Isar abzugebende Restwasser zur Stromerzeugung nutzt. Das Walchenseekraftwerk, das seit 1983 ein geschütztes Industriedenkmal ist, gehört mit einer Ausbauleistung von 124 MW zu den größten Hochdruckspeicherkraftwerken in Deutschland. Das aus dem Kraftwerk in den Kochelsee abfließende Wasser wird über die Loisach und den Loisach-Isar-Kanal wieder der Isar zurückgegeben. Vorher wird es im Kraftwerk Schönmühl in der Nähe von Penzberg abermals zur Stromerzeugung verwendet.

Interessierte Besucher können sich über das Walchenseekraftwerk, sein dazugehöriges Überleitungs- und Kraftwerkssystem sowie über die Energiewirtschaft im Allgemeinen im architektonisch hochmodernen Informationszentrum umfassend informieren. Auf über 400 Quadratmetern stehen interessante Schautafeln, interaktive Modelle und verschiedene Computerterminals zur Verfügung. Auch das eigene Energiewissen lässt sich testen. Im Maschinenhaus befindet sich eine frei zugängliche Empore, von wo aus man die Kräfte des Wassers hautnah erleben kann.

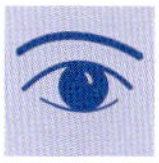

Das Walchensee-Kraftwerk ist nicht nur für Technik-Liebhaber sehenswert

INFO

Erlebniskraftwerk Walchensee Infozentrum
Altjoch 21
D-82431 Kochel
Tel.: +49 8851 77 21 12 25
Fax: +49 8851 77 29 8
Öffnungszeiten Infozentrum:
täglich von 9 bis 17 Uhr

52 Hoher Peißenberg

Die Rigi Oberbayerns

Tief stehen, weit sehen. Der Peißenberg mit seinen nur 987 m bietet einen grandiosen Blick auf die Alpen

»Klein aber oho«, das gilt für den Hohen Peißenberg und seinen Panoramablick. Nicht einmal 1000 Meter hoch ist die Aussichtskanzel im Pfaffenwinkel. Doch bei entsprechender Sicht traut man kaum seinen Augen, was man von dort aus am Horizont alles erkennen kann. Der Blick streicht von den Chiemgauer Bergen über Schlierseer und Tegernseer Berge, Walchensee- und Achenseeberge, Karwendelgebirge, Estergebirge, Wetterstein, Ammergauer Alpen, Tannheimer Berge bis hin zu den Allgäuer Alpen. Nicht von ungefähr wird die Schau vom Hohen Peißenberg als der »schönste Blick Bayerns« bezeichnet. Zweiter Anreiz nebst dem entzückenden Rundblick ist die Wallfahrtskirche »Mariä Himmelfahrt«, die als das Wahrzeichen des Pfaffenwinkels gilt, und die Gnadenkapelle »Unserer Lieben Frau«. Erstmalig für dieses Gebiet finden wir eine Kirche der ausgehenden Renaissance vor. Der helle Raum mit der feinen, sorgfältig gegliederten Stuckdekoration aus Zierbändern von Perlstab und Herzlaub sowie Voluten und geflügelten Engelköpfchen am Gewölbe und in den Fensternischen führt von der ausgehenden Renaissance hinüber in den frühen Barock.

Bergwetter. Der Hohe Peißenberg ist außerdem Standort der ältesten Bergwetterstation der Erde. Bereits seit 1781 wird dort das Wetter aufgezeichnet. Heute residiert der Deutsche Wetterdienst auf dem Hohenpeißenberg. Das Observatorium hat weltweite Bedeutung, da es über eine der längsten Ozonmessreihen höchster Datenqualität verfügt. Der 2003 eröffnete Info-Pavillon macht die Arbeit des Observatoriums nun auch für Besucher nachvollziehbar und erklärt, wie eine Wettervorhersage entsteht. Auch die Geschichte des Observatoriums, Wetterextreme und Auswertungen zum Klimawandel sind im Pavillon aufbereitet. Natürlich wird auch auf das gegenwärtige Wetter eingegangen: Eine Anzeigetafel präsentiert die aktuellen Wetterdaten und die Konzentration des Bodenozons. Dazu kommt ein Aushang zum aktuellen »Wetter und Klima« sowie das aktuelle Ozonbulletin.

INFO

Verkehrsamt Hohenpeißenberg
Blumenstraße 2
D-82383 Hohenpeißenberg

Tel.: +49 8805 92 10 10
Fax: +49 8805 92 10 21
www.hohenpeissenberg.de

Öffnungszeiten:
Mo bis Fr von 8 bis 12 Uhr
Mi von 14 bis 18 Uhr

53 Linderhof – Schloss und Park

Märchenschloss mitten in den Ammergauern

Schloss Linderhof im einsamen Graswangtal war neben Schloss Neuschwanstein einer der Lieblingsorte König Ludwigs II. von Bayern, was jeder Besucher sofort nachvollziehen kann, wenn er durch die weit reichenden Parkanlagen schlendernd auf das Gebäude blickt. Die königliche Villa entstand als eine Huldigung an die glanzvolle Zeit der französischen Könige des 18. Jahrhunderts. Schloss, Park und Parkgebäude, von Ludwig II. nach offensichtlich inspirierenden Besuchen in Paris und Versailles in Auftrag gegeben, bilden eines der kunstvollsten Ensembles des Historismus in Europa. Ein »neues Versailles« sollte entstehen, mit dem sprechenden Namen »Meicost Ettal«, eine Anspielung auf die Devise des französischen Königs Ludwig XIV.: »L'état c'est moi!« (»Der Staat bin ich«).
Das Graswangtal bei Ettal war König Ludwig II. von Jugend an vertraut – sein Vater hatte sich dort als Ausgangspunkt für die Jagd das sogenannte »Königshäuschen« eingerichtet. Der Architekt Georg Dollmann, von Ludwig II. mit dem Projekt »Neues Versailles« betraut, legte sieben Entwürfe für das Bauvorhaben in Linderhof vor. Keines davon wurde jedoch realisiert, erst auf Herrenchiemsee sollten diese hochtrabenden Träume des Königs Wirklichkeit werden. Ebenso erging es den Plänen für einen riesigen byzantinischen Palast in Linderhof. Er ist leider nirgends zu bewundern, da die Pläne nie ausgeführt wurden. Stattdessen entstand schließlich eine »Königliche Villa«, die als Bautypus auch unter den Königsschlössern nicht nur durch ihre Einzigartigkeit glänzt.
Zu Beginn des Bauprojekts schwebte König Ludwig II. zunächst lediglich eine Erweiterung des väterlichen Königshäuschens um einen Salon vor, der von zwei hufeisenförmigen Kabinetten flankiert werden sollte. Nach Plänen des später mit dem Entwurf betrauten, bereits erwähnten Architekten Dollmann wurde aus dem ursprünglichen Salon jedoch bald eine symmetrische Dreiergruppe mit je einem, zwischen zwei Gruppen liegenden Schlafzimmer, deren Bau im Jahr 1872 abgeschlossen war. Wie bei dem Königshäuschen selbst handelte es sich hierbei um einen hölzernen Ständerbau.
1874 beschloss der bayerische König schließlich den Abbruch des Königshäuschens samt neuem Anbau, um es an die Stelle versetzen zu lassen, an der Schloss Linderhof auch heute noch steht. Im Zuge dieses Ortswechsels erhielt das Schloss auch sein jetziges Erscheinungsbild mit einem neuen Vestibül und einem Treppenhaus in dem bisher offenen Hof. Auch der berühmte Spiegelsaal und die Gobelinzimmer kamen neu hinzu. Außerdem wurde der einstige Außenbau aus Holz mit Steinfassaden ummantelt, was dem Gebäude den repräsentativen Charakter nach dem Vorbild der französischen Palastarchitektur unter König Ludwig XV. verlieh, durch den es zum Mittelpunkt der gesamten Schlossanlage werden konnte.

Private Königsvilla mit repräsentativer Raumausstattung. Die Innenausstattung, entworfen von Franz Seitz und Christinan Jank, der auch bei der Gestaltung von Schloss Neuschwanstein mitwirkte, ist im Stil des »zweiten Rokoko« gehalten. Nicht verwunderlich, wenn man weiß, dass Christian Jank auf Rokokodekorationen nach den Vorstellungen des Königs spezialisiert war. Unter seiner Leitung schritt die Dekoration der Innenräume schnell voran und bereits 1878 war das ehemalige Königshäuschen als Schloss Linderhof bezugsfertig – nur das königliche Schlafzimmer wurde in späteren Jahren noch einmal umgebaut und vergrößert.
Trotz des eher privaten Charakters des neuen Schlosses wollte König Ludwig II. nicht völlig auf die wichtigsten Räume des Hofzeremoniells verzichten. Ganz nach königlichem Wunsch entstand so unter anderem das prunkvolle Audienzzimmer, das zahlreiche Symbole des bayerischen Königtums zieren, darunter ein reich verzierter Kranz auf dem Baldachin über Sessel und Arbeitstisch, des-

sen figürlichen Abschluss zwei Putten mit Königskrone und Palmwedel bilden. Und nicht nur die darüber »schwebende« Bavaria als bayerische Landesallegorie erinnert daran, dass sich der Besucher hier im Arbeitszimmer eines bayerischen Königs befindet. Auch das bayerische Staatswappen in Nadelmalerei auf der Rückwand des Baldachins fügt sich nahtlos in die Hommage an das Arbeitsumfeld eines Königs ein. Der Hermelin des Baldachins soll übrigens vom Krönungsmantel Ottos von Griechenland stammen, einem Onkel Ludwigs II. Sehenswert ist auch das Speisezimmer Schloss Linderhofs mit seinem berühmten »Tischlein-deck-dich«, einem versenkbaren Tisch in der Mitte des Raumes, der im Erdgeschoss gedeckt werden konnte, ohne den König damit zu belästigen.

Terrassen und Kaskaden im Schlosspark. Auch außerhalb des Schlosses, im Schlosspark von Linderhof, gibt es einiges zu bestaunen – gilt er doch als eine der bedeutendsten Gartenanlagen des 19. Jahrhunderts. Hofgärtendirektor Carl von Effner plante und vollendete den Park bis 1880. Architektonisch perfekt entworfen, gliedert sich die Anlage streng geometrisch um das Schloss und geht schließlich – über den sie umschließenden, weiträumigen Landschaftsgarten – fließend in die freie Berglandschaft der Umgebung über. Die für die Bergwelt typischen großen Geländesprünge band Carl von Effner nach italienischen Renaissance-Vorbildern mithilfe meisterlich gestalteter Kaskaden und Terrassen ins Gesamtbild ein.

Ein wunderschönes Detail ist das Wasserbassin, vom Schloss aus für den Besucher über eine Reihe von Stufen erreichbar, mit der vergoldeten Springbrunnengruppe »Flora«, aus der eine 26 Meter hohe Wasserfontäne aufsteigt. Gleich am Ende des Bassins steigt die Landschaft wieder an und der Besucher wird durch eine gewaltige, 1875 erbaute Terras-

Schloss Linderhof beeindruckt nicht nur mit prunkvollen Sälen sondern auch mit seinen aufwändig gestalteten Gartenanlagen

senanlage über drei durch Freitreppen verbundene Ebenen auf einen Hügel geführt. Dort erwartet ihn als krönender Abschluss ein kleiner Rundtempel, der »Venustempel«. Der Gesamtentwurf der Gartenanlage mit ihren dekorativen, von Heckenwänden und Laubengängen umgrenzten Gartenräumen setzt die im Schloss inszenierte Traumwelt Ludwigs II. im Freien fort und grenzt sie zugleich von der profanen Außenwelt ab.

Fantasievolle Kleinarchitekturen verzaubern. Nicht nur das gestalterische Geschick des Landschaftsgärtners Carl von Effner macht den Schlosspark zu einem ganz besonderen Erlebnis. Ludwig II. verzauberte die Anlage, indem er im Park selbst und in den anschließenden Waldgebieten eine Reihe von kleinen Parkbauten, zum Teil mit orientalischem Flair, aufstellen ließ. So gelangte auch der zuerst in Paris und dann bei Schloss Zbirow in Böhmen stehende »Maurische Kiosk« 1876 nach Schloss Linderhof. Die Eisenkonstruktion beeindruckt durch eine kreisförmige Apsis, eine vergoldete Mittelkuppel und vier minarettartige Ecktürmchen. Im Innenraum beleuchten große Glaslüster mit 32 farbigen Lampen einen Pfauenthron, Pfauen aus farbig emailliertem Metallguss mit böhmischen Glassteinen in den Schweifrädern und einen weißen Marmorbrunnen.

Typisch für den Wagner-Verehrer Ludwig II. stellt ein Teil der Parkbauten Bühnenszenen aus dessen Musikdramen dar. So erinnern zum Beispiel die heute am Rande des Schlossparks rekonstruierten Staffagebauten »Hundinghütte« und »Gurnemanzklause« an Wagners »Die Walküre« und »Parzifal« und zeugen davon, dass die im Park erbauten Kleinarchitekturen eben nicht nur als Staffage dienten. Sie waren von Ludwig II. vor allem auch als eigenständige »Fluchtburgen« mit jeweils eigener Thematik ausgelegt, die dem heutigen Besucher spannende Ausflüge in die germanische Sagenwelt ermöglichen.

Orientalisches Ambiente verbreitet neben dem erwähnten Maurischen Kiosk auch das ursprünglich frei im Gebirge bei Linderhof stehende »Marokkanische Haus«, das nach dem Tod des Königs nach Oberammergau transferiert und erst später nach Linderhof zurückgeholt und restauriert wurde. Beide Gebäude besitzen besonderen historischen Wert, da sie zu den wenigen im Original erhaltenen orientalischen Projekten Ludwigs II. zählen.

INFO

Schloss- und Gartenverwaltung Linderhof
Linderhof 12
D-82488 Ettal

Tel.: +49 8822 92 03 0
Fax: +49 8822 92 03 11

E-Mail: sgvlinderhof@bsv.bayern.de
www.linderhof.de

Öffnungszeiten:
April bis Sept. tägl. von 9 bis 18 Uhr
Okt. bis März tägl. von 10 bis 16 Uhr

Gurnemanzklause, Maurischer Kiosk, Marokkanisches Haus, Hundinghütte, Venusgrotte:
April bis Sept. tägl. von 9 bis 18 Uhr
Okt. bis März geschlossen
Zeiten schwanken je nach Witterung

Wasserspiele:
April bis Mitte Okt. von 9 bis 18 Uhr
Fontäne zu jeder halben Stunde
Park ganzjährig geöffnet, Parkführungen auf Anfrage

Ticketreservierung:
Kassen- und Reservierungssystem mit Zuweisung von festen Einlasszeiten und Schlossführungen beim Eintrittskartenkauf; Reservierungen nach schriftlicher Vorlage gegen Gebühr möglich

Gehbehinderte:
Schloss nur eingeschränkt zugänglich, Rollstühle können an der Schlosskasse ausgeliehen werden, Behindertentoilette vorhanden, Park weitgehend ohne Einschränkungen erreichbar

54 Schlossmuseum Murnau
Heimat- und Kunstmuseum zugleich

Das Schlossmuseum Murnau vereint regionale Kultur und Tradition mit den Werken überregional bedeutender Künstler

Das Schlossmuseum, das sich im ehemaligen Pflegschloss in der Ortsmitte befindet, veranschaulicht die besonderen Beziehungen zwischen den Gegebenheiten der Moor- und Alpenvorlandschaft, der örtlichen Tradition und der bedeutenden Kunst- und Literaturgeschichte, die mit Murnau unmittelbar verknüpft ist. Herzstück des Schlossmuseums bilden die Gemälde, Zeichnungen und Druckgrafiken von Gabriele Münter, die die öffentlich umfangreichste Sammlung der Künstlerin darstellen, sowie die Arbeiten der Künstler der »Neuen Künstlervereinigung München« und des »Blauen Reiter« (u.a. Werke von Marianne von Werefkin, Alexej Jawlensky, Wassily Kandinsky und Franz Marc), die zusammen mit Gabriele Münter in Murnau und Umgebung ihre Motive gefunden und die entscheidende künstlerische Entwicklung zum Expressionismus vollzogen haben. Eine umfangreiche Dokumentation im Schloss widmet sich dem Leben und Werk des Schriftstellers und Dramatikers Ödön von Horváth, der sich zwischen 1923/24 und 1933 in Murnau aufhielt und hier seine Stücke »Zur schönen Aussicht«, »Die Bergbahn«, »Italienische Nacht«, »Kasimir und Karoline«, »Jugend ohne Gott« sowie »Glaube Liebe Hoffnung« schrieb. Ödön von Horváth war übrigens auch Kletterer, was seine köstlich illustrierte Arbeit »Die Mauerhakenzwerge« (Teil seiner Sportgedichte) belegt, die ebenfalls in Murnau zu sehen ist.

Murnauer Arbeitskultur. Anhand von geologischem Kartenmaterial, Gesteins- und Moorproben sowie anschaulichen Rekonstruktionen wird der Besucher jedoch zuerst mit der Entstehung und der charakteristischen Besonderheit der Landschaft vertraut gemacht. Siedlungsgeschichte und Entwicklung des Marktes leiten über zu Darstellungen der traditionellen Gewerbe der Wachszieherei, der Federblumenherstellung und der Hinterglasmalkunst. Erweiternden Einblick bietet dabei die Sammlung von Udo Dammert, die anschaulich örtliche Erzeugnisse mit Hinterglaskunstwerken aus Europa und Asien verbindet. Die Landschaftsmalerei im Alpenvorland seit dem späten 18. Jahrhundert setzt einen weiteren Schwerpunkt.
Kern des Museumsgebäudes bildet ein mächtiger mittelalterlicher Wohnturm aus dem 13. Jahrhundert, der durch Anbauten aus dem 16. Jahrhundert sein heutiges Aussehen erhielt. Einzigartig in Deutschland sind die mittelalterlichen Schiebefenster. Regelmäßig finden Sonderausstellungen statt, die auf die überregional verbundene Kunst- und Kulturgeschichte Murnaus eingehen.

INFO

Schlossmuseum Murnau
Schloßhof 4–5
D-82418 Murnau a. Staffelsee
Tel.: +49 8841 47 62 0
Fax: +49 8841 47 62 77
schlossmuseum@murnau.de
www.schlossmuseum-murnau.de

Öffungszeiten:
ganzjährig Di bis So von 10 bis 17 Uhr,
Montag geschlossen
von Juli bis Sept. am Wochenende
bis 18 Uhr geöffnet

55 Freilichtmuseum Glentleiten
Ländliches Leben konserviert

Knarrende, steile Treppen, zugige Küchen, die Vorstellung drangvoller Enge und ungewohnter Gerüche in den Stuben, die man sich zeitweise mit den Hühnern geteilt hat: Was auf Kinder heute geradezu abenteuerlich wirkt, rückt bei Erwachsenen den oftmals verklärten Blick auf die Vergangenheit schnell zurecht.

Im Freilichtmuseum Glentleiten bei Murnau, in dem man quasi eine Zeitreise mit Erholungswert unternimmt, spüren die Besucher, wie das Leben im ländlichen Oberbayern einmal gewesen ist. Eingebettet in die historische Kulturlandschaft sind etwa 60 originale Häuser von Bauern, Bergknappen und Tagelöhnern sowie Almen, Mühlen, Werkstätten mit ihren Einrichtungen zu sehen. Technische Errungenschaften veränderten das Leben, was bei Aktionstagen und den regelmäßigen Handwerksvorführungen spürbar wird.

Das beliebte Techniktal mit seinen vielen Mühlen gehört auch landschaftlich zu den besonderen Höhepunkten. In der Getreidemühle kann man beispielsweise einen Sack mit der damaligen Tagesproduktion stemmen. Außerdem gibt es anschauliche Informationen über das ausgeklügelte System der Elektrizitätsversorgung in der Getreidemühle. Wie Wetzsteine hergestellt und wofür sie verwendet wurden, vermittelt ein Besuch in der benachbarten Wetzsteinmacherei. Gut kann man auf Glentleiten auch einkehren, mehrere Biergärten stehen zur Auswahl.

INFO

Freilichtmuseum Glentleiten
D-82439 Großweil bei Murnau
Tel.: +49 8851 18 50
E-Mail: freilichtmuseum@glentleiten.de
www.glentleiten.de

Öffnungszeiten:
Mitte März bis Mitte Nov. Dienstag bis Sonntag von 9 bis 18 Uhr (nach Kirchweih nur bis 17 Uhr),
im Juni, Juli, Aug. und Sept. auch montags sowie an Feiertagen und Kirchweih geöffnet

Die Zeitreise in die ländliche Vergangenheit Oberbayerns ist spannend für Groß und Klein

56 Franz Marc Museum

Für den bayerischen Maler von Weltruf

Das »Blaue Land«, diese mit Seen und Mooren, Hügeln und Berghängen ebenso idyllische wie grandiose Landschaft zwischen Kochel, Murnau und Sindelsdorf, war für Franz Marc nicht nur Landfrische und Ausflugsziel. Sie war ihm seit seiner Kindheit vertraut, und er kehrte dorthin regelmäßig zurück. 1914, zwei Jahre vor seinem Tod, erwarb er in Ried nahe Kochel ein Haus für sich und seine Frau Maria. Auch ist das »Blaue Land« nicht nur dem Wortlaut nach mit dem Künstlerkreis des »Blauen Reiter« (der Almanach, den dieser Künstlerkreis herausgab, trägt den Titel »Der Blaue Reiter«; die Idee dazu hatten Marc und Wassily Kandinsky in der Gartenlaube bei Marcs in Sindelsdorf) aufs Engste verbunden. Die von Franz Marc geliebte Gegend war Ausgangspunkt und Inspirationsquelle seiner Kunst, die in dieser Landschaft entstand.

Der Urbau. Mit dieser nachhaltigen Wirkung hängt es zusammen, dass siebzig Jahre nach dem Tod Franz Marcs 1986 in Kochel am See das Franz Marc Museum ins Leben gerufen wurde. Das auf Grund privaten Engagements und mit Unterstützung der Gemeinde Kochel gegründete Haus war eine Hommage an Franz Marc, der hier künstlerisch so ertragreiche Tage verbracht hatte. Das in einer Villa oberhalb des Kochelsees untergebrachte Museum hatte die heitere Ausstrahlung eines »Heimatmuseums der Moderne«. Anhand von großzügig gestifteten Beständen aus dem Nachlass des Malers, mit Hilfe vieler privater Leihgaben sowie zahlreicher Erwerbungen der Franz Marc Stiftung lässt es die Wurzeln und die Entwicklung von Marcs Werk nachvollziehen.

Mit Kochel war Franz Marc zeitlebens verbunden, im Jahr 2008 wurde der Neubau des ihm gewidmeten Museums eröffnet

Der Neubau. 2008 wurde nach eineinhalbjähriger Bauzeit das Franz Marc Museum in Kochel am See wiedereröffnet. Der Neubau nimmt neben den bisherigen Beständen des Museums auch die Sammlung Stiftung Etta und Otto Stangl auf. Diese Erweiterung des Franz Marc Museums bietet interessante und neue Perspektiven für das Haus. Franz Marc und sein Werk stehen weiterhin im Zentrum. Auf 700 Quadratmetern Ausstellungsfläche werden seine Werke in Zukunft nicht nur im Kreis der Freunde und Mitstreiter vom »Blauen Reiter« gezeigt, sondern sie werden auch Werken der Künstlergruppe »Die Brücke« und der Nachkriegsabstraktion gegenübergestellt, deren Vertreter sich auf Franz Marc beriefen. Das neue Museum hält vielfältige ausstellungsbegleitende Angebote für seine Besucher bereit, von Führungen über museumspädagogische Veranstaltungen, Lesungen und Konzerte bis hin zu einem Audioguide von Kindern für Kinder.

INFO

Franz Marc Museum
Franz Marc Park 8–10
D-82431 Kochel a. See
Tel.: +49 8851 92 48 80
Fax: +49 8851 92 48 81 5
E-Mail: info@franz-marc-museum.de
www.franz-marc-museum.de

Öffnungszeiten:
Dienstag bis Sonntag und an Feiertagen
April bis Okt. von 10 bis 18 Uhr
Nov. bis März von 10 bis 17 Uhr

57 Kloster Benediktbeuern

Geistliche und geistige Oase vor der Benediktenwand

Das Kloster Benediktbeuern ist auch heute noch ein Ort der Begegnung und Bildung

Schon aus einiger Entfernung sind die markanten barocken Kirchtürme vor der Silhouette der Bayerischen Voralpen (Benediktenwand, Herzogstand, Heimgarten) zu sehen. Benediktbeuern ist der einzige Ort in Deutschland, der den Namen des Mönchsvaters Benedikt – und damit den Namen des jetzigen Papstes – trägt. Wer vom Parkplatz kommend die Klosteranlage betritt, erblickt zuerst den großen, etwa 100 mal 100 Meter messenden Innenhof. Linkerhand – auf der Ostseite – befinden sich die Eingänge zur ehemaligen Abteikirche und heutigen Pfarrkirche St. Benedikt sowie zur Klosterpforte mit dem Klosterladen.

Die Ordensgemeinschaften. Vom frühen 8. Jahrhundert bis zur Säkularisation von 1803 lebten und arbeiteten Benediktinermönche in Benediktbeuern. Sie hatten das Kloster zu einem Ort der Spiritualität und der Bildung gemacht. Im Jahre 1930 hat sich hier eine jüngere Ordensgemeinschaft niedergelassen: die Salesianer Don Boscos, die sich in der Nachfolge ihres Gründers Don Giovanni Bosco (1815–1888) vor allem im Bereich der Jugendpastoral- und Jugendarbeit engagieren. »Jugend, Schöpfung, Bildung – heute für morgen«, so lautet das Motto der Benediktbeurer Salesianer. Heutzutage existieren verschiedene Bildungs- und Jugendeinrichtungen im Kloster: die Philosophisch-Theologische Hochschule der Salesianer Don Boscos (an der man Katholische Theologie studieren kann), die Katholische Stiftungsfachhochschule (an der man Soziale Arbeit studieren kann), das Jugendpastoralinstitut Don Bosco, die Jugendbildungsstätte Aktionszentrum, die Jugendherberge Don Bosco, das Zentrum für Umwelt und Kultur.

Die Hochschulen. An den beiden Hochschulen studieren längst mehr Laien als Ordensleute; die akademischen Grade, die man hier erwerben kann, sind staatlich und kirchlich anerkannt. Das Kloster verfügt über ein Gästehaus, das allen Interessierten offen steht (Urlaubsgäste, Tagungsteilnehmer usw.). Es besteht die Möglichkeit, in der Hauskapelle (Zugang über Klosterpforte) an den Gottesdiensten der Salesianer Don Boscos teilzunehmen.

Veranstaltungen. Zweimal im Jahr ist der große Klosterinnenhof Schauplatz farbenprächtiger Prozessionen: an Fronleichnam und an Leonhardi (Pferdewallfahrt am Sonntag nach dem 2. November). Während des Sommers finden im Maierhof des Klosters Open-Air-Konzerte statt, wobei das Repertoire von der Klassik über die Volksmusik bis zum Pop reicht. Der Maierhof beherbergt außerdem das Klosterbräustüberl mit dem Biergarten.

Besichtigungsmöglichkeiten. Ein Teil des Klosters steht tagsüber (in der Regel von 9 bis 17.30 Uhr) zur freien Besichtigung offen: der gotische Kreuzgang aus dem Jahre 1493, das gotische Refektorium, in dem sich zahlreiche historische Gegenstände befinden (u.a. ein Faksimile der Carmina Burana), die Ausstellung über das Wirken der Salesianer Don Boscos, die historische Fraunhofer-Glashütte, die an die Benediktbeurer Tätigkeit des berühmten Optikers erinnert. Auch die ehemalige Abteikirche und heutige Pfarrkirche St. Benedikt (1681/86) ist tagsüber geöffnet, ebenso der Vorraum der Anastasia-Kapelle (1751/53). Andere Bereiche des Klosters können nur im Rahmen einer Führung besichtigt werden: der frühbarocke Festsaal aus den Jahren 1672/75 und der Kurfürstensaal aus den Jahren 1728/32.

INFO

Kloster Benediktbeuern
Tel.: +49 88 57 88 0
Fax: +49 88 57 88 19 9
E-Mail: info@kloster-benediktbeuern.de
www.kloster-benediktbeuern.de

Führungen:
In den Sommermonaten täglich um 14.30 Uhr, an Wochenenden und Feiertagen auch um 11 Uhr,
während des übrigen Jahres an Wochenenden und Feiertagen um 14.30 Uhr
Gesonderte Führungen für Gruppen sind nach vorheriger Anmeldung möglich

58 Kloster Tegernsee mit Bräustüberl

Nahrung für Geist und Kehle

Der gelb gestrichene Komplex ist für alle, die nach Tegernsee kommen, nicht zu übersehen. Es handelt sich dabei um das, was von den Bauten der ehemaligen Benediktinerabtei noch übrig ist, des einst wohl bedeutendsten Klosters im alten Bayern. Um die Mitte des 8. Jahrhunderts gründeten es zwei adelige Brüder, Adalbert und Otkar, der Haustradition nach im Jahr 746 n. Chr. So konnte Tegernsee bereits 1996 sein 1250-Jahr-Jubiläum feiern, und mit Pfarrei und Stadt Tegernsee feierte das ganze Tal, das einst dem Kloster gehörte.
Den Klostergründern begegnet jeder, der auf die Kirchenfassade zugeht: 1690, bei der Barockisierung der Klosterkirche, hat man über das Kirchenportal die Reliefplatte aus dem Jahr 1457 gesetzt, die zuvor das Grab der Stifter deckte. Im Mönchsgewand sind sie hier dargestellt, denn beide sind in das von ihnen gestiftete Kloster eingetreten. Adalbert wurde erster Abt.

Dank ihrer Großzügigkeit (und wohl auch der des bayerischen Herzogs) war Tegernsee von Anfang an ein begütertes Kloster: Ihm gehörte der ganze Tegernseer Winkel, von der Tiroler Grenze im Süden an bis hinaus nach Warngau und Holzkirchen, dazu Güter bei Freising und Rosenheim sowie Salzpfannen in Reichenhall. Vieles kam im Lauf der Jahrhunderte durch Rodung, Schenkungen und Kauf noch dazu, darunter Weingüter in Südtirol und in der Wachau. So wundert es nicht, dass Tegernsee schon im Jahr 817 unter den reichsten Klöstern im Reich Kaiser Ludwigs des Frommen genannt wird.

Das Kloster Tegernsee war Abtei, Königsschloss und wieder Kloster – heute lockt vor allem das traditionsreiche Braustüberl

Aufkeimender Fremdenverkehr. 1815 kam König Max I. Joseph mit seiner Familie zu einem Ausflug ins Tegernseer Tal. Königin Caroline »verliebte« sich in die Reste des alten Klosters, der König kaufte sie aus seiner Privatschatulle, und so wurde Tegernsee königliche Sommerresidenz, das ehemalige Kloster zum Schloss. Dass die königliche Familie nun ihre Sommer am Tegernsee verbrachte, zog weitere Besucher nach, gekrönte Häupter, Künstler und viele andere. Dies war der Beginn des Fremdenverkehrs, dem das Tal bis heute einen Großteil seines Wohlstands verdankt. Es ist wohl die ganz besondere Mischung von Bilderbuch-Landschaft, alter Kultur und bodenständigem Brauchtum, die die Besucher anzieht.

Kloster und Klosterkirche. Was die Besucher heute in Tegernsee sehen, ist ein barockes Kloster. Nach dem Dreißigjährigen Krieg unternahm es der tatkräftige Abt Bernhard Wenzl, dem Kloster eine moderne Gestalt zu geben. Von den mittelalterlichen Bauten blieb allein die Klosterkirche stehen, doch sie erhielt ein neues, ein barockes Gewand: Italienische Künstler schufen die üppige weiße Stuckatur. Hans Georg Asam, der Vater der berühmten Künstlerbrüder, malte in sechs Sommern einen der ersten und größten barocken Freskenzyklen Bayerns mit Darstellungen aus dem Leben Jesu und des heiligen Quirinus. Für die neuen Klosterbauten, eine streng geometrische, um die Kirche gelegte Anlage, benötigte man bis zu ihrer Fertigstellung nahezu ein Jahrhundert. Hervorragende bayerische Künstler wie Johann Baptist Gunetzrhainer, Johann Baptist Zimmermann und Mathäus Günther schufen die Räume, die das Kloster brauchte: Zellen für 35 bis 40 Mönche, den Speisesaal, Repräsentationsräume für den Abt, Büros für die Verwaltung des gewaltigen Besitzes, die Bibliothek, die Apotheke, Stallungen und Vorratslager, Werkstätten für die 17 klösterlichen Gewerbebetriebe (darunter eine eigene Buchdruckerei und die Klosterbrauerei). Das Kloster brauchte all dies, war es doch nicht nur Stätte religiösen Lebens, sondern es vergab als Grundherr viele Bauernhöfe zu Lehen und zog davon Abgaben ein; es war Gerichtsherr, es regelte Waldnutzung, Jagd und Landwirt-

schaft, es war Fürsorgestelle und »Sparkasse« für die Landbevölkerung.
Der große Baukomplex des alten Klosters hat heute drei Besitzer: Die ehemalige Klosterkirche dient seit der Säkularisation als Pfarrkirche. Das »Schloss« hat sich in der Familie der Wittelsbacher weiter vererbt; so sorgen heute das »Herzoglich Bayerische Brauhaus Tegernsee« und zwei große Gaststätten für das leibliche Wohl der Besucher. Zwei Schlosstrakte erwarb in den 1970-er-Jahren der Freistaat Bayern, um dem Gymnasium Tegernsee eine höchst attraktive Unterkunft zu schaffen. Drei Institutionen mühen sich also heute, alte Traditionen fortzuführen: die geistliche, die wirtschaftliche und die Bildungstradition. Das historische Herz des Tegernseer Tals, es schlägt immer noch im alten Kloster.

Bräustüberl. Eine kleine Tafel aus Tegernseer Marmor an der Wand zwischen Haustisch und Schänke beweist, auf welch langjährige Tradition das Bräustüberl zurückblicken kann. Auf ihr steht in alter Frakturschrift: »Das Klosterbrauhaus Tegernsee erlangte am 22. Febr. 1675 die Churfürstliche Conzession zum Bierverschleiß.« Heißt: Seit über 330 Jahren darf im Bräustüberl Bier ausgeschenkt werden.
Die Jahreszahl führt in die Regierungszeit des Tegernseer Abts Bernhard Wenzl, der das Kloster von 1673 bis zum Jahr 1700 leitete. Bald nach seinem Amtsantritt begann er mit dem Bau der neuen barocken Klosteranlage, vor allem der Kirche. Zugleich ließ er aber auch die Wirtschaftstrakte neu errichten: Stallungen, Getreidelager, Mühle, Bäckerei und auch eine Brauerei.
Dabei ging es keineswegs um den Bierkonsum der Mönche selbst; denn auf den Tischen im Refektorium standen zumeist Erzeugnisse aus den eigenen Weingärten in der Wachau und in Südtirol. Ausschlaggebend war wohl auch nicht, dass Bier zur Entlohnung des klösterlichen Personals und zur (kostenlosen!) Versorgung der zahlreichen Reisenden und Gäste gehörte, die täglich an der Klosterpforte anklopften. Nein, es ging – ganz einfach – ums Geld. Eine Brauerei und der dazugehörige »Bierverschleiß« (also der öffentliche Ausschank und Verkauf an die Wirte) würde, so die Überlegungen des Abtes, einen merklichen Beitrag zum Klostereinkommen leisten und damit auch die klösterlichen Neubauten mitfinanzieren. Nach der erteilten Konzession entstand gleich nördlich der Kirche das neue Bräuhaus mit Malztennen, Sudhaus, »Bierkühl« und Keller und auch schon mit einem »Braustibl«. So ist es auf einem alten Grundriss im Museum Tegernseer Tal zu lesen. Allerdings umfasste es damals nur ein Zimmer. Und es war wohl noch keine öffentliche Wirtschaft, sondern eher ein Aufenthaltsraum für die Bräuburschen, die hier ihren Haustrunk konsumieren konnten. Mit der Klosteraufhebung 1803 gelangte die Brauerei zunächst unter einen staatlichen Verwalter, ab 1805 ins Eigentum des Freiherrn von Drechsel. Durch den nächsten Käufer, König Max I. Joseph, wurde aus der alten Klosterbrauerei 1817 das »Königliche Braune Brauhaus Tegernsee«. In Wittelsbacher Besitz ist es geblieben, durch den innerfamiliären Erbgang heute unter dem Namen »Herzoglich Bayerisches Brauhaus Tegernsee«. Und aus dem bescheidenen Bräustüberl von einst hat sich längst eine der bekanntesten Gaststätten Oberbayerns entwickelt, ein Treffpunkt von Einheimischen und Gästen, der inzwischen fast den ganzen Trakt der ehemaligen Klosterbrauerei einnimmt.

INFO

Tegernseer Tal Tourismus GmbH
Hauptstraße 2
D-83684 Tegernsee
Tel.: +49 8022 92 73 80
Fax: +49 8022 92 73 82 2
E-Mail: info@tegernsee.com
www.tegernsee.com
Öffnungszeiten:
Mo bis Do von 8 bis 17 Uhr
Fr von 8 bis 16 Uhr

Bräustüberl
Schlossplatz 1
D-83648 Tegernsee
Tel.: +49 8022 41 41
E-Mail: info@braustuberl.de
www. braustuberl.de

59 Passionsspiele Oberammergau

Laienspiel höchster Qualität

Seit 1634 wird in Oberammergau alle zehn Jahre das Passionsspiel in Erfüllung eines Gelübdes aus dem Jahr 1633 aufgeführt, demzufolge das Dorf sich so von der Geißel der Pest befreite. Passionsspiele gab es damals an vielen Orten in Mitteleuropa. Das Besondere an Oberammergau ist seine fast lückenlose Tradition, die auch die Zeiten überdauerte, als die katholische Kirche die Vermengung von Religion und Possenspiel als nicht mehr ins Konzept passend verbot. Im Jahr 2010 finden die Oberammergauer Passionsspiele zum 41-sten Mal statt.

Nur Dorfbürger spielen. Getragen wird das Passionsspiel seit dem 17. Jahrhundert ausschließlich von den Bürgern des Dorfes. Alle Mitwirkenden (Ausnahmen werden nur im Orchester gemacht) sind in Oberammergau geboren oder leben dort seit mindestens 20 Jahren. 2010 werden sich etwa 2000 Oberammergauerinnen und Oberammergauer am Spiel beteiligen. Dabei werden alle, die sich bereit erklären am Spiel teilzunehmen, von der Spielleitung auch ins Spiel integriert: als Darsteller einer der großen Rollen wie Jesus, Judas, Maria, Pontius Pilatus oder der Hohe Priester Kaiphas, als Chorsänger oder Mitglied des Orchesters, als Kind im Volk von Jerusalem, römischer oder jüdischer Soldat bis hin zur Feuerwehr und den Platzanweisern, die im 4750 Zuschauer fassenden Theater ihren Dienst tun.

Bis in die Abendstunden. Zu den 41. Passionsspielen 2010 werden zwischen 15. Mai und 3. Oktober über eine halbe Million Besucher aus aller Welt erwartet. Das Spiel findet in diesem Zeitraum an fünf Tagen in der Woche (außer Montag und Mittwoch) von 14.30 bis 22.30 Uhr statt, wobei der Aufführungsmarathon durch eine dreistündige Pause unterbrochen wird. Nicht nur für die Beteiligten, sondern auch für die Zuschauer eine wohltuende Maßnahme. Eine Besonderheit der Passionsspiele 2010: Erstmals reichen die Passionsspiele in ihrer 370-jährigen Geschichte bis in die Abendstunden hinein.

Seit 1634 führen die Bürger Oberammergaus alle zehn Jahre die Passionsspiele auf

INFO

Geschäftsstelle der Passionsspiele 2010
Oberammergau und DER Reisebüro oHG
Eugen-Papst-Straße 9a
D-82487 Oberammergau
Tel.: +49 8822 92 31 0
Fax: +49 8822 92 31 52
E-Mail: info@passionsspiele2010.de
www.passionsspiele2010.de
Karten € 49,50 bis 165,—

60 Zugspitze
Deutschlands Paradeberg

Der Weg auf Deutschlands höchsten Gipfel ist entweder ausgesprochen mühsam oder ausgesprochen bequem, je nachdem, wie man ihn anlegt. Die klassische Route von Hammersbach aus durch das Höllental überwindet über 2000 Höhenmeter und führt unter den immer steiler aufragenden Wänden einer großartigen Gebirgslandschaft hinauf zum Höllentalferner und zum Zugspitze-Ostgipfel. Leichter lässt sich die Zugspitze durch das Reintal ersteigen. Oder man geht von Ehrwald auf der Tiroler Seite über die Westflanke. Der kürzeste Weg führt vom Eibsee über die Wiener-Neustädter-Hütte und das Österreichische Schneekar. Alle Wege sind lang, Kraft raubend und nur mit der entsprechenden Erfahrung zu empfehlen.

Durchhaltevermögen brauchte auch Leutnant Josef Naus, dem mit seinen zwei Kameraden Maier und Deutschl im August 1820 die erste offizielle Besteigung der Zugspitze im Auftrag des Königlich Bairischen Topographischen Bureaus gelang. Vieles jedoch deutet darauf hin, dass Einheimische bereits im 18. Jahrhundert in die Gipfelregionen vorstießen. Auf das Zugspitzplatt geht es aber auch anders. Die Masse der »Gipfelstürmer« kommt schon seit langer Zeit völlig schweißfrei mit der Zugspitzbahn auf dem Platt unterhalb des Gipfels an. Der Bau dieser 11,5 Kilometer langen Strecke, die 4,8 Kilometer durch einen Tunnel führt und einen Höhenunterschied von 1838 Metern überwindet, war zur damaligen Zeit eine technische Höchstleistung und erst der Beginn des historischen Auftrags, dem sich die Visionäre verpflichtet fühlten. Sie wollten die heimische Bergwelt jedermann zugänglich machen. Bereits 1930 beförderte die Zahnradbahn die ersten Sommerfrischler zum Zugspitzplatt. Inzwischen sind es insgesamt 32 Bergbahnen und Lifte, die Deutschlands höchsten Berg und die Gipfel ringsumher erschließen. Die Kehrseite der Medaille: Wer Bergeinsamkeit und klassisches Gipfelfeeling erleben will, der ist an diesem Berg, vor allem aber an seinem Gipfel, falsch. Er ist eben Deutschlands Höchster.

In eineinhalb Stunden zu Fuß auf 2962?

Das ist durchaus möglich, denn Schwindelfreie können am Schneeferner (wohin sie mit

Die letzten Meter zum goldenen Gipfelkreuz bieten atemberaubende Tiefblicke

der Zahnradbahn gelangt sind) starten und – am Schneefernerhaus vorbei – über einen gesicherten Steig (der auch das Endstück der Reintalroute darstellt) zum Gipfel gelangen. Dieserart sind nur knapp 400 Höhenmeter zu Fuß zu bewältigen. Bergfestes Schuhwerk und absolute Trittsicherheit sind freilich unbedingt erforderlich. Auch wenn von den Gipfelgebäuden aus das Kreuz des Ostgipfels schon zum Greifen nah scheint und man nur noch drei, vier Minuten zum Ziel braucht – die letzten paar Meter haben es wirklich in sich und sind nur bei guter Witterung zu schaffen. Zunächst muss ein kurzer, schmaler Sattel überwunden werden. An dieser Stelle fällt die Zugspitze-Nordwand steil ab und man sieht hinunter auf den 2000 Meter tiefer gelegenen Eibsee. Am Schluss kommen Stahlseile und einige Tritthilfen. Oben angekommen, wird man mit einem atemberaubenden 360-Grad-Panorama belohnt: Insgesamt sind es 400 deutsche, österreichische, italienische und Schweizer Felsriesen, die einem scheinbar zu Füßen liegen. Seit 1882 ziert den Ostgipfel das prächtige Kreuz. Zunächst war der Westgipfel als Standort auserkoren worden und hierher hievte man anno 1851 auch die erste Eisen-Zylinder-Konstruktion, die gut drei Jahrzehnte später zum Ostgipfel »wanderte«. Das heutige Kreuz ist das zweite Nachfolgemodell – es gelangte 2009 zu seinem Standort.

Meteorologen auf der Zugspitze. Auf dem höchsten Berg Deutschlands haben sich unterschiedliche Forschungsstationen eingerichtet. In der Zeit, da die Besteigung der Zugspitze noch als alpinistische Hochleistung galt, hauste schon der erste Wetterwart droben. Es war Josef Enzensperger, der am 19. Juli 1900 die Bergwetterstation in Betrieb nahm und mit den Messungen begann. Er zog in den neun Meter hohen Turm ein, der an der Westseite des Münchner Hauses errichtet worden war und gab drei Mal täglich seine Klimabeobachtungen per Telefon an die zivilisierte Welt weiter. In den langen Wintermonaten, wenn sich kein Bergsteiger nach oben verirrte, war Josef Enzensperger der einzige Mensch am Gipfel – Wissenschaftler, nebenbei Koch und Schneeschaufler. Heute sind es insgesamt elf Experten, die im Rahmen ihres synoptischen Dienstes täglich 22 detaillierte Wettermeldungen abgeben. Ihr Fenster zur Welt ist das Internet, in das sie die Daten verschlüsselt einspeisen und den zentralen Wetterämtern, Flugwetterwarten und Rechenzentren rund um den Globus zur Verfügung stellen. Die Besonderheit einer Bergstation liegt darin, dass sie Aufschluss geben kann über die höheren Luftschichten und damit auch über die Verlagerung von Tiefdruckgebieten und Hochdruckzonen. Doch längst nicht mehr beschränkt sich die Arbeit im Turm auf das Sammeln und Auswerten der klassischen Daten. Bereits seit 1994 ist die Station auf der Zugspitze in das »Integrierte Mess- und Informationssystem zur Überwachung der Radioaktivität« des Deutschen Wetterdienstes eingebunden. Die speziell ausgebildeten Meteorologen sind Spürhunde für Radioaktivität, sie unterstützen darüber hinaus den Lawinenwarndienst und leisten Öffentlichkeitsarbeit in Form von Führungen und Pressebetreuung.

Und immer wieder müssen die Mitarbeiter des Deutschen Wetterdienstes auch hinunter in die benachbarte Umweltforschungsstation Schneefernerhaus. Hier betreiben sie gemeinsam mit dem Umweltbundesamt eine der 22 Hauptstationen des »Global Atmosphere Watch«-Programms, das die Weltorganisation für Meteorologie ins Leben gerufen hat. Die Zusammensetzung der Atmosphäre wird ständig überwacht, um aus diesen Daten ein Bild des Klimawandels entwickeln zu können.

Die Kapelle »Maria Heimsuchung« ist die höchstgelegene Kirche Deutschlands

Das traditionsreiche Schneefernerhaus, das 1930 zwischen Zugspitzplatt und Zugspitzgipfel in einer Höhe von 2650 Metern errichtet wurde und über sechs Jahrzehnte als Hotel und Restaurant diente, ist heute Deutschlands höchstgelegene Messplattform zur Erkundung der Atmosphäre. Nach umfangreichen Umbauarbeiten konnte die Umweltforschungsstation 1998 offiziell in Betrieb genommen werden. Das ungetrübte Sonnenlicht und die reine Luft auf der Zugspitze machen das moderne Labor zu einem Mekka für Klima- und Atmosphärenwissenschaftler. Das Schwergewicht der Arbeiten liegt in den Bereichen Klima-, UV-, Aerosol-, Ozon- und Wirkungsforschung.

Sonst noch auf dem Gipfel. Mit zum Ruf der Zugspitze als Plattform für Klimaforscher beigetragen hat auch das Fraunhofer Institut für Umweltforschung, das in Garmisch-Partenkirchen angesiedelt ist. Die Messstation ist an das neue Gipfelgebäude der Bayerischen Zugspitzbahn angegliedert und durch die weiße Planetariumskuppel von außen zu erkennen. Hier werden unter anderem Ozonwerte gemessen und Schadstoffe in der Atmosphäre erfasst, um ihr Langzeitverhalten bestimmen zu können. Weil die Messergebnisse in einer Höhe von rund 3000 Metern nicht unmittelbar durch Emissionen aus der Industrie, dem Verkehr und dem Hausbrand beeinflusst werden, sind Aussagen über zeitliche Entwicklungen in der freien Troposphäre möglich. Doch hier oben sitzt niemand mehr: Der Betrieb der Station erfolgt über Fernsteuerung von den Büroräumen im Ort aus. Auch die Messhütte des Max-Planck-Instituts für extraterrestrische Physik ist unbemannt. Der zehn Meter hohe, turmartige Bau fällt durch ein äußerst steiles Dach auf, das die weiße Pracht wegrutschen lässt. Denn größere Schneemassen würden die Genauigkeit der hier durchgeführten kosmischen Strahlenmessung beeinträchtigen.
Wie ein großes Schwalbennest aus Stahl und Aluminium dagegen wirkt die Richtfunkstelle der Telekom, die sich gleich unterhalb des Zugspitzgipfels als futuristische Konstruktion an den Hang schmiegt. Das Gebäude, das über modernste Technik verfügt, wurde 1981 fertiggestellt. Die gesamte Relaisstation arbeitet vollautomatisch und fernüberwacht. Für den Richtfunk ist die theoretische Sichtverbindung zwischen Sende- und Empfangsantenne eine Grundvoraussetzung – und der Standort auf Deutschlands höchstem Berg somit ideal.

Nostalgiefahrten. Sie heißen Tallok 1 und Tallok 4 und sind nur noch zu besonderen Anlässen im Einsatz. Die altgedienten Pioniere, die mit der Eröffnung der Zahnradstrecke von Garmisch-Partenkirchen auf die Zugspitze vor 78 Jahren erstmals aufs Gleis gestellt wurden. Mit Nostalgiefahrten bietet die Bayerische Zugspitzbahn Gästen von Mai bis Oktober Gelegenheit, den Charme längst vergangener Zeiten zu entdecken und dabei interessante Ein- und Ausblicke zu gewinnen.
Los geht's am Zugspitzbahnhof in Garmisch-Partenkirchen. Erster Stopp ist in Grainau – zum Umkuppeln, denn für die Tallok ist hier Endstation. Die harten Höhenmeter bewältigt die historische Berglok 15, die sich verlässlich Stück für Stück über das Zahngestänge nach oben krallt und dabei zwei Personenwagen hinter sich her zieht. Die sind übrigens zweiter Klasse ausgestattet – mit Rosshaarpolsterung auf Holzsitzen und Kunstlederbezügen im klassischen Nahverkehrsblau.
Nach Zwischenhalt am Bahnhof Eibsee fährt man durch die malerische Berglandschaft zum ersten Highlight, dem Fotostopp an der Station Riffelriß. Außerdem genießt man einen herrlicher Blick auf den blaugrün schimmernden Eibsee. Endstation der Zahnradstrecke ist am Zugspitzplatt. Nach einem kurzen Rundgang erwartet die Gäste ein Nostalgiebuffet im Blockhaus SonnAlpin, danach bringt einen die Gletscherbahn zum Gipfel. Nach einer Führung durch die Ausstellung sowie dem 360-Grad-Panoramablick auf der Terrasse ist die restliche Zeit zur freien Verfügung. Ins Tal geht es dann vom Bahnhof Platt spätestens um 16.30 Uhr mit einem der neuen Doppeltriebwagen – die Zeitreise mit der Bayerischen Zugspitzbahn findet ihren Abschluss. Neben genialen Ausblicken bieten die Nostalgiefahrten auch jede Menge interessanter Einblicke: Mitarbeiter der Bayeri-

schen Zugspitzbahn geben Auskunft über technische Daten, berichten vom Bau der Strecke und von den Anfängen der alpintouristischen Erschließung.

Candle Light Dinner zum Sonnenuntergang. Eigentlich ist es Bergsteigern vorbehalten, das herrliche Spiel der Farben und des Lichts auf Deutschlands höchstem Punkt – wenn die Abenddämmerung hereinbricht. Zu den seltenen Ausnahmen zählen die Sonnenuntergangsfahrten mit Candle Light Dinner, zu denen die Bayerische Zugspitzbahn einlädt. Die besondere Zugabe: An diesen beiden Terminen stehen die Abende ganz im Zeichen des Vollmondes. Am späten Nachmittag, wenn normalerweise längst Ruhe am Berg eingekehrt ist, startet ein Sonderzug der Zahnradbahn am Bahnhof Garmisch und bringt die Gäste via Grainau und Eibsee zum Schneeferner. Nach einem kleinen Rundgang geht's weiter mit der Seilbahn zum Gipfelgenuss für Gourmets und Romantiker. Bei Prosecco und klassischer Musik kann die Gesellschaft auf der Terrasse die besondere Stimmung genießen und zuschauen, wie die Sonne am Horizont versinkt, bevor man zu Tische im rundum verglasten Panoramaraum schreitet. Während die Bergwelt allmählich im Dunkel »verschwindet«, rücken die kulinarischen Highlights Gang für Gang in den Vordergrund.

INFO

Bayerische Zugspitzbahn Bergbahn AG
Olympiastraße 27
D-82467 Garmisch-Partenkirchen
Tel.: +49 8821 79 70
Fax: +49 8821 79 79 01
E-Mail: zugspitzbahn@zugspitze.de
www.zugspitze.de

61 Höllentalklamm
Wildeste Klamm im Werdenfels

Ein Besuch der Höllentalklamm ist sicher die landschaftlich spektakulärste Wanderung, die im unmittelbaren Ortsbereich von Grainau unternommen werden kann. Durch die rund einen Kilometer lange und tief eingeschnittene Schlucht stürzt der Hammersbach über Wasserfälle, in Strudeln und Gumpen hinunter ins Tal. Etwa auf halbem Weg taucht die Eiserne Brücke hoch über der Klamm im Blickfeld auf. Sie wurde 1888 errichtet und überspannt die Klamm in 73 Metern Höhe. An ihrem Ende weiten sich die Felswände wieder und vorbei an den Ruinen eines historischen Elektrizitätswerks führt der Weg weiter hinauf zur Höllentalangerhütte.

Wegverlauf. An der Höllentaleingangshütte wird die Weggebühr entrichtet. Direkt hinter der Hütte beginnt der mit Geländern gesicherte Weg durch beleuchtete Felstunnels, über Brücken und Stufen durch die Klamm.

Der Hammersbach hat sich tief ins Gestein gegraben

Danach beginnt bald rechterhand ein Serpentinensteig, der in den Einschnitt des untersten Höllentals leitet, durch den man bequem die Höllentalangerhütte erreicht. Sie steht auf dem weiten, grünen, ebenen Talboden. Für den Rückweg können geübte Bergwanderer als Alternative auch den sogenannten »Oberen Weg« wählen: Von der Höllentalangerhütte auf dem gleichen Weg wieder zurück, kurz vor Erreichen der Klamm rechts ab und auf der gegenüberliegenden Seite des Baches über einen kurzen Steig steil bergan. Dieser aussichtsreiche Weg führt über die Eiserne Brücke (berauschender Tiefblick in die Klamm!) und den Stangensteig zurück bis unterhalb der Höllentaleingangshütte. Für weniger Geübte empfiehlt sich der Weg retour durch die Klamm.

INFO

Tourist-Information Zugspitzdorf Grainau
Parkweg 8
D-82491 Grainau
Tel.: +49 8821 98 18 50
Fax: +49 8821 98 18 55
E-Mail: info@grainau.de
www.grainau.de

62 Partnachklamm
Die Schlucht vor dem Reintal

Auf dem Weg durch die Partnachklamm gilt es viele in den Fels gehauene Durchgänge und Tunnel zu durchwandern

Ein weiteres Natur-Highlight des Werdenfelser Landes ist die Partnachklamm Die rund 700 Meter lange, enge Schlucht ist tief in den Fels eingeschnitten und lässt sich bequem und sicher in etwa 30 Minuten zu Fuß durchwandern. Der Weg verläuft teilweise in Tunneln und macht dadurch besonders für Kinder diese Wanderung zum Erlebnis. Ein besonderes Schauspiel ist ein Besuch der Klamm im Winter, wenn die wilden Wasser in riesigen Eiszapfen und Eisfällen erstarrt sind.

Die Partnachklamm ist leichter erreichbar als ihre wilde Schwester, die Höllentalklamm, denn ab der Westseite des Skistadions in Partenkirchen führt eine für den Autoverkehr gesperrte Straße zum Klammeingang (gut 30 Minuten). Wer sich diesen Anmarsch sparen will, der kann das Wegstück bequem mit der Pferdekutsche zurücklegen. Am Klammende angekommen, bieten sich abwechslungsreiche Wandermöglichkeiten. Eine davon führt zu den idyllisch gelegenen Graseckalmen. Weiter geht es nach einem steileren Anstieg über liebliche Almwiesen zu den traditionellen Einödhöfen von Vorder-, Mitter- und Hintergraseck.

INFO

Tourist Information
Richard-Strauss-Platz 2
D-82467 Garmisch-Partenkirchen
Tel.: +49 8821 18 07 00
E-Mail: tourist-info@gapa.de
www.garmisch-partenkirchen.de
www.partnachklamm.eu
Öffnungszeiten:
Montag bis Samstag von 8 bis 18 Uhr,
Sonn- und Feiertage von 10 bis 12 Uhr

63 Königshaus auf dem Schachen
Zum eindrucksvollsten Aussichtspunkt im Wetterstein

Im Wettersteingebirge, auf dem Schachen in 1866 Meter Höhe, liegt ein besonders idyllischer Zufluchtsort des Märchenkönigs Ludwig II.: das Königshaus am Schachen. Abhängig von der Witterung dauert die Schachen-Saison in der Regel etwa von Mitte Mai bis Mitte Oktober. Das von 1869 bis 1872 nach Plänen von Georg Dollmann auf der Schachenalm erbaute Königshaus diente König Ludwig II. als Refugium bei seinen Aufenthalten im Gebirge. Das Schlösschen ist als Ständerbau im Schweizer Chaletstil aus Holz errichtet. Das Domizil Ludwigs II. wirkt von außen eher bescheiden, im Innern beherbergt es jedoch eine überaus prunkvolle Ausstattung.

Der König verbrachte jedes Jahr etwa zehn bis 12 Tage im Schachenhaus, im Gefolge ein Tross von bis zu 20 Bediensteten, die rund um die Uhr beschäftigt waren. Die Holzvertäfelung im Inneren besteht aus einheimischem Zirbelholz, die einfachen Möbel im Arbeitszimmer und Schlafzimmer sind aus Eichenholz gefertigt. Am beeindruckendsten und in völligem Gegensatz zur sonstigen Ausstattung des Hauses stehend ist der »Türkische Saal«. Hier taucht man in eine Zauberwelt aus »Tausend und einer Nacht« ein. Bunte, bleiverglaste Fenster erzeugen märchenhafte Lichtstimmungen im Raum. Ein orientalischer Springbrunnen mitten darin, bunte, helle Stoffe, ein goldener Leuchter und Fächer aus Straußenfedern, ein Sternenhimmel an der Decke und in Gold getauchte Wände – dies alles entsprang der Fantasie des Königs. Die Führungen durch das Königshaus werden immer beliebter. 2007 gönnten sich knapp 13 000 Besucher diesen exklusiven Einblick in die Welt von König Ludwig II. Das ist allerhand, denn man bedenke: Unter vier Stunden Aufstieg ist der Schachen kaum zu haben. Auf Grund der starken Nachfrage gibt es neben den festen Besichtigungszeiten (s.u.) je nach Bedarf zusätzliche Führungen. Über den Beginn der nächsten informiert ein Schild am Eingang des Schachenhauses.

Der Aufstieg auf den Schachen lohnt auch wegen des Ausblicks

Höchste Gartenanlage Deutschlands. Der Botanische Garten München-Nymphenburg unterhält seit über 100 Jahren eine Außenstation auf dem Schachen. Man findet hier über 800 Pflanzenarten aus den Hochgebirgen dieser Welt, von heimischen Arten bis zu Pflanzen aus dem Himalaya. Geöffnet ist der Garten von Mitte Juni bis Mitte September täglich von 8 bis 17 Uhr.

Schachenhaus. Es liegt direkt unterhalb des Königshauses und diente ursprünglich als Versorgungshaus für das Königshaus. Die während der Sommermonate bis etwa Anfang Oktober bewirtschaftete Berggaststätte ist eine beliebte Raststation. Etwa 70 Personen können dort in Betten und Matratzenlager übernachten. Der übliche Anstieg führt über den ausgeschilderten, zehn Kilometer langen Königsweg vom Wanderparkplatz bei Schloss Elmau über die Wettersteinalm in vier Stunden und über 850 Höhenmeter hinauf zum Schachenhaus und -schloss. Der unschwierige Weg ist auch bei Mountainbikern sehr beliebt (wenn auch anstrengend), die Qualität des Weges nimmt mit zunehmender Höhe ab und erfordert viel Kondition und Fahrgeschick – vor allem auf den letzten Metern. Wanderer sind hier weit weniger gefordert.

INFO

Schachenhaus:
Tel.:+49 172 87 68 86 8 oder
Tel.: +49 8821 29 96

Königshaus am Schachen:
D-82467 Garmisch-Partenkirchen
Informationen über Schloss- und Gartenverwaltung Linderhof

Linderhof 12, D-82488 Ettal
Tel.: +49 8822 92 03 0
www.linderhof.de

Öffnungszeiten:
Anfang Juni bis Anfang Okt.
tägl. Führungen um 11, 13, 14 und 15 Uhr
(tägl. maximal 30 Personen)

64 Karwendelbahn

1360 Höhenmeter über Mittenwald

Die Karwendelbahn bringt Sie direkt auf die Sonnenterrasse und dem „Fernrohr" hoch über Mittenwald

Bereits 1967 ist diese Bahn eröffnet worden. Immer wieder modernisiert, ist sie auch heute noch eine sensationelle Bergbahnanlage. Es ist durchaus kein alltägliches Erleben, wenn die Großraumgondel den Besucher von der Talsohle in sechs Minuten über Abgründe und Grate zur Bergstation hinauf-, in der faszinierenden Leichtigkeit des Schwebens an grandiose Aussichtspunkte trägt, die man leicht auf einem Rundweg erwandert. Immerhin überwindet man in rasantem Tempo (40 km/h) einen Höhenunterschied von 1360 Meter. Oben am Berg sind die Möglichkeiten dann mannigfaltig. Wer es ruhig angehen lässt, genießt einfach nur die wärmenden Sonnenstrahlen auf Deutschlands zweithöchster Gipfelterrasse. Ambitionierte, trittsichere Wanderer nehmen den Heinrich-Noë-Weg in Angriff oder gehen über den Steig abwärts zur Mittenwalder Hütte und ins Tal. Aber auch der »Mittenwalder Höhenweg« lockt, und der ist einer der schönsten deutschen Klettersteige; eine wenn auch anspruchsvollere Option. Und selbst wer sich »nur« auf die Westliche Karwendelspitze begibt (0.30 Std. ab Bergstation), erfährt ein einmaliges Panorama: das Wettersteinmassiv im Westen, das Estergebirge mit dem Isartal im Norden, die Karwendeltäler mit den darüber stehenden, schroffen Gipfeln im Osten und im Hintergrund am südlichen Horizont die immer schneebedeckten Gipfel der Zillertaler, Stubaier und Ötztaler Alpen.

»Fernrohr« als Museum. Sie sieht aus wie ein überdimensionales Fernrohr, ist lärchenholzvertäfelt und ragt mit einem gut Teil frei über den Abgrund. An der Berg- und Talseite gewähren große, runde Glasscheiben freien Ausblick, wobei der auf der Talseite nur als atemberaubend bezeichnet werden kann. Im Innern der 34 Meter langen Röhre gibt es »Natur zum Anfassen«. Eine Dauerausstellung über das, was man im Karwendel – so man tage-/wochenlang Zeit und Muße hat – freilich in freier Wildbahn sehen könnte. Doch der behende Reisende hat diese Freiräume nicht. So kann er wenigstens erahnen, was er sehen würde ...

Der Himmel der Skifahrer heißt Dammkar. Im Winter ist die Karwendelbahn-Bergstation Ausgangspunkt für die längste Skiabfahrt Deutschlands. Auf 7,5 Kilometern geht es das »Dammkar« hinunter und seit die Piste nicht mehr präpariert wird, ist sie Treffpunkt der immer größer werdenden Gemeinde der Freerider. Jenseits der platt gewalzten Pisten suchen sie das besondere Abenteuer im Tiefschnee. Manch Kenner schwärmt sogar: Tiefschnee wie im Dammkar findet man woanders selten – höchstens vielleicht in Kanada. Das Geheimnis: Im Nordkar oberhalb von Mittenwald hält sich der Schnee auf Grund der extrem schattseitigen Lage besonders lange und pulvrig. Bekannt ist das Dammkar auch durch das jedes Frühjahr stattfindende »Dammkarwurm«-Rennen. Unzählige Wettkampf-Skibergsteiger hetzen im Wettbewerb Mann gegen Mann und gegen die Uhr den Berg hoch.

INFO

Karwendelbahn AG
Alpenkorpsstraße 1
D-82481 Mittenwald
Tel.: +49 8823 93 76 76 0
Fax: +49 8823 93 76 76 9
www.karwendelbahn.de
www.bergwelt-karwendel.de

65 Wendelstein
Zum »Bayerischen Berg«

Der Wendelstein (1838 m) ist einer der markantesten und schönsten Aussichtsberge Bayerns. Eingebettet zwischen Inn- und Leitzachtal ist er selbst ein »Grenzstein« zwischen den Landkreisen Rosenheim und Miesbach. Durch seine exponierte Lage eröffnet er einen fantastischen Blick ins bayerische Alpenvorland und in die Zentralalpen, was ihn schon früher als alle anderen bayerischen Berge zum Touristenmagneten avancieren lies. Da überrascht es kaum, dass auf dem Wendelstein auch das älteste bayerische Bergwirtshaus steht, das 1883 feierlich eröffnete Wendelsteinhaus.

Hinauf geht es für die allerwenigsten Gipfelstürmer anders als mit Seil- oder Zahnradbahn. Die älteste Hochgebirgsbahn der deutschen Alpen fährt seit 1912 von Brannenburg aus auf den beliebten Traditionsberg. Allein die 30-minütige Fahrt mit der Zahnradbahn auf der malerischen Strecke ist ein einzigartiges Erlebnis, bei dem von Brannenburg im Inntal (508 m) aus ein Höhenunterschied von 1200 Meter überwunden wird. Doch damit nicht genug. Auch von der Leitzachtalseite aus geht es unanstrengend auf den Wendelstein. 1970 wurde er von hier, von Osterhofen-Bayrischzell aus, zusätzlich durch eine moderne Großkabinen-Seilbahn erschlossen. Damit gelangt man von der Talstation in nur sieben Minuten zur Bergstation etwa 100 Höhenmeter unterhalb des Gipfels. Ein Ringlinien-Bus verbindet die beiden Talstationen und macht das ganze zu einer interessanten Wendelstein-Rundtour.

Wer sich über den bestens ausgebauten, bequem begehbaren Promenadeweg auf den Gipfel begibt, den erwartet ein traumhaftes 360-Grad-Panorama: Berge vom Großglockner bis zur Zugspitze, das Inntal, der Chiemsee, München – am Horizont kann man bei guter Sicht sogar die Konturen des 180 Kilometer entfernten Bayerischen Waldes erkennen. Die Aussichtskanzel »Gacher Blick« bietet einen herrlichen Blick ins Leitzachtal sowie in die Zentralalpen; eine Panoramatafel zeigt Namen und Höhen der entsprechenden Berggipfel. Lohnend ist auch der Gipfel-Panorama-Rundweg, der auf unschwierigem Pfad rund um das Gipfelmassiv des Wendelsteins führt. Dabei ist ein Höhenunterschied von 150 Metern zu überwinden.

Der Wendelstein bietet Wandermöglichkeiten für Jung und Alt

Wendelsteinkircherl und Gipfelkapelle. Seit 1890 krönt das romantische Kircherl die sog. »Schwaigerwand«. Mit 1730 Meter über dem Meeresspiegel ist sie die zweithöchst gelegene, geweihte Kirche Deutschlands. Im Sommer finden sonntags regelmäßig Gottesdienste statt. Und am Gipfel trotzt die kleine Wendelinkapelle seit 1718 Wind und Wetter.

Wendelstein-Schauhöhle und GEO-PARK. Die alpine Wendelsteinhöhle gehört zu einem Höhlensystem, mit dem das markante Gipfelmassiv durchzogen ist. Etwa 300 Meter führt der Weg ins Innere des Berges bis zum so genannten »Dom« und bis zur »Kältefalle«. Im GEO-Park erlebt der Wendelstein-Besucher 250 Millionen Jahre Erdgeschichte, zusammengefasst auf vier Wanderpfaden und insgesamt 35 Schautafeln. Fachkundige, kostenlose Führungen starten im Sommer jeden Dienstag um 13.30 Uhr auf der Bergterrasse.

Dass es am Wendelstein selten ruhig wird, dafür sorgen außerdem eine Wetterstation des Deutschen Wetterdienstes, die Sendestation des Bayerischen Rundfunks und direkt am Gipfel die Universitätssternwarte.

INFO

Wendelsteinbahn GmbH
Kerschelweg 30
D-83098 Brannenburg
Tel.: +49 8034 30 80
Fax: +49 8034 30 81 06
E-Mail: info@wendelsteinbahn.de
www.wendelsteinbahn.de

66 Chiemsee und Chiemsee-Schifffahrt

Oberbayern wie's im Buche steht

Eine Schifffahrt auf dem »Bayerischen Meer« ist Erholung pur oder willkommene Abkürzung einer Fahrradtour

Der Chiemsee ist ein Ausflugsziel par excellence. Majestätisch, sagen viele; andere wiederum schätzen ihn, weil er so natürlich geblieben ist. Tatsache ist, dass er mit seinen Bauwerken und Kunstschätzen auf Herren- sowie Fraueninsel bei jedem Besuch aufs Neue begeistert. Es gibt so viel zu erleben am und auf dem »Bayerischen Meer« und die Chiemsee-Schifffahrt sorgt für die nötige Mobilität, egal von welcher Ecke in See gestochen werden soll. Das meistfrequentierte Ziel ist dabei sicherlich Herrenchiemsee. König Ludwig II. baute hier eines seiner prächtigen Schlösser, dessen prunkvolles Innere nicht nur Kinderaugen zum Leuchten bringt. Im ehemaligen Kloster auf der Herreninsel kann die Entstehung des bayerischen Grundgesetzes, das hier ausgearbeitet wurde, nacherlebt und auf der Fraueninsel können die ältesten Gebäude Bayerns bewundert werden. Die Fraueninsel war und ist ein Paradies für Maler. Ein besonderes Erlebnis ist eine Große Rundfahrt auf dem gesamten See. Erstmals gibt es nun auch Erklärungen über den Chiemsee, die Zeit der Römer, die Chiemgauer, die Künstler, die den See »entdeckt« haben und natürlich die Klöster auf den Inseln. Auf der Herreninsel werden bis September Märchenwanderung angeboten, die seit 2004 seit unter dem Titel »Die Träume des Königs« stattfinden. Die Reihe wurde 2003 zwar speziell für Kinder ins Leben gerufen, hat aber mittlerweile auch eine große Anhängerschaft unter den »erwachsenen Kindern« gefunden.

Herren- und Fraueninsel sind bis heute bewohnt. Die dritte und kleinste Insel, die Krautinsel, ist unbewohnt und diente früher als Gemüse- und Kräutergarten des Klosters Frauenwörth. Auf den Wiesen der Krautinsel weidet heute Vieh, das jeweils im Frühjahr und Herbst per Schiff befördert wird.

Entstanden ist der Chiemsee aus einem Gletscher der letzten Eiszeit. Bereits die Kelten und Römer besiedelten den Chiemgau, angelockt vom Fischreichtum des Sees. Im gesamten Chiemgau wird man Zeitzeuge der Geschichte. Im 8. Jahrhundert kam das Gebiet unter Einfluss und Schutz des fränkischen Reichs der Karolinger. Nach heftigen Kämpfen und Machtverschiebungen zwischen den bayerischen Herzögen und den Fürsterzbischöfen von Salzburg fiel der Chiemgau an die Wittelsbacher. Nach der Säkularisation von 1803 wurde das Gebiet unter anderem von Ludwig II., König von Bayern (1864–1886) regiert. Als geografisch-politischer Begriff entstand Oberbayern erst 1838.

Chiemsee-Light-Tour. Genussradeln mit Dampflokfahrt und Schiffsausflug! Malerische Bergblicke, idyllische Badeplätze und urige Gasthäuser am Ufer des Sees, und mittendrin zwei reizende Inseln: Die Tour um den Chiemsee ist eine der schönsten Fahrradrouten im Voralpenland. Seit Sommer 2008 ist der Radelspaß noch größer. Dafür sorgt die neue »Chiemsee-Light-Tour«, die besonders Familien mit Kindern einen genussreichen und sehr bequemen Radausflug mit komfortablen Leihfahrrädern ermöglicht.

»Light« ist die Tour, weil der Radler nicht mehr um den ganzen See strampeln muss. Stattdessen kann er sich ganz auf einen der schönsten Abschnitte, das abwechslungsreiche Nordufer, konzentrieren, mit voll gefederten Rädern durch die Landschaft rollen und zum Abschluss eine Schifffahrt genießen. Am Hafen der Chiemsee-Schifffahrt in Prien/Stock warten bei Bedarf die Leihbikes. 32 abwechslungsreiche Kilometer liegen vor den Radlern. Über Osternach, Breitbrunn, Gstadt und Seebruck geht es am wunderschönen Nordufer des Sees entlang nach Chieming. Badehose nicht vergessen, denn an der Strecke warten einige verlockende Badeplätze, etwa in Breitbrunn, Gollenshausen und Arlaching. Gemütliche Gasthöfe laden zur Einkehr. Gut die Hälfte des Weges führt durch schattige Wälder, so ist auch im Hochsommer immer wieder für Abkühlung gesorgt.

In Chieming bleiben die Räder stehen. Dort beginnt der zweite Teil der vergnüglichen Tour: Mit den Schiffen der Chiemsee-Schifffahrt geht es gemütlich zurück zum Ausgangspunkt. An Bord kann man noch einmal die herrliche Aussicht genießen und die Eindrücke der Radeltour Revue passieren lassen. Unterwegs bieten sich Zwischenstopps auf den Inseln an, mit Spaziergängen zwischen den Blumengärten ums Kloster auf der Fraueninsel oder zum Prachtschloss Ludwigs II. auf der Herreninsel. Und wer die Reise besonders umweltfreundlich gestalten will, der kann auf sein Auto ganz verzichten und vom Bahnhof Prien mit der nostalgischen Dampflok der Chiemsee-Bahn zum Hafen und zurück fahren.

INFO

Chiemsee-Schifffahrt
Seestr. 108
D-83209 Prien
Tel.: +49 8051 60 90
Fax:+49 8051 62 94 3
E-Mail: info@chiemsee-schifffahrt.de
www.chiemsee-schifffahrt.de

67 Residenz Heinz Winkler

Gourmettempel am Gebirge

Die »Residenz« des Starkochs Heinz Winkler in Aschau liegt an idyllischem Fleck sozusagen zwischen Gipfeln der Chiemgauer Alpen und dem Chiemsee. Geräumigkeit und Stil zeichnet das Venezianische Restaurant sowie die Panoramaterrasse aus. Die zurückhaltende und zugleich effektvolle Lichtarchitektur lässt das Gourmet-Restaurant mittags wie im Sonnenlicht schimmern und taucht es abends in trauliche Dämmerung.

In dieser Atmosphäre zaubert Heinz Winkler, der über 20-mal die begehrten drei Michelin-Sterne erhielt, die Gerichte, für die seinen Genießer-Gästen kein Weg zu weit ist. Der exklusive Weinkeller steht der Kochkunst Winklers in nichts nach: Hier lagern 25 000 Flaschen, darunter auch edle und rare Chateau-Tropfen. Die Weinkarte mit ihren 950 Positionen lässt keine Wünsche offen.

Aus einer spätmittelalterlichen Anlage hat Heinz Winkler mit viel Engagement ein Hotel geschaffen, das – ebenso wie die Küche – seine ganz persönliche Handschrift trägt. Ent-

sprechend sind die Suiten sehr individuell eingerichtet und mit jeglichem Komfort ausgestattet. Die Liebe zum Detail fällt sofort ins Auge.
Dem Hotel angeschlossen ist das Residenz Vital Resort. Im luxuriösen wie entspannenden Ambiente zelebriert das Team die exklusiven Wellnessangebote, die den Aufenthalt zum Erlebnis machen. Eine Oase der Ruhe und Erholung ist das Laconium mit finnischer und römischer Sauna, Swimmingpool und einem Tepidarium. Die antike Dekoration und Gestaltung sorgt für eine durchaus sinnliche Atmosphäre.

Gourmetgenüsse inmitten hoher Berge bietet die Residenz Winkler

INFO

Residenz Heinz Winkler GmbH
Kirchplatz 1
D-83229 Aschau im Chiemgau

Tel.: +49 8052 17 99 0
Fax: +49 8052 17 99 66
E-Mail: info@Residenz-Heinz-Winkler.de
www.residenz-heinz-winkler.de

68 Salzbergwerk Berchtesgaden

Viel Neues unter Tage

Wer das altehrwürdige Salzbergwerk noch vor vier, fünf Jahen besucht hat, würde staunen. Da ist einiges hinzugekommen. Seit Ende Mai 2007 gibt es nunmehr eines der weltweit innovativsten Erlebniszentren des Salzabbaues. Durch den kompletten Umbau erfährt man auf der SalzZeitReise ein völlig neues, modernes Unter-Tage-Erlebnis, verknüpft mit der ehrwürdigen Tradition des Bergbaues.
Besucherbahn, Salzkathedrale und Spiegelsee sind Herzstücke der multimedialen Installation auf einer unterirdischen Fläche von ca. 6000 m². Das Salzlabor und die Schatzkammer machen mit dem Wesen des Salzes, seiner Geschichte und seiner für den Menschen und das Leben unverzichtbaren Fülle von Funktionen vertraut. Der Umbau ist das Werk von Stefan Seigner, der auch federführend für die Errichtung der »Kristallwelten Wattens« sowie für die Neuinszenierung des Wiener Riesenrades war.

Bergmannsrutsche und Lichtkompositionen. Nach der Einkleidung in eigens angefertigte und neu designte Overalls führt die Fahrt – begleitet von SALZI, dem Maskottchen – in die Tiefe des Berges. Im »Kaiser-Franz«-Sinkwerk erschafft die geheimnisvolle Inszenierung aus Licht, Farbe und Salz eine Salzkathedrale, in der sich das Universum widerspiegelt. Die 36 Meter lange Bergmannsrutsche führt von hier aus in die Tiefe. Im Tunnel geht es weiter, vorbei an einer Salzgrotte im mystischen Licht, an Gedenkorten früher Salzgewinnung. In der Schatzkammer und im Salzlabor werden Fragen zum gesamten Salz-Spektrum spielerisch und in einer Fülle von Sprachen beantwortet. Mit der neuesten multimedialen Technik ausgestattet, ist der Themenweg ein Musterbeispiel für die gelungene Kombination von Unterhaltung und Information. Der Spiegelsee führt in 150 Meter Tiefe wieder zurück in den (be)sinnlichen Bereich: In einer faszinierenden Klang- und Lichtkomposition – mit der Musik des Starkomponisten Peter Wolf – überquert die Fähre das Wasser, bringt die Besucher unter dem Himmel wachsender und sich im See spiegelnder Salzkristalle ans andere Ufer der Sole. Mächtige Salzadern lassen das Potenzial des Gesteins erkennen, ehe der Weg wieder zum Tageslicht führt.

INFO

Salzbergwerk Berchtesgaden
Bergwerkstraße 83
D-83471 Berchtesgaden
Tel.: +49 8652 60 02 0
Fax: +49 8652 60 02 60
E-Mail: info@salzzeitreise.de
www.salzzeitreise.de

Öffnungszeiten:
1. Mai bis 31. Okt. von 9 bis 17 Uhr
2. Nov. bis 30. April von 11.30 bis 15 Uhr
Die Führung unter Tage dauert ca. 1 Stunde. Einschließlich Kartenkauf, Einkleiden, Empfang und Rückgabe der Bergmannskleidung sollten 1,5 bis 2 Std. Zeit eingeplant werden.

Die Bergmannsrutsche und das geheimnisvoll beleuchtete Kaiser-Franz-Sinkwerk sind zwei der Höhepunkte im Salzbergewerk

69 InterContinental Berchtesgaden Resort

Fünf Sterne unterm Hohen Göll

Manche Einheimische waren skeptisch und sind es heute noch. Natürlich kann man sich fragen: Was soll so ein Fünf-Sterne-Schuppen zu Füßen des Hohen Gölls? Man könnte aber auch sagen, dass die Gegend um den Obersalzberg bereits seit dem Naziregime baulich verhunzt wurde, da ist das InterContinental mit seinem »atemberaubenden« Design wahrlich das geringste Übel. Wenn man von Übel überhaupt sprechen kann, denn vielleicht wird es ja doch zur Institution. Gäste jedenfalls sind begeistert; Gäste, die sich das exklusive Hideaway in 1000 Meter Höhe leisten können.

Traumhafte Wanderwege beginnen direkt am Resort, und auch Deutschlands höchst gelegener Neun-Loch-Golfplatz grenzt an das Areal inmitten der Natur. Zur perfekten Performance des Fünf Sterne Superior Gourmet & Spa Resorts gehören herausragende Restaurants, das preisgekrönte THE MOUNTAIN SPA und die fantastischen Freizeitmöglichkeiten.

Denn die Faszination des Berchtesgadener Landes ist legendär: Sagenumwoben ist nicht nur der Watzmann, auch der Untersberg – ebenfalls in nächster Nähe des Resorts – ist von Mythen umrankt. Der Dalai Lama sprach bei einem Besuch der Gegend 1992 von der besonderen Energie dieses Landstrichs und bezeichnete ihn als ein »Herzchakra der Erde«.

Zu allen Jahreszeiten interessant sind die vielen Sehenswürdigkeiten der Region Berchtesgaden wie etwa die Stiftskirche, das Königliche Schloss, die Wallfahrtskirche Maria Gern. Das Event-Team des InterContinental organisiert Königsseefahrten zur Kapelle St. Bartholomä, einen Besuch des Salzbergwerks oder die kurze Reise nach Salzburg, das seine Gäste nicht nur als Festspielstadt begeistert.

Für alpinistisch Interessierte: In Salzburg gibt es sogar einen »Citywall-Klettersteig«. Und der gehört zu den schwersten seiner Spezies.

INFO

InterContinental Berchtesgaden Resort
Hintereck 1
D-83471 Berchtesgaden
Tel.: +49 8652 97 55 0
Fax: +49 8652 97 55 99 99
www.berchtesgaden.intercontinental.com

Luxus pur am Fuß des Hohen Göll

70 Kehlsteinhaus
Der Adlerhorst

Das Kehlsteinhaus sitzt wie ein Adlernest auf dem Felsen

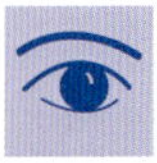

Von Mitte Mai bis Ende Oktober ist das Kehlsteinhaus geöffnet, das sich am Beginn des Mannlgrates zum Hohen Göll befindet. Die meisten Gäste sind allerdings keine Bergsteiger und sie kommen auch nicht zu Fuß, sondern mit den Spezialbussen über die in den Fels gesprengte und für den Individualverkehr gesperrte Kehlsteinstraße, die den gewaltigen Höhenunterschied zum Parkplatz in nur einer einzigen Kehre überwindet. Von dort führt ein mit Naturstein ausgeschlagener Tunnel 124 Meter weit durch das Felsmassiv zu einem prunkvollen, messingverkleideten Lift. In nur 41 Sekunden fährt der Aufzug weitere 124 Meter aufwärts – direkt ins Innere des Kehlsteinhauses. Die Erträge des Hauses fließen gemeinnützigen Zwecken zu. In jedem Frühjahr werden die Felswände über der Kehlsteinstraße von sogenannten Felsputzern inspiziert, um die Besucher vor Steinschlag zu schützen.

Dunkle Vergangenheit. Das Kehlsteinhaus ist ein zeitgeschichtliches Monument besonderer Art – es war ein Geschenk der NSDAP zu Hitlers 50. Geburtstag, das dieser wegen seiner Höhenangst aber nur selten besuchte. Das wuchtige Bauwerk mit seinen meterdicken Grundmauern thront auf der Spitze des Kehlstein, was ihm den Namen »Eagle's Nest« einbrachte. Seit 1960 wird das Kehlsteinhaus vom Fremdenverkehrsverband des Berchtesgadener Landes (jetzt Zweckverband Tourismusregion Berchtesgaden-Königssee) verwaltet und von privaten Pächtern als Berggasthof geführt.

Der besondere Ausflug. Ein ganz besonderer Abend ist »Kehlstein bei Nacht«. Während des Begrüßungsdrinks hoch über den Dächern von Berchtesgaden mit Blick nach Salzburg und in die grandiose Bergwelt heißen innige Bläserweisen und alpenländischer Gesang die Gäste willkommen. Genuss pur – kulinarisch in Form eines Dreigangmenüs, kulturell mit echter alpenländischer Volksmusik, vorgetragen von Sängerinnen oder Sängern, Bläsern und der Rotofen-Musi. Sie sorgen für Unterhaltung und das gemütliche, bayerische Ambiente. Den Blick durch eines der Fenster auf das nächtlich beleuchtete Berchtesgaden und die traumhafte Abendstimmung sollte man natürlich nicht versäumen.

INFO

Tourismusregion Berchtesgaden-Königssee
Königsseer Straße 2
D-83471 Berchtesgaden
Tel.: +49 8652 96 70
Fax: +49 8652 96 74 00
E-Mail: info@berchtesgadener-land.info
www.kehlsteinhaus.de

71 Königssee
Der Fjord in den Bayerischen Alpen

Sein Name ist weltberühmt und steht für smaragdgrünes Wasser inmitten einer einmaligen Landschaft. Auf geräuschlosen Elektrobooten über den See gleiten, dem beeindruckenden Königssee-Echo lauschen! Der sauberste See Deutschlands ist acht Kilometer lang, an der breitesten Stelle 1,2 Kilometer breit und bis zu 190 Meter tief. Entstanden ist er in einer bereits vor der Eiszeit gebildeten Senke, die dann durch mächtige Eisströme noch weiter vertieft wurde. Als dann die Gletscher zurückgingen, sammelte sich im Tal das Schmelzwasser. Zwischen den steil aufragenden Gebirgsmassiven des Watzmanns, Steinernen Meeres und Hagengebirges gelegen, ist er der einzige fjordartige See Mitteleuropas. Der Obersee am südöstlichen Ende des Königssees wurde durch einen Moränenwall, der sich am Ende der letzten Eiszeit bildete, vom Königssee abgeriegelt und später teilweise mit Bergsturzmassen überdeckt. Der kleinere Mittersee liegt zwischen den beiden Seen.

Übrigens: Der Name Königssee ist wohl nicht auf »König« zurückzuführen, da dieses Land bis 1810 niemals einem König angehörig war. Man nimmt an, dass der Name auf den Personennamen »Kuno« zurückzuführen ist. Dieser Name ist in der Stifterfamilie häufig vorgekommen. So hieß der See bis 1454 Kchunigsee und ab 1454 Kunigsee.

Auf dem Schiff. Ein Ausflug auf den Königssee beginnt in Schönau. Ein riesiger Parkplatz und die von Andenkenläden und Restaurants gesäumte Straße zum See lassen auch an den wenigen ruhigen Tagen erkennen, das es sich hier um ein touristisches Ziel der Extraklasse handelt. Hat man den Trubel rund um den Bootsableger Schönau aber erst verlassen, begleitet die staunenden Passagiere nur noch das Summen der Elektromotoren und die kurzweiligen Erläuterungen des Bord-Guides zum Königsee (Untergang eines Wallfahrerschiffs etc.). Doch auch die verstummen, wenn der Bootsführer dann zum Trompetenspiel ansetzt und alle dem berühmten Echo lauschen.

St. Bartholomä. Ziel der Überfahrt ist die Halbinsel St. Bartholomä mit Nationalpark-Infostelle, dem Jagdschloss der bayerischen Könige (heute das Historische Gasthaus St. Bartholomä) und der berühmten Wallfahrtskirche St. Bartholomä. 1134 geweiht und im Kern romanisch, folgte Anfang des 18 Jh. Umbau und Barockisierung. Die Kirche ist Endpunkt der traditionellen Wallfahrt von Maria Alm über das Steinerne Meer; und vor dem Hintergrund der Watzmann-Ostwand das wohl beliebteste Foto- und Postkartenmotiv des Nationalparks. Die Halbinsel ist darüber hinaus Ausgangspunkt für Spaziergänge und eine Vielzahl von Wanderwegen aller Schwie-

St. Bartholomä ist nicht nur Postkartenmotiv, sondern auch Endpunkt der Wallfahrt von Maria Alm

rigkeitsstufen – so zum Watzmannhaus (über Rinnkendlsteig und Kühroint) oder über die Saugasse hinauf zum Funtensee, dem Kältepol Deutschlands. Oder auch für den Abstecher zur »Eiskapelle», einem domartigen Eisgewölbe am Fuß der Watzmann-Ostwand, das auch im Sommer nicht taut.

Obersee. In den Sommermonaten fahren die Boote weiter bis zur Endstation Salet, von wo aus in kurzem Fußmarsch auch der Obersee erreicht werden kann. Wenn der Königssee als die »Perle des Berchtesgadener Nationalparks« bezeichnet wird, dann muss der nur rund zwei Kilometer dahinter liegende Obersee der Diamant des Nationalparks sein. Wer am See entlang zur Fischunkelalm geht und zurückschaut auf das mächtige Watzmann-Massiv mit der berüchtigten Ostwand, der wird mit einem Ausblick belohnt, den selbst die bedeutendsten Maler der Romantik nicht besser hätten ersinnen können.

INFO

Schifffahrt Königssee
Seestraße 55
D-83471 Schönau am Königssee
Tel.: +49 8652 96 36 0
Fax: +49 8652 96 36 74
www.seenschifffahrt.de

Fahrzeiten:
Erste Fahrt um 8 Uhr
Die Boote fahren in der Sommersaison ca. alle 15 Min.

72 Schloss Herren- und Kloster Frauenchiemsee

Kleinode auf den Chiemseeinseln

Die Inseln des Chiemsee sind romantischer Standort von Schloss und Kloster

Schloss Herrenchiemsee ist die wohl größte Attraktion im Chiemgau und es wird auch »Versailles Oberbayerns« genannt. Das von König Ludwig II. erbaute Schloss steht auf der größten Insel im Chiemsee, der Herreninsel. Neben Schloss Neuschwanstein gilt es als das bekannteste Königsschloss in Bayern. Als großer Verehrer des französischen Königs Louis XIV., des Sonnenkönigs, widmete der Bauherr das in den Jahren 1878 bis 1885 erbaute Schloss seinem Idol. In enger Anlehnung an Versailles konzipiert, ist es von einem weitläufigen Park mit Brunnen- und Gartenanlagen umgeben. Es wurde zu Lebzeiten des Königs erbaut und bis heute nicht fertiggestellt. Als Glanzstück gelten die siebenteilige Brunnenanlage mit ihren Wasserspielen sowie der prächtige Spiegelsaal.

Das Schloss Herrenchiemsee, das darin beherbergte König-Ludwig-Museum sowie das Museum im ehemaligen Augustiner-Chorherrenstift können ganzjährig besichtigt werden. Im Augustiner-Chorherrenstift, auch »Altes Schloss« genannt, fand 1948 der Verfassungskonvent zur Ausarbeitung des Grundgesetzes der Bundesrepublik

Deutschland statt. Die Stille der Wälder auf der 240 Hektar großen Insel lädt zu Wanderungen mit einmaligen Ausblicken über den See und auf die Gipfel der Chiemgauer Alpen ein.

Fraueninsel. Schon die Benediktinerinnen erlagen den landschaftlichen Reizen der zweitgrößten Insel im Chiemsee und bezogen das von Bayernherzog Tassilo III. 772 gegründete Kloster Frauenwörth auf der Fraueninsel. Der freistehende Glockenturm des 1200 Jahre alten Münsters ist eines der Wahrzeichen des Chiemgaus. Die Torhalle des Klosters geht auf die Karolingerzeit zurück und ist eine der ältesten Hochbauten Süddeutschlands.

Auch als »Insel der Maler« bezeichnet, ist die Insel mit ihren ungefähr 300 Bewohnern eine kleine Künstlerkolonie, die ein sehr lebendiges Kunsthandwerk aufrecht erhält. In ungefähr 40 Anwesen leben Wirtsleute, Töpfer, Fischer und sogar ein Brauer auf der Insel. Nicht nur Freilicht-Malern wie Max Haushofer, sondern auch Schriftstellern wie Ludwig Ganghofer und Ludwig Thoma diente die Insel als stilles Refugium. Im Sommer finden regelmäßig Ausstellungen der Chiemseemaler statt. Das lokale Kunsthandwerk präsentieren die Inselbewohner auf dem traditionellen Christkindlmarkt.

Ein anderes Handwerk, die Braukunst, etablierte der gebürtige Insulaner Daniel Hagen 2006 – er braut auf der Insel Märzen- und Weißbier. Auf Grund ihrer landschaftlichen Einzigartigkeit lädt die Insel zu ausgedehnten Spaziergängen, Bummeln in den Handwerksbetrieben und zum Genießen von Räucherfischspezialitäten mit selbstgebrautem Bier in einem der fünf Gasthöfe mit lauschigen Biergärten ein. Für Gäste, die sich während des Urlaubs gerne weiterbilden möchten, bietet die Abtei Frauenwörth ganzjährig Seminare zu Themen wie Lebensorientierung, Einkehr und Besinnung, Gesundheit, bildende Künste etc. an.

INFO

Schloss- und Gartenverwaltung
Herrenchiemsee
D-83209 Herrenchiemsee
Tel.: +49 8051 68 87 0
Fax: +49 8051 68 87 99
E-Mail: sgvherrenchiemsee@bsv.bayern.de
www.herren-chiemsee.de

Öffnungszeiten:
Die Öffnungszeiten orientieren sich an den jährlichen Schifffahrtszeiten und können von den nachstehenden Angaben abweichen

Neues Schloss:
tägl. geöffnet Besichtigung nur mit Führung (s.u.)
April bis Mitte Okt. von 9 bis 18 Uhr, letzte Führung ca. 17 Uhr
Mitte Okt. bis März von 9.40 bis 16.15 Uhr, letzte Führung ca. 15.40 Uhr (abhängig von der Schifffahrt)

Die Wasserspiele sind von Anfang Mai bis zum 3. Okt. zu jeder vollen und halben Stunde für etwa 15 Min. in Betrieb.

Führungen:
Im Neuen Schloss laufend Führungen in Deutsch mit maximal 50 Personen (Dauer ca. 30 bis 35 Minuten); Führungen in Englisch ganzjährig einmal pro Stunde, in Italienisch, Französisch und Spanisch von Juli bis Sept. einmal pro Stunde statt.

König Ludwig II.-Museum im Neuen Schloss:
April bis Mitte Okt. von 9 bis 18 Uhr
Mitte Okt. bis März von 10 bis 16.45 Uhr
täglich geöffnet

Museum im Augustiner-Chorherrenstift mit Gemäldegalerie Maler am Chiemsee:
April bis Mitte Okt. 9 bis 18 Uhr
Mitte Okt. bis März 10 bis 16.45 Uhr
täglich geöffnet

Gemäldegalerie Julius Exter (Nordflügel des Augustiner-Chorherrenstifts):
April bis Mitte Oktober von 9 bis 18 Uhr
täglich geöffnet
Mitte Okt. bis März geschlossen

73 Dokumentationszentrum Obersalzberg

Von der heilen Welt zu den Schrecken des Verbrecherregimes

Der Obersalzberg bei Berchtesgaden war seit 1923 Hitlers Feriendomizil und wurde nach 1933 zum zweiten Regierungssitz neben Berlin ausgebaut. Im Unterschied zu allen anderen vergleichbaren Einrichtungen (KZ-Gedenkstätten, Holocaust-Museen, NS-Dokumentationszentren) und temporären NS-Ausstellungen beschränkt sich die Dokumentation deshalb nicht auf die Ortsgeschichte und auf Ausschnitte der historischen Wirklichkeit, sondern verbindet die Geschichte des Obersalzbergs mit einer Darstellung der zentralen Erscheinungsformen der nationalsozialistischen Diktatur.

Die Dokumentation Obersalzberg ist eine Dauerausstellung des Instituts für Zeitgeschichte, München–Berlin. Sie wurde vom Freistaat Bayern in Auftrag gegeben und am 20. Oktober 1999 eröffnet. 2005 erhielt die Dokumentation einen Erweiterungsbau mit drei Seminarräumen, 2006 wurde der neue Ausstellungsraum für Wechselausstellungen fertiggestellt. Die Dokumentation Obersalzberg will hohen fachlichen Ansprüchen genügen, wendet sich aber primär an den historischen Laien. Ihr Ziel ist es, den Besucher wissenschaftlich fundiert, aber allgemein verständlich über das ereignisreiche und komplizierte historische Geschehen zu informieren und darüber hinaus Anstöße zur analytischen Verarbeitung zu geben.

Der zweite Regierungssitz Hitlers erklärt heute die Geschichte des 3. Reiches

Weg durch die Dokumentation. Ausgangspunkt des Wegs durch die Dokumentation ist ein Prolog, durch den der Leitgedanke der Ausstellung veranschaulicht werden soll. Es handelt sich dabei um eine bewusst eingesetzte Inszenierung von Bildmaterial unterschiedlicher Art und Herkunft – eine von zwei Inszenierungen der Ausstellung, die ansonsten streng dokumentarisch angelegt ist. Vom Prolog aus führt der Weg über eine Treppe auf die Galerie. Hier wird die Geschichte des Obersalzbergs erzählt, wobei der Schwerpunkt auf den Jahren 1933 bis 1945 liegt.

Die Treppe ins Erdgeschoss führt gewissermaßen von der heilen Scheinwelt des Obersalzbergs hinab in die Wirklichkeit des Dritten Reichs. Die Sektionen »Der Führer« und »Die nationalsozialistische Volksgemeinschaft« beleuchten die zentralen Herrschaftsideologien des Dritten Reichs, die Lehre vom politischen Führertum (»Führerprinzip«) und die Volksgemeinschaftsideologie. Zugleich werden hier die »attraktiven« Seiten der Volksgemeinschaft veranschaulicht, die zusammen mit anderen Faktoren die Verführungskraft des Regimes begründeten. Dadurch soll nachvollziehbar werden, warum die große Mehrheit der Deutschen dem Diktator erlag und sein Regime stützte. Aus dieser für so viele damals bis in die ersten Kriegsjahre hinein schönen Welt führt der Weg den Besucher in die Gegenwelt der verfolgten Minderheiten. Auf die Darstellung der Entstehung, Entwicklung, Struktur und Methoden des nationalsozialistischen Überwachungs- und Verfolgungsapparats folgt die Sektion »Rassenpolitik, Judenverfolgung, Völkermord«. Von dort geht es in den Untergrund: Im Tiefgeschoss wird das »andere Deutschland« behandelt, das sich damals im Untergrund befand: »Widerstand und Emigration«. Hier schließt sich eine Sequenz zu »Hitlers Außenpolitik« an, die von Beginn an Kriegsvorbereitungspolitik war. Dem ge-

Die lichten Räume präsentieren eine dunkle Vergangenheit

mäß werden im Weiteren zivile und militärische Aspekte des Zweiten Weltkriegs dokumentiert.
Der Weg endet im Inneren des Bergs, in einem begehbar gemachten Teil des ausgedehnten Bunkersystems, dessen Entstehung und Funktion ausführlich erläutert werden. Außerdem gibt es in diesem videoüberwachten und zusätzlich von der Aufsicht mehrfach täglich begangenen Teil der Bunkeranlage neben der Wegweisung Informationstafeln, die die historische Belegung und Funktion der einzelnen Räume bzw. Bauteile erklären. Dieses Labyrinth von Treppen, Stollen und Kavernen – heute dunkel, nasskalt und unwirtlich – bildet einen starken, unmittelbar erlebbaren Kontrast zur heilen Propaganda- und Scheinwelt des Obersalzbergs. 30 Meter unter der Erde trifft der Besucher auf zwei klimatisierte Medienräume, einen Filmraum und einen Hörraum, die die Sektionen »Rassenpolitik«, »Judenverfolgung und Völkermord« und »Zweiter Weltkrieg« mit Ton- bzw. Filmaufnahmen ergänzen. Im Glaspavillon vor dem Bunkereingang wird noch ein kurzer Überblick über die Vorgänge auf dem Obersalzberg nach 1945 gegeben. Insgesamt werden über 950 Fotos, Dokumente, Plakate, Film- und Tonaufnahmen zum Teil erstmals der Öffentlichkeit zugänglich gemacht.

Leitgedanke der Dokumentation. Der Leitgedanke für die Dokumentation am Obersalzberg ist die historische Grunderfahrung, dass politische Heilslehren, die sich im Besitz der historischen Wahrheit glauben und eine endgültige Lösung aller möglichen Probleme, gewissermaßen eine innerweltliche Erlösung verheißen, gerade nicht in das versprochene Paradies auf Erden führen, sondern, im Gegenteil, in Zerstörung und Barbarei enden. Im Rahmen dieser Grundaussage ist die Dokumentation bemüht, die Funktionsmechanismen und Eigentümlichkeiten des Regimes herauszuarbeiten. Sie führt von den politischen Verheißungen und den sich daran knüpfenden Hoffnungen und Erwartungen der Menschen in den Abgrund von Holocaust und Krieg, von der scheinbaren »Normalität«, dem »schönen Schein« des Dritten Reiches in seine finstere Wirklichkeit und von den Tätern zu den Opfern. Am Ende sind nur noch Tod und Leid sichtbar. Durch einen Führungsweg, der von oben nach unten führt, von der lichten Schönheit der Landschaft und der Propagandaidylle des Obersalzbergs hinunter in die Düsternis des Bunkersystems, kann diese Bipolarität unmittelbar empfunden werden.

Vom Bergdorf zum Dokumentationszentrum. Für den Obersalzberg, seit der zweiten Hälfte des 19. Jahrhunderts ein vom Fremdenverkehr geprägtes Bergdorf, stellte das Jahr 1933 einen gravierenden Einschnitt dar. Am 30. Januar 1933 zum Reichskanzler ernannt, erwarb Hitler das von ihm bereits 1928 angemietete »Haus Wachenfeld« im Sommer 1933 und ließ es bis 1936 in zwei Bauabschnitten zu einer repräsentativen Residenz, den Berghof, umbauen.

Nach der Vertreibung der früheren Bewohner wurde aus dem einstigen Erholungsort das »Führersperrgebiet«, eine zweite Schaltstelle der Macht neben Berlin, wo wichtige politische Entscheidungen geplant und getroffen wurden. Am 25. April 1945 bombardierten britische und amerikanische Langstreckenbomber das Gelände und zerstörten einen Großteil der Bauwerke. Die Ruinen des Berghofs, der Häuser Görings und Bormanns und der SS-Kaserne wurden 1952 gesprengt. Erhalten blieben nur wenige Gebäude, u. a. das Kehlsteinhaus und die Bunkeranlage.
Ab 1953 wurden Teile des Obersalzbergs von den amerikanischen Streitkräften als Erholungsgebiet genutzt und waren damit nur amerikanischen Militärangehörigen zugänglich. Im Jahr 1996 erfolgte dann die Rückgabe des Areals an den Freistaat Bayern. In dessen Auftrag entwickelte das Institut für Zeitgeschichte München–Berlin die Konzeption für eine Dauerausstellung, die die Geschichte des Obersalzbergs zeigt und die Ortsgeschichte mit einer Darstellung der zentralen Erscheinungsformen der nationalsozialistischen Diktatur verbindet.

Die Dokumentation Obersalzberg wurde in einem auf den Fundamenten des ehemaligen Gästehauses »Hoher Göll« errichteten Gebäude am 20. Oktober 1999 eröffnet.

INFO

Dokumentation Obersalzberg
Salzbergstraße 41
D-83471 Berchtesgaden
Tel.: +49 8652 94 79 60
Fax: +49 8652 94 79 69
E-Mail: info@obersalzberg.de
www.obersalzberg.de

Öffnungszeiten:
April bis Oktober
Montag bis Sonntag von 9 bis 17 Uhr
(letzter Einlass 16 Uhr)
November bis März
Dienstag bis Sonntag von10 bis 15 Uhr
(letzter Einlass 14 Uhr)

An Montagen, am 1. Jan. und 1. Nov. sowie am 24., 25. und 31. Dez. geschlossen

74 Schellenberger Eishöhle

Im Berg verborgene Herrlichkeiten

Versteckt im Inneren des sagenumwobenen Unterbergs liegt die Schellenberger Eishöhle, die größte und berühmteste Eishöhle Deutschlands. Zu erreichen ist sie zu Fuß über eine etwa 3-stündige Wanderung von Marktschellenberg aus über die Toni-Lenz-Hütte (auch Schellenberger Eishöhlenhütte). Vom Eishöhlenparkplatz direkt an der B 305 geht es auf gut ausgebauten Wegen nach kurzer Zeit hinein in einen schattigen Hochwald, der die Wanderer dann die längste Zeit des Weges begleitet. Mit zunehmender Höhe lichtet sich dann der Wald und macht den Latschenfeldern Platz. Nach etwa zweieinhalb Stunden Gehzeit wird die Toni-Lenz-Hütte (mit Übernachtungsmöglichkeit) auf 1450 m Höhe er-

Inmitten der glitzernden Welt 3000 Jahre alten Eises

reicht. Von hier sind es bis zum Höhleneingang an den Steilwänden des Untersbergs nur noch 30 Minuten. Bevor man sich jedoch ins Höhlendunkel wagt, empfiehlt sich noch einmal eine ausgiebige Gipfelschau: Watzmann, Hochkalter, Steinernes Meer, Hochkönig mit Matrashaus, Tennengebirge und Dachsteinmassiv sind die markantesten Felsgestalten am Horizont.

Gänge, Hallen, Dome. Die Karbidlampen in Händen beginnt der Weg ins Höhleninnere, begleitet vom kundigen Höhlenführer und den lebendigen Geschichten aus dem Reich der Sagen und Märchen. Das Höhleninnere ist ausstaffiert mit 60 000 Kubikmetern Eis, für den überwiegenden Teil des Eises wurde mittels Pollenanalyse ein Alter von 3000 Jahren ermittelt. Die Tour beginnt gleich mit einem Höhepunkt, der »Josef-Ritter-von-Angermayer-Halle«. 70 Meter lang, 40 Meter breit und zwischen fünf und acht Meter hoch, ist sie die größte bisher bekannte Halle des Höhlenkomplexes. Auf Holztreppen geht es den ersten und zweiten Eisfall hinunter und im Licht der Lampen glitzern unzählige Eiskristalle. Mit der »Fuggerhalle«, 41 Meter unter der Eingangsschwelle, erreicht die Tour den tiefsten Punkt der Führung. Bergan wird ein weiterer Eisfall überwunden, ehe man staunend das Heiligtum des Berges, den »Mörkdom« mit Altar, Kanzel und Beichtstuhl betritt. Über Wendeltreppen und Spiralgang werden »Dohlenfriedhof« und die steinerne »Höhlenfee« des Labyrinths passiert, bevor das Licht des Tages die Besucher wieder in Empfang nimmt. Rund 45 Minuten dauert die Führung auf der mit Laufbrettern und Holztreppen gangbar gemachten, 500 Meter langen Besichtigungstour. Die Temperaturen im Führungsteil der Höhle bewegen sich auch im Sommer um die Null Grad. Auf warme Kleidung und festes Schuhwerk sollte also nicht verzichtet werden. Für einen Besuch der Schellenberger Eishöhle sollte man in jedem Fall einen ganzen Tag einplanen. Immerhin sind nicht zu unterschätzende 1000 Höhenmeter im Auf- und im Abstieg zu bewältigen.

INFO

Touristinfo Marktschellenberg
Salzburger Straße 2
D-83487 Marktschellenberg
Tel.: +49 8650 98 88 30
Fax: +49 8650 98 88 31
E-Mail: touristinfo@marktschellenberg.de
www.marktschellenberg.de

Öffnungszeiten Höhle:
täglich von Mai bis Sept.
Führung stündl. von 10 bis 16 Uhr

75 Nationalpark Berchtesgaden
Statt geplanter Watzmannbahn ein Schutzeareal

Der Nationalpark Berchtesgaden ist rau, wild und wunderschön

Die höchste Wand der Ostalpen, der südlichste deutsche Gletscher, der kälteste Ort Deutschlands und einer der schönsten Seen der gesamten Alpen – das Reich von König Watzmann ist wahrlich ein Ort der Superlative und seit dem 1. August 1978 geschützt im »Nationalpark Berchtesgaden«. Doch Watzmann-Ostwand, Blaueisgletscher, Funtensee und Königssee sind nur ein kleiner, wenn auch besonders zugkräftiger Ausschnitt aus dem unvergleichlichen touristischen Angebot des Nationalparks, der 1990 durch die UNESCO dem weltweiten Netz der Biosphärenreservate eingegliedert ist. Die 210 Quadratkilometer des Parks liegen ganz im Südosten des Freistaats Bayern und grenzen direkt an das österreichische Bundesland Salzburg. Rund 230 Kilometer Wanderwege und alpine Steige erschließen den Nationalpark, von der Reiter Alm über Hochkalter, Steinernes Meer und Watzmann bis hin zum Hagengebirge und Göllstock. Bei so viel Auswahl ist für jeden was dabei, für den ambitionierten Bergsteiger genauso wie für den Genusswanderer und für Familien mit Kind(ern). Zahlreiche bewirtschaftete Almen, Schutzhütten und eine gut ausgebaute Infrastruktur entlang der unschwierigen Hauptzugänge in den Park (Königssee, Klausbachtal und Wimbachtal) sorgen dafür, dass jährlich 1,5 Millionen Besucher den vielfältigen Naturschönheiten des Parks erliegen.

Enorme Artenvielfalt. Der Nationalpark ist geprägt von einer bemerkenswerten Artenvielfalt. So trifft man hier unter anderem auf Rehe, Rot- und Gamswild, Steinböcke, Murmeltiere, Schneehasen, Raufußhühner und sogar den König der Lüfte, den Steinadler. Der erhabene Greifvogel spielt im Nationalpark eine besondere Rolle und steht im Mittelpunkt des Interesses vieler Besucher. Um dem gerecht zu werden, wurden im Klausbachtal drei Erlebnis-Wanderwege eingerichtet, auf denen man sich umfassend über die fünf im Nationalpark lebenden Paare informieren kann. Auch die Vielfalt der Flora ist der Erwähnung wert. Neben Almrausch, Schneerose und Enzian blühen im Nationalpark auch so seltene Pflanzen wie Schweizer Mannschild, Frauenschuh und Pyrenäen-Drachenmaul.

Das Gries. Eine geologische Besonderheit ist das Wimbachtal, eines der drei Haupttäler im Park. Es liegt eingerahmt zwischen den herausragenden Berggestalten Watzmann und

Hochkalter und ist von einzigartiger, herber Schönheit. Die tief eingeschnittene Wimbachklamm, hoch aufragende Steilwände zu beiden Seiten sowie ein bis zu 300 Meter mächtiger Schuttstrom – das sogenannte »Gries« – sind die prägenden Elemente dieser grandiosen Bergwelt. Dort wächst auch die Spirke, die aufrechte Form der Bergkiefer (Latsche). Sie kann auf den Geröllflächen existieren, trotzt den Schürfverletzungen und dem Druck der Schuttmassen. Aber so interessant und sehenswert das alles ist: Die meisten Besucher kommen aus einem ganz bestimmten Grund in den Nationalpark: Sie möchten den Königssee erleben (s. Tour 71). Manchmal kann man das sogar im Winter – wenn er zufriert. Das war letztmals im Jahr 2006.

INFO

Nationalparkverwaltung Berchtesgaden
Doktorberg 6
D-83471 Berchtesgaden
Tel.: +49 8652 96 86 0
Fax: +49 8652 96 86 40
E-Mail: poststelle@nnpv-bgd.bayern.de
www.nationalpark-berchtesgaden.de

76 Watzmann
Schicksalsberg im Südosten Bayerns

Der König der Berchtesgadener Alpen ist der 2713 Meter hohe Watzmann. Und obwohl er nur Deutschlands zweithöchster Gipfel ist (streng genommen nur der vierthöchste; zwei der Höllentalspitzen sind höher), ist er mindestens so berühmt wie die Zugspitze. Das hat vielerlei Gründe. Ein »Weg« auf den Watzmann führt durch die 1800 Meter hohe Ostwand, eine der berühmtesten und höchsten Wände der Alpen überhaupt. Auch optisch ist der Berg eine Augenweide; er setzt einer der schönsten Ecken (im wahrsten Sinne des Wortes) Deutschlands, dem Nationalpark Berchtesgaden, das Sahnehäubchen auf. Und dann wären da noch die Sage vom König Watzmann und nicht zuletzt das seit Jahrzehnten so erfolgreiche Rustical »Der Watzmann ruft« von Wolfgang Ambros, Manfred Tauchen und Joesi Prokopetz – zwei weitere Faktoren, die zum Mythos Watzmann beitragen.

Auch der Wanderer kann sich dem Mythos annähern – zumindest bis zum Watzmannhaus (1928 m). Es thront wie auf einem Logenplatz hoch über dem Berchtesgadener Tal. Man erreicht es von der Wimbachbrücke in Ramsau auf ausgeschildertem Weg in ca. vier Stunden. Das Watzmannhaus dient als Stützpunkt für die Besteigung des Hochecks und der Mittelspitze sowie für die Watzmann-Überschreitung. Zum Hocheck (2651 m), dem niedrigsten der drei Gipfel des Watzmanns, führt ein bezeichneter, aber anspruchsvoller Weg. Trittsicherheit und Schwindelfreiheit sind dafür unbedingt notwendig. Und für die berühmte Watzmann-Überschreitung muss man zudem über alpines Können und Erfahrung verfügen.

Ein bisschen Ersteigungsgeschichte. Christliche Wallfahrer waren die Ersten auf dem Hocheck. Die Watzmann-Mittelspitze wurde erst 1799 erstmals erstiegen. Oder war es 1800 (was als sehr wahrscheinlich anzusehen ist); oder gar 1801? So sicher sind sich die Chronisten darüber nicht. Sicher ist, dass in Berchtesgaden 1999 die 200-Jahr-Feier der Erstbesteigung stattgefunden hat.

Ein besonders frommer Bergsteiger, Valentin Stanič, Theologiestudent und später Domkapitular, stieg also 1800 – ein paar Tage, nachdem er auf dem Großglockner gestanden hatte – hinauf aufs Hocheck. Dort störte ihn, dass ihm die Mittelspitze den Blick auf eben diesen Glockner verwehrte. Darum machte er sich auf den Weg hinüber. »Schon der Anfang war böse, denn ich musste über eine steile Platte hinabglitschen, an deren Ende mich nur ein kleiner Vorsprung vom Sturz in die unermessliche Tiefe bewahrte (...). Bald musste ich mich, auf einem schneidigen Rücken sitzend, weiter bewegen, bald in Lüften schwebend in steilen Wänden dahinklettern (...).« Stanič erreichte die Mittelspitze und kehrte auf gleichem Weg wohlbehalten zurück.

Die erste Überschreitung der drei Watzmannspitzen gelang erst 1868 dem Bergführer Johann Grill, nach seinem Bauernhof (Lehen) »Kederbacher« genannt, zusammen mit seinem Nachbarn und Freund Johann Punz (»Preißei«) und dem Österreicher Albert Kaindl. Der Kederbacher war am Watzmann zu Hause. Er kletterte eine Vielzahl von Touren zum ersten Mal, so den Kleinen Watzmann und natürlich die berühmteste der Watzmanntouren, die Ostwand. 1881 fand er eine heute noch sehr ernst zu nehmende Route durch die höchste der Ostalpenwände. Der »Kederbacherweg« verlangt die Überwindung von Kletterstellen im IV. Schwierigkeitsgrad, u. a. die »Schöllhornplatte« – nach Christian Schöllhorn benannt, der 1890 in die unterhalb befindliche Randkluft des »Schöllhorneises« stürzte. Punz-Preiß vermochte den Absturz nicht zu verhindern, Schöllhorn hatte die Anweisungen des Führers missachtet. Der Kederbacher barg die Leiche aus 60 Metern Tiefe. Ab da war der »Preißei« ein gebrochener Mann. Kaum noch ein Gedanke an seine glorreiche Zeit, da ihm mit Ludwig Purtscheller die zweite Durchsteigung der Ostwand mit Ausstieg zur Südspitze gelungen war. Bis 2009 sind 99 Tote in der Watzmann-Ostwand zu beklagen.

Der Watzmann ruft! Der Berg und der Mensch – ein ewiger Kampf. Seit 35 Jahren ruft der Watzmann ins Land, und, wie jeder weiß, wen er einmal gerufen hat, den holt er sich auch. Hunderttausende Zuschauer sind diesem Ruf gefolgt, seit Ambros und Tauchen den Berg erstmals »bezwungen« haben. Bis heute hat die »Rocky Horror Alpenshow« nichts von ihrer Anziehungskraft verloren. »Auffi oder nit auffi?« – das ist noch immer die Frage für den Buben, die ihn ebenso aufwühlt wie die Gailtalerin. Doch wen es einmal gepackt hat, lässt es nicht mehr aus. Und so kommt es, wie es kommen muss ...

INFO

Tourist-Information
im Kur- und Kongresshaus
Maximilianstr. 9
D-83471 Berchtesgaden
Tel.: +49 8652 94 45 30 0
E-Mail: info.kurhaus@berchtesgaden.de
www.tourismus-berchtesgaden.de
Zimmer-Information:
Tel.: +49 86 52 94 45 34 0
Fax: +49 86 52 96 73 81

Die Ostwand des Watzmann ist eine der höchsten und berühmtesten Wände der Alpen

77 Alpinarium Galtür

Aus der Katastrophe das Beste gemacht

Im Sommer 1999, noch im Jahr des verheerenden Lawinenunglücks, wurde mit dem Bau der Schutzmauer begonnen. Architekt Fritz Falch aus Landeck trat schließlich mit der Idee an die Gemeinde heran, die Mauer inhaltlich zu nutzen und ein multifunktionales Gebäude zu integrieren. Diese Idee fand überall großen Anklang. Somit war im Jahr 1999 Baubeginn des Alpinariums Galtür. Der Bau besteht aus einer Lawinenmauer, an deren Steinschüttung eine Outdoor-Kletterwand errichtet wurde, und einem multifunktionalen Gebäudekomplex, eben dem Alpinarium Galtür. Die Schutzmauer ist 345 Meter lang und bis zu 19 Meter hoch. 700 Tonnen Stahl wurden darin verarbeitet. In einem weiteren Teil befindet sich das Zivilschutzzentrum. Die Hauptthemen der innenarchitektonischen Überlegungen sind Stein, Fels, Eis, Schnee und Wasser.

Über dem Eingang sind an Schnee erinnernde Alabastersteine zwischen zwei Stahlnetze gefüllt. Dieser Filter schirmt vom regen Treiben der Touristenwelt ab und erzeugt tagsüber im Innenraum verschiedene Lichtstimmungen. Die zweigeschossige Eingangshalle wird von einer Steinskulptur dominiert. Die Steinketten mit insgesamt 1200 Steinen und einem Gewicht von 32 Tonnen sprechen eine Warnung aus: »Die Steine sind in Bewegung, auch wenn sie scheinbar leblos sind.« Das Ticketing ist komplett in Gelb gehalten, schwarze Möbel bilden einen scharfen Kontrast. Gemeinsam verweisen diese Farben auf die Gefahrentafeln im alpinen Raum.

Dynamik der Berge – die Ausstellung im Alpinarium geht neue und beeindruckende Wege

Die Mauer – Leben am Berg. Die Mauer von Galtür setzt Zeichen: Überleben im Gebirge ist möglich, Mensch und Natur haben hier Zukunft. Der im Juni 2006 gestaltete Raum »Dynamik der Berge« gilt seither als neuer Impuls und Einführungsraum in die derzeitige Ausstellung. Gezeigt wird Dokumentationsmaterial von älteren und neueren Quellen. Ähnlich einer Reise durch die Alpen erreicht man die sechs Ausstellungsräume durch eine unendlich lang wirkende Röhre. Die Räume erzählen mittels Exponaten und Medieninstallationen exemplarisch von den Lebensstrategien der Menschen, der Tiere und Pflanzen unter den oft extremen Bedingungen des Gebirges. Berge werden überwunden, kartiert, gezähmt – verschwinden sie hinter der Erschließung, werden sie noch bewusst wahrgenommen? Wie müsste der Alpenbewohner der Zukunft aussehen, perfekt den härtesten Umweltbedingungen angepasst, ein menschlicher Gletscherfloh sozusagen? Welche Veränderungen hat die Existenz eines durchschnittlichen Bergbewohners durchgemacht, wie erholt man sich von der Vermarktung? Und wie hat man es überhaupt erst geschafft, das Gebirge und den Rest der Welt mobil zu vernetzen? Das Alpinarium Galtür, dessen Besuch sich unbedingt lohnt, ist nicht zu übersehen: Seit Juni 2008 hat es eine umgestaltete Außenfassade mit einer bedruckten Folie, die eine Geschichte über Mensch, Natur, Tier und Pflanze erzählt. Neu ist auch die Dachplattform mit frei ausragendem Dachsteg, von dem aus man beeindruckende Ausblicke genießt.

Lawinenunglück von Galtür. Nach wochenlangen Schneefällen ging am Dienstag, den 23. Februar 1999, eine Lawine von unvorstellbarem Ausmaß auf Galtür nieder. Die riesige Staublawine raste um 16 Uhr vom Grieskogel (2754 m) mit über 400 km/h auf einer Breite von 400 Metern dem Tal entgegen. Elf Häuser, davon einige über 400 Jahre dort stehend, wurden von den Schneemassen verschüttet, 17 weitere teilweise beschädigt. Sofort begannen Einheimische und Gäste nach Vermissten zu suchen und konnten trotz der miserablen Wetterverhältnisse 22 Verschüttete noch lebend bergen. Aufgrund der schlechten Wetterbedingungen war an diesem Tag mit Hilfe von auswärts nicht zu rechnen. Erst 14 Stunden nach der Katastrophe war es Helikoptern möglich, zusätzliche Rettungskräfte, Lawinenhunde und Medikamente nach Galtür zu fliegen und Verletzte in Krankenhäuser zu bringen. Die Suche nach Vermissten ging Tag und Nacht unermüdlich weiter. Am Samstag konnte das Letzte der 31 Todesopfer geborgen werden.
»Wo waren wir hingekommen? Unser Galtür! In den Medien als Mahnmal für alle Tourismusorte, die die Grenzen der Natur nicht respektieren, verurteilt. Dabei war doch am Grießkogel nie ein Lift, nie wurde in eine rote Zone bebaut, ein unberührter Hang, von dem seit Menschengedenken nie eine Gefahr ausging. (...) Eine Lawine, die dort abbrach, veränderte schlagartig das Leben der Einheimischen und Gäste! Ein Jahrhundertereignis, mit dem keiner gerechnet hatte.«

Plötzlich stellt sich die Frage, wie Galtür als Tourismusort noch überleben kann? (Galtürer Gedanken zum Unglück; Quelle: Alpinarium Galtür Dokumentation)

INFO

Alpinarium Galtür Dokumentation GmbH
Hauptstraße 29c
A-6563 Galtür/Tirol
Tel.: +43 54 43 20 00 0
Fax: +43 54 43 20 00 02 0
E-Mail: info@alpinarium.at
www.alpinarium.at

Öffnungszeiten:
tägl. von 10 bis 18 Uhr,
Montag Ruhetag

78 CUBE BiberwierLermoos

Idealunterkunft für Programmsportler

In den CUBE-Hotels wird Sport groß geschrieben

Aufgepasst! In den CUBE-Hotels spielt der Individualist nicht die erste Geige. Hier fühlt sich eher das »Herdentier«, das rund um die Uhr unterhalten sein möchte, wohl. Wie heißt es in der Werbung für CUBE-Hotels: »Sport ohne Grenzen (auch Fun-Sportarten), Entertainment ohne Ende.« Na denn!
Biberwier ist nach Nassfeld/Österreich und Savognin/Schweiz der dritte CUBE-Standort in Österreich. Die Gemeinde Biberwier liegt in der Tiroler Zugspitz Arena auf 989 Metern Seehöhe. Umgeben von einer eindrucksvollen Gebirgslandschaft, bietet die beliebte Ferienregion zahlreiche Möglichkeiten für diverse Sportarten zu jeder Jahreszeit. Im

Winter punktet Biberwier vor allem bei den Skibergsteigern und Langläufern. Im Sommer machen die blühenden Almwiesen, die glitzernden Bergseen sowie die vielen Wander-, Kletter- und Radwanderrouten Lust auf Outdoor-Aktivitäten. Die Tiroler Zugspitz Arena wurde erst kürzlich von den Lesern eines Mountainbike-Magazins zum besten MB-Gebiet Österreichs gewählt. Ausgezeichnete Vorraussetzung für das CUBE, dessen Konzept vor allem im Bereich des Sport- und Freizeitangebotes die landschaftliche Umgebung mit einbezieht. In Biberwier-Lermoos befindet es sich unmittelbar neben der Talstation der Bergbahn und eignet sich damit als idealer Ausgangspunkt für viele sportliche Aktivitäten. Es spielt dabei keine Rolle, ob der Gast bereits Profi im Umgang mit den einzelnen Sportarten ist oder zum ersten Mal den Berg sportlich erleben will.

Geschultes Personal führt in die Trendsportarten ein. Sollte einmal das Wetter nicht mitspielen, so gibt es im Atrium eine Kletterwand und eine Fitness-Area mit modernsten Sportgeräten. Die Relax-Area – ausgestattet mit Sauna, Sanarium und Ruhebereich – bietet zahlreiche Möglichkeiten zur Erholung.

INFO

The CUBE Hotels GmbH & Co. KG
Dresdner Straße 87
A-1200 Wien
Tel.: +43 1 33 44 05 0
Fax: +43 1 33 44 05 07 3
www.cube-hotels.com

79 Alpine Coaster Imst

Alpen-Achterbahn der Superlative

Achterbahnen gibt's nicht nur auf großen Volksfesten. In Imst wirbt man mit der »längsten Alpen-Achterbahn der Welt«. Ein Spektakel für Jung und Alt. Dreieinhalb Kilometer lang ist die Bahn, 500 Höhenmeter wird abgefahren, der Start liegt auf 1500 Meter Seehöhe. Es geht rasant zur Sache. Eine 90-Grad-Kurve nach der anderen – es sind deren 70 – nimmt der Schlitten. Dazu kommen »Jumps« mit Gefällen von sechs auf einen Meter Höhe, die es in sich haben. Später fährt der Coaster auch noch über Wellen, man glaubt sich auf einem Motorboot. Zwölf Minuten dauert eine Fahrt, bei der die Pulsfrequenz steigt, Adrenalin frei wird. Viele haben mit einem Mal nicht genug, werden süchtig nach mehr. Übrigens: Der Alpine Coaster hat auch im Winter geöffnet.

In rasanter Fahrt geht es ins Tal

INFO

Alpine Coaster Imst
Hoch-Imst 19, A-6460 Imst
Tel.: +43 5 12 66 32 20
E-Mail: info@alpine-coaster.at
www.alpine-coaster.at

80 Benni-Raich-Brücke
Fußgänger-Hängebrücke im Pitztal

Von der Benni-Raich-Brücke geht es weit in die Tiefe

Pitzenklamm heißt die atemberaubend schöne Schlucht bei Arzl im Pitztal. Doch die Schönheit tritt in den Hintergrund, wenn man auf der imposanten Fußgänger-Hängebrücke, der Benni-Raich-Brücke (ehem. Pitzenklammbrücke), steht. Sie wurde 1995 als echte Hängebrücke mit einer Spannweite von 137,7 Metern realisiert und ist Österrreichs höchste Fußgängerbrücke. Die lichte Weite des Fußgängersteiges beträgt eineinhalb Meter, darunter gähnen 94 Meter haltlose Tiefe. Das gilt allerdings nicht für die Bungee-Springer, die die Benni-Raich-Brücke seit 1997 nutzen. Viele Schaulustige beobachten in den Sommermonaten die Springer bei ihrem verrückten Tun – manch' Wagemutiger versucht sich gar selbst am »Jump« in die Tiefe. Von der Terrasse des »Bungy Stüberl« aus hat man einen der besten Ausblicke auf die Hängebrücke. Besonders für jene geeignet, die nicht ganz schwindelfrei sind.

Lohnende neue Wandermöglichkeiten. Durch diese Verbindung der Orte Arzl und Wald sind herrliche Möglichkeiten für ausgedehnte und gemütliche Wanderungen in dieser einzigartigen Schlucht entstanden. Von Arzl geht's zur neuen Siedlung »Pitzenebene«, über die Hängebrücke und nach Wald. Für gute Wanderer bietet sich die Möglichkeit, über Niederwaldried und den »Luis-Trenker-Steig« zurück nach Arzl zu gehen. Dieser Steig – benannt nach dem weltberühmten Südtiroler, dessen Wurzeln in Arzl liegen – führt unterhalb der Benni-Raich-Brücke durch die Pitzenklamm in Arzl bis hinaus zur Innschlucht. Steil aufragende Felswände, üppige Flora und die von den Gletschern gespeiste Pitze verzaubern die Wanderfreunde, die diese Klamm besuchen. Die vom Team des Naturparks Kaunergrat-Pitztal errichteten Informationstafeln informieren Aufmerksame über Pflanzen und Tiere. Die Gehzeit Arzl–Wald–Niederwaldried – »Luis-Trenker-Steig« – Arzl beträgt etwa drei Stunden. Für den Steig, als mittelschwer eingestuft, ist Wandererfahrung allerdings unabdingbar.

INFO

Club Alpin Pitztal
Tieflehn 87
A-6481 St. Leonhard
Tel.: +43 54 13 85 00 0
Fax: +43 54 13 85 00 01 1
E-Mail: info@club-alpin-pitztal.at
www.club-alpin-pitztal.at

81 Aqua Dome
Der exquisite Badetempel

Mitten in den Ötztaler Alpen begeistert eine aufregende Wasserwelt ihre Gäste. Auf fast 50 000 Quadratmetern bietet der Aqua Dome – die Tirol Therme Längenfeld – eine einzigartige Kombination aus Badespaß, Sport und Spa (Wohlfühl-, Gesundheits- und Wellness-Einrichtungen), ergänzt durch ein elegantes Alpenhotel. Was die Besucher erwartet: Die futuristische Architektur und das umfassende Angebot inszenieren das Thema Wasser in neuer Form.

Vor dem gläsernen Kristall des Thermendoms »Ursprung« scheinen drei kreisrunde Schalenbecken zu schweben – umgeben von zwei Flussläufen im Freiluftbereich »Talfrische«. Kinder finden eine abgeschlossene Badelandschaft in der »Alpen Arche Noah« mit Riesenrutsche, Spielwiese, Kletterwand und Kinderrestaurant. In der Saunawelt »Gletscherglühen« und der Spa-Oase »Morgentau« eröffnen sich ungeahnte Wellnessfreuden. Neben dem medizinischen Kompetenzzentrum »4health« und dem VIP-Club »Hochplateau« bietet der Aqua Dome ein Vier-Sterne-Superior-Hotel mit 140 großzügigen Zimmern und Suiten sowie erstklassige Restaurants. Der gesamte Thermenkomplex ist nach Feng Shui ausgerichtet – ein Tribut an Wohlbefinden, Gesundheit, Vitalität und Lebenslust. Im »News«-Thermentest 2005 wurde die Anlage zur modernsten Wellnesstherme Europas gekürt.

INFO

Aqua Dome – Tirol Therme Längenfeld
Oberlängenfeld 140
A-6444 Längenfeld
Tel.: +43 52 53 64 00
Fax: +43 52 53 65 18 8
E-Mail: info@aqua-dome.at
www.aqua-dome.at

Öffnungszeiten:
täglich von 9 bis 23 Uhr
(täglich Badeschluss 22.30 Uhr)

Aus den warmen Becken der Therme schweift der Blick über schneebedeckte Berge

82 Timmelsjoch Hochalpenstraße

Schönste Panoramastraße Tirols?

Das Timmelsjoch (ital. Passo di Rombo), die »heimliche Lücke der Alpen«, verbindet Nord- und Südtirol auf besonders eindrucksvolle Art. Seit alters her wurde der Übergang benutzt, der die imposante Gletscherwelt der Ötztaler Alpen mit den Weingärten Südtirols verknüpft. Die heutige Passstraße wurde 1959 eröffnet und ist nicht einfach nur eine Verkehrsverbindung, sondern auch eine der schönsten Panoramastraßen Tirols. Sie ist außerdem der höchste Grenzübergang zwischen Österreich und Italien.

Von Norden kommend zweigt die gut ausgebaute Passstraße kurz vor Obergurgl ab und zieht in mäßiger Steigung über zwölf Kilometer hinauf zum Timmelsjoch (2509 m). Unterwegs erlebt der Reisende die Vielfalt der Bergwelt, was sicher öfter mal dazu führt, einen der zahlreichen Rastplätze anzusteuern. Im Juni ist die mautpflichtige Straße im oberen Teil auf österreichischer Seite oft noch von meterhohem Schnee gesäumt, während es jenseits des Scheitelpunktes schon allenthalben grünt und blüht. Die Route passiert im unteren Abschnitt die Gemeinden Moos, Platt, St. Leonhard – den Hauptort im Passeiertal – und das Gasthaus Sandwirt, das Geburtshaus des berühmten Tiroler Freiheitskämpfers Andreas Hofer. Nach insgesamt knapp 50 Kilometern und 1800 Höhenmetern endet das Abenteuer Timmelsjoch in der Kulturstadt Meran. Die Straßenführung auf italienischer Seite hinab ins Passeiertal ist deutlich kurvenreicher und die Straße weniger gut ausgebaut.

Wie viele Passstraßen ist auch die Timmelsjoch Hochalpenstraße Spielplatz für Auto- und Motorradfreaks sowie für Mountainbiker und ebenso günstiger Ausgangspunkt für zahlreiche Wanderungen in die angrenzende Bergwelt. Die Mautstelle ist von Anfang Juni bis ca. Mitte Oktober täglich von 7 bis 20 Uhr geöffnet (Nachtfahrverbot!), die Straße für Lastkraftwagen gesperrt.

INFO

Timmelsjoch Hochalpenstraßen AG
Museumstraße 5
A-6020 Innsbruck
Tel.: +43 51 2 58 19 70
Fax: +43 51 2 58 19 37
www.timmelsjoch-hochalpenstrasse.at

Die Hochalpenstraße führt in die Bergeinsamkeit des Timmelsjochs

83 Innsbruck mit Goldenem Dachl und Altstadt

Die schmucke Tiroler Landeshauptstadt

Wer Innsbruck besucht, dem wird zuerst das enge Neben- und Miteinander von Kultur und Natur ins Auge fallen: An den wichtigen Verkehrslinien zwischen dem Norden und Süden, dem Osten und Westen Europas gelegen, eingebettet in die Berge der Nördlichen Kalk- und der Zentralalpen war und ist die Stadt ein Ort der Begegnung, des kulturellen Austausches, des Handels, der Wissenschaften und – vor allem in jüngerer Zeit – des Sports. Dieses Zusammenwirken ist überall sichtbar, auch mitten im historischen Stadtkern mit seinen kunstvollen Bauten, Museen und Kirchen: Der Blick von der Prachtstraße, der Maria-Theresien-Straße, zur mittelalterlichen Altstadt schließt im Hintergrund immer auch den majestätischen Bergzug der Nordkette mit ein.

1187 wurde Innsbruck das Stadtrecht verliehen

Die »Schwarzen Mander«. Wer durchs Zentrum flaniert, erfährt viel über die Geschichte der schmucken Alpenstadt. Vor allem der Habsburger Kaiser Maximilian I. (1459–1519) hat das Bild Innsbrucks am Übergang vom Mittelalter zur Renaissance geformt. Er machte die Stadt zum Zentrum seines Reiches, das sich von Spanien und Burgund bis nach Ungarn erstreckte, und ließ das Innsbrucker Wahrzeichen, das Goldene Dachl, und das im Osten der Stadt gelegene Zeughaus erbauen, das heute ein Museum beherbergt. Für sein kunstvoll gestaltetes Grabmal plante Maximilian eine Eskorte lebensgroßer Bronzefiguren, die von herausragenden Künstlern seiner Zeit gestaltet wurden. An den 28 sogenannten »Schwarzen Mandern«, die die Vor- und Nachfahren Maximilians darstellen, arbeiteten u. a. der Maler Albrecht Dürer sowie die Erzgießer Stefan Godl, Peter Fischer und Peter Löffler mit. Fertiggestellt wurden die Statuen allerdings erst unter Maximilians Enkel, Ferdinand I., der das bedeutende Renaissancekunstwerk in der Innsbrucker Hofkirche aufstellen ließ. Sie liegt im Osten der Altstadt neben der im 15. Jahrhundert errichteten und bis zum Barock mehrmals neu gestalteten Hofburg. In derselben Zeit, bis ca. 1600, entstand auch ein Großteil der Innsbrucker Altstadthäuser, die sich – oft vier, fünf Stockwerke hoch – dicht zusammendrängen.

Tauschvertrag mit Wilten. Ein Blick über die Innbrücke, die der Stadt auch ihren Namen gegeben hat, gibt Aufschluss über die Hintergründe der mittelalterlichen Bauweise: Dort, am linken Innufer, wo der Hang steil zum Fluss hin abfällt, liegt der älteste Innsbrucker Stadtteil St. Nikolaus mit seinen bunten Häuserzeilen. Als der Platz zu knapp wurde, trat das im Süden Innsbrucks gelegene Kloster Wilten in einem Tauschvertrag jenes Gebiet rechts des Flusses an die weltliche Macht ab, auf dem die heutige Altstadt entstand. Auch hier musste man sich ein wenig bescheiden und baute schmal und hoch. Für eine repräsentable, breite Straße mit Laubengängen – die Herzog-Friedrich-Straße, in der heute Geschäfte und gemütliche Straßencafés zum Verweilen einladen – bot die Altstadt aber dennoch genügend Raum. Jene, die trotzdem hoch hinaus wollen, lädt der gotische Stadtturm zu einem Besuch ein. Er wurde in den Jahren 1442 bis 1450 als Rathausturm errichtet und überragt die Altstadt 51 Meter hoch. Wo früher ein Turmwächter Ausschau nach Feinden und Bränden hielt, genießt man heute einen herrlichen Ausblick auf die gesamte Altstadt.

Wahrzeichen: Maria-Theresien-Straße mit Annasäule. Rund um die Altstadt verläuft mit Rennweg, Markt- und Burggraben jene Linie, entlang dereinst die Stadtmauer verlief. Außerhalb liegen die etwas jüngeren barocken und klassizistischen Teile Innsbrucks. Hier befinden sich die Maria-Theresien-Straße mit der Annasäule, einem Standbild zum Dank für den Sieg des Tiroler Volksaufgebotes über bayerische Truppen 1703; die Triumphpforte, die 1765 anlässlich der Hochzeit von Erzherzog Leopold, einem Sohn von Kaiserin Maria Theresia, mit Maria Ludovica von Spanien errichtet wurde; der moderne Congress Innsbruck, der auf das 1629/30 erbaute und für erstaunliche 5000 Besucher ausgerichtete Comedihaus zurückgeht. Bei dessen Errichtung mögen der damalige Landesfürst Leopold V. und seine Frau Claudia von Medici in zu großem Maßstab gedacht haben – schließlich lebten zu ihrer Zeit nur 7000 Menschen in Innsbruck –, doch sagt ihr Bemühen viel über den Kunstsinn der Innsbrucker und ihrer Regenten aus. Vor allem Erzherzog Ferdinand II. (1529–1595), der das – auf einer Anhöhe im Süden Innsbrucks gelegene – Schloss Ambras für seine Frau Philippine Welser zu einem prächtigen Renaissance-Schloss ausbauen ließ und dort umfangreiche Kunst- und Kuriositätensammlungen anlegte, die auch heute noch zu den schönsten »Wunderkammern« zählen, erwies sich als bedeutender Förderer der Kunst.

Das Goldene Dachl zieren 2657 feuervergoldete Kupferschindeln

Vier Bergisel-Schlachten. Im 18., 19. und 20. Jahrhundert stieg die Zahl der Einwohner auf 130.000. Die rund um das Zentrum entstandenen Stadtteile Wilten, Pradl oder Saggen zeugen mit ihren klassizistischen (Wohn-)Bauten davon. Etwas weiter außerhalb, am Bergisel, begegnet man einem der historisch bedeutendsten Ereignisse der Tiroler Geschichte, dem Tiroler Freiheitskampf gegen die Bayern und die Franzosen unter Napoleon. In drei Schlachten 1809 blieben die Tiroler unter ihrem Anführer Andreas Hofer siegreich, in der vierten mussten sie sich der Übermacht geschlagen geben. Von den damaligen Ereignissen erzählen eine Andreas-Hofer-Statue auf dem Bergisel und das Riesenrundgemälde, eines der letzten erhaltenen Panoramen aus dem 19. Jahrhundert. Das rund 1000 Quadratkilometer große Gemälde zeigt die dritte Bergiselschlacht und soll zum Gedenkjahr 2009 von seinem bisherigen Ausstellungsort in einer Rotunde in ein neu errichtetes Museum auf dem Bergisel übersiedeln.

Direkt aus der Stadt auf den Berg. Ebenfalls neu ist die Standseilbahn, die seit 2007 vom Congress in der Innenstadt – mit Zwischenstopp beim Alpenzoo – auf die Hungerburg führt. Das Bauwerk, dessen organisch geformte Stationen an das Fließen von Eis und Gletschern erinnern, ersetzt die vor mehr als 100 Jahren errichtete alte Bahn und entstand – wie die Bergisel-Schanze – nach Entwürfen von Zaha Hadid. Von ihrer Bergstation aus gelangt man in den Gondeln der Nordkettenbahn weiter auf die Seegrube (1905 m) und das Hafelekar (2330 m) im Naherholungsgebiet Nordpark, das mit viel Sonne und im Winter auch mit viel Schnee als wahres Paradies für Skifahrer, Wanderer, Kletterer, Mountainbiker, Drachenflieger und Paragleiter auf die Berge lockt.

INFO

Innsbruck Tourismus
Burggraben 3
A-6010 Innsbruck
Tel.: +43 51 2 59 85 00
Fax: +43 5 12 59 85 01 07
E-Mail: office@innsbruck.info
www.innsbruck.info

84 Alpenzoo Innsbruck

Besuch bei Luchs, Bär, Steinbock und vielen anderen

Nicht nur, dass er der höchstgelegene Zoo Europas ist, er beherbergt 2000 Tiere von 150 Arten. Seinen Aufgaben der Forschung, Bildung und Erlebnisvermittlung kommt er in beispielgebender Weise nach. Als Themenzoo stellt er eine einmalige Sammlung von Tieren des Alpenraums dar. Schon das Kaltwasser-Aquarium mit 50 Fischarten ist eine Besonderheit. Und wo sonst lassen sich Tannenhäher, Mauerläufer und Bartgeier aus nächster Nähe beobachten? Natürlich fehlen auch Steinadler, Gämsen, Steinböcke und Schneehasen nicht. Elch und Wisent sind Beispiele für die Vielfalt der heimischen Tierwelt während vergangener Eiszeiten.

Neuerungen der letzten Jahre. Durch die Gestaltung neuer, für die Besucher begehbarer Gehegeanlagen eröffnen sich faszinierende Einblicke in die Welt der Tiere, wie z. B. die Auwald-Voliere oder die beeindruckende Flugvoliere für den Waldrapp.
Auch das Reich der Steinböcke am höchsten Punkt des Alpenzoo ist begehbar. Die Gehegezone für Hochgebirgstiere, eine Gemeinschaftshaltung von Bartgeiern, Schneehasen, Murmeltieren und Steinhühnern wurde erst 2007 eröffnet.
Erneuert wurden in den letzten Jahren auch das Landschaftsgehege für die Bären »Fritz« und »Martina« und die Wolfsanlage, wo sich das Rudel von Hand aufgezogener Wölfe vor den Augen der Besucher zum vielstimmigen Chorgeheul versammelt.
Bei Kindern besonders beliebt ist der Schaustall mit seltenen Haustierrassen aus dem Alpenraum. Für die nimmermüden kleinen Tierfreunde bietet der »Bären-Spielplatz« jede Menge Spaß. Für einen genussvollen Rundgang durch den Innsbrucker Alpenzoo sollten mindestens eineinhalb Stunden eingeplant werden. Um die im Zoo beheimateten Tiere nicht zu gefährden, müssen Hunde leider draußen bleiben.

Der Luchs und der Braunbär sind nur einige der Bewohner des Alpenzoos Innsbruck

INFO

Alpenzoo Innsbruck
Weiherburggasse 37
A-6020 Innsbruck
Tel.: +43 5 12 29 23 23
Fax: +43 5 12 29 30 89
E-Mail: alpenzoo@tirol.com
www.alpenzoo.at

Öffnungszeiten:
ganzjährig tägl. geöffnet
April bis Okt. von 9 bis 18 Uhr
Nov. bis März von 9 bis 17 Uhr

85 THE PENZ – Stadthotel der Luxusklasse
Exklusives Übernachten am Adolf-Pichler-Platz

Mitten im Herzen Innsbrucks entstand vor etwa vier Jahren das erste Designhotel der Stadt. Kein Geringerer als der französische Stararchitekt Perrault meisterte die Herausforderung, ein modernes Gebäude mit dem historischen Stadtbild formvollendet zu verschmelzen. In Verbindung mit der Rathaus-Galerie entstand ein belebtes Zentrum mit 22 Boutiquen, Friseur, verschiedensten Restaurants und Cafés – das alles nur wenige Minuten von der gotischen Altstadt entfernt.

Die moderne Architektur steht in belebendem Kontrast zum alten Stadtkern

Das Innere des Hauses trägt die Handschrift eines designbewussten Wiener Innenarchitektenbüros und präsentiert sich mit seinen 92 Superior-Zimmern und zwei Juniorsuiten in zeitloser Eleganz mittels einem Zusammenspiel aus warmen Farben, dunklem Holz, Stein sowie einzigartigen Lichteffekten. Als ganz besonderes Highlight im THE PENZ gilt der »5th Floor«: Ein reichhaltiges Frühstücksbuffet auf der Dachterrasse, eine Zigarre in der Lounge oder ein Drink mit Freunden in der American Bar – hier, hoch über den Dächern Innsbrucks, erlebt der Gast die Schönheit der Stadt und der umliegenden Bergwelt eindrucksvoll.

INFO

Hotel THE PENZ
Adolf-Pichler-Platz 3
A-6020 Innsbruck
Tel.: +43 51 2 57 56 57 0
Fax: +43 51 2 57 56 57 9
E-Mail: office@thepenz.com
www.thepenz.com

86 Alpenachterbahn Mieders
Fun vor der Serles

Man findet die Alpenachterbahn in Mieders am Eingang ins Stubaital. Die »Stubaier Sommerrodelbahn« schlängelt sich vor der eindrucksvollen Serles (auch Maria-Waldrast-Spitze) mit 40 Steilkurven 640 Höhenmeter talwärts. Dabei »schwebt« der Pilot, den Geländeformen folgend, stets knapp über dem Boden. Der Rausch der Geschwindigkeit wird auf der steilsten Alpenachterbahn perfekt, wenn der gelbe Schlitten das maximale Tempo von 42 km/h erreicht. Schneller geht's nicht, denn dann begrenzt eine automatische Bremse das rasante Gefährt. Nach 2,8 Kilometern Streckenlänge ist der Spaß auch schon wieder vorbei und die Lust auf mehr groß. Kein Problem, schließlich bedarf der Wiederaufstieg zum Koppeneck mit dem Achter-Sessellift der Serlesbahn keinerlei Anstrengung. Der Ausblick auf die alpine Umgebung sorgt außerdem für Beruhigung des Herzschlags.
Nicht nur für passionierte Rodler ist die Bergstation der Bahn eine günstige Ausgangsba-

sis für weitere Unternehmungen. Es nutzen auch Mountainbiker und Wanderer diese Aufstiegshilfe. Auch der »Stubaier Alpenexpress« macht hier oben Station. Der Bummelzug befördert seine Passagiere in kurzer aber aussichtsreicher Fahrt durch die Tiroler Bergwelt zum Wallfahrtsort Maria Waldrast. Das Kloster des Servitenordens ist ein beliebtes Ziel für Pilger, und dem Quellwasser von Maria Waldrast wird eine besondere Heilkraft zugeschrieben.

INFO

Serlesbahnen Mieders
Waldrasterweg 1, A-6142 Mieders
Tel.: +43 52 25 62 77 60
Fax: +43 52 25 62 77 64
E-Mail: info@seresbahnen.at
www.serlesbahnen.at
Gondelbahnbetrieb:
Mitte Mai bis Ende Okt. tägl. von 9 bis 17 Uhr
Sams-, Sonn- und Feiertage von 9 bis 18 Uhr

87 Swarovski Kristallwelten

Institution in Wattens am Inn

Unweit östlich von Innsbruck, in Wattens, wacht ein Wasser speiender Riese mit funkelnden Augen über eine unterirdische Welt, in der, in Anlehnung an historische Vorbilder, 13 Wunderkammern schillernde Werke aus Kristall bewahren. 700 000 Besucher zieht dieser Riese alljährlich in seinen Bann. Damit gehören die Kristallwelten zu den meist besuchten Orten Österreichs. 1995 sind die Swarovski Kristallwelten anlässlich des hundertjährigen Firmenjubiläums eröffnet worden. Seither wurden sieben Millionen Besucher aus aller Welt gezählt.

Größter Kristall der Welt. Im Bauch des Riesen angekommen, umfängt magisches Yves-Klein-Blau den Besucher. Umgeben von Kunstobjekten von Keith Haring, Niki de Saint Phalle, John Brekke, Salvador Dalí und Andy Warhol ruht in der Mitte des Raums der Centenar, mit über 300 000 Karat der größte Kristall der Welt. Eine elf Meter hohe Kristallwand leitet den Besucher weiter in die Tiefen der Kristallwelten zu Jim Whiting's Mechanical Theatre: Das menschliche Verlangen und dessen Erfüllung, repräsentiert von Adonis und Whitings graziler Walking Woman, sind ein zentrales Motiv der stampfenden, hüpfenden Installation des britischen Künstlers, die auch als surreale Modenschau fremder Wesen begriffen werden kann.

Im Innern eines Kristalls: der Kristalldom

Kristalldom. Das Herzstück der Kristallwelten bleibt auch nach dem Umbau unverändert. Nach dem Konstruktionsprinzip der geodätischen Kuppel von Buckminster Fuller bilden 595 Spiegel ein akustisches und optisches Kaleidoskop. Vielfach brechen sich Klang und Licht an den facettierten Wänden und vermitteln dem Besucher das Gefühl, sich im Innern eines Kristalls zu befinden. Im folgenden Kristalloskop hat der Besucher dann Zeit, sich entspannt zurückzulehnen und die harmonisierende Wirkung der sich verändernden Kristallisationen in der Kuppel zu genießen. Gemeinsam mit dem weltberühmten

Knapp 600 kleine Spiegel zaubern eine märchenhafte Atmosphäre

Heilpraktiker Peter Mandl konzipierte André Heller das größte Kaleidoskop der Welt. Es spiegelt sich in einem Entspannungskristall mit 440 Facetten, der wiederum vom Kaleidoskop reflektiert wird.

Kristalltheater. Mongolfieren, Blumenengel, kristallfressende Pflanzen und tanzende Sonnen: Mit jeder Figur im Kristalltheater schuf die österreichische Bühnen- und Kostümbildnerin Susanne Schmögner einen Pförtner zum Reich der Fantasie. Das von Kristallen reflektierte, vielfarbige Licht verleiht der unterirdischen Szenerie, die sich in einer Wasserfläche spiegelt, eine besondere Dramatik. Kristallglanz wird wie Stoff, Stein und Metall zum Gestaltungselement der geheimnisvollen Bühnenlandschaft. So wie die schillernden Kristalle die Schaffenskraft der Künstlerin anregten, löst nun die glitzernde Welt, die durch neue Fantasiegestalten ergänzt wurde, beim Besucher eine Flut von Assoziationen aus. Beim Betrachten der fremdartigen Wesen gehen seine Gedanken auf Reisen – untermalt von den Duftkreationen Jane Haidachers.

Eisgasse. Die geheimnisvolle Eisgasse entwickelt nach dem Umbau durch den Designer Oliver Irschitz eine neue Anziehungskraft. Die intuitive Navigation der Besucher durch einen dunklen Raum wird dabei zum wesentlichen Gestaltungsmittel. Erst wenn man sich dazu entschließt, das unbekannte Terrain zu betreten, verändert die eisig glitzernde Welt ihr Gesicht und gibt ihre Geheimnisse preis. Der Weg durch die Eisgasse entwickelt sich zu einer interaktiven Schatzsuche, man wird zum Forscher und Entdecker. Bei jedem Schritt entstehen unter den Füßen kristalline, tragende Strukturen, die sicher auf die andere Seite bringen. Ein Licht folgt jeder Bewegung und gewährt punktuelle Einblicke in eine glitzernde Welt.

Galerie. Sein Kunstinteresse zeigt Swarovski in der Galerie: Eine umfangreiche Sammlung von Werken bekannter Meister aus den letzten beiden Jahrhunderten fasziniert. Gemälde, Fotografien, Zeichnungen und Drucke von Gustav Klimt, Marc Chagall, Joan Miró, Peter Kogler, Kurt Kocherscheidt, Helmut Newton und vielen weiteren Künstlern vermitteln einen Eindruck von der Entwicklung der bildenden Kunst in Europa.

La Primadonna Assoluta. Im Glanz von Tausenden von Kristallen feierte die bekannte

Sopranistin Jessye Norman im Kristalldom einen spektakulären Auftritt. Die Schlussarie »The hand Belinda« aus der Oper »Dido und Aeneas« hielt André Heller filmisch fest, um sie jetzt in einem extra für die Diva geschaffenen Raum auf das Publikum wirken zu lassen. Ausgesprochen minimalistisch präsentiert sich die neue Wunderkammer, die lediglich mit transparenten Stehlehnen, einem 71-Zoll-Plasmabildschirm und einem hochwertigen Audiosystem ausgestattet ist. Der Raum liegt im Dunkeln und wird nur von der Diva erhellt. Nichts lenkt von ihrer Stimme und ihrem glamourösen Erscheinungsbild ab.

Poseidons Puzzle. Aus der Opernwelt aufgetaucht, begibt man sich über einen schmalen Gang in das Reich des Meeresgottes Poseidon. Ein expressives Farbfeuerwerk erwartet hier den Besucher und lässt das Werk von Erich Heckel, August Macke und Lyonel Feininger lebendig werden, die sich vom irisierenden Licht und den Gesetzmäßigkeiten des Kristalls inspirieren ließen. Mit jedem Schritt verändern sich die Ausblicke und das Hörerlebnis. Raumhohe Lamellen gewähren mal die Sicht auf schillernde Meereskiesel, mit der nächsten Bewegung ziehen kristalline Meeresfiguren in allen Regenbogenfarben am Besucher vorüber. Wie im Expressionismus vereint sich auch hier der Farbenrausch der Tiefsee mit den verschlüsselten Geometrien von Kristall.

INFO

Swarovski Kristallwelten
Kristallweltenstraße 1
A-6112 Wattens
Tel.: +43 52 24 51 08 0
Fax: +43 52 24 51 08 03 83 1
www.swarovski.com/kristallwelten

Öffnungszeiten:
täglich von 9 bis 18.30 Uhr
9. bis 20. Nov. 2009 geschlossen

88 Silberbergwerk Schwaz

Untertage-Feeling hautnah erlebt

Das Abenteuer »Silberbergwerk« beginnt mit der Fahrt in der Grubenbahn 800 Meter tief in den Berg. Wie einst der Bergmann vor mehr als 500 Jahren rollt der Besucher am riesigen Wasserrad vorbei ins Innere des Stollens. Zusammengepfercht in engen Loren und mit Helm und Schutzkleidung ausgerüstet, entsteht schnell ein Gefühl dafür, wie es den Knappen damals erging. Die 90-minütige Führung vermittelt ein bleibendes und beeindruckendes Bild von den Lebens- und Arbeitsbedingungen der Knappen mit all den damit verbundenen Gefahren. Welchen unheimlichen Naturgewalten die Bergmänner von damals ausgesetzt waren, zeigt auch ein Felssturz mit Wassereinbruch. Ein besonders realistisches Bild vom Leben tausend Meter unter Tage vermittelt dabei das »Schwazer Knappen-

Das »Schwazer Knappenspiel« lässt die harte Arbeit der Bergmänner wieder aufleben

spiel«. Tiroler Volksschauspieler der Theatergruppe »Beiläufig« machen den Stollen zur Bühne und lassen Geschichte an Ort und Stelle lebendig werden.
Schwaz war im Mittelalter die mit Abstand bedeutendste Bergbaumetropole Europas. Rund 80 Prozent des Silbers (aber auch große Mengen Kupfer) stammten aus der Region um den Silberberg und bildeten die Grundlage für den Reichtum Europas. Welche Leiden aber einige dafür auf sich nehmen mussten, davon erzählt heute noch eindrucksvoll das Silberbergwerk Schwaz.

INFO

Schwazer Silberbergwerk
Alte Landstraße 3a
A-6130 Schwaz/Tirol
Tel.: +43 52 42 72 37 2
Fax: +43 52 42 72 37 24
E-Mail: info@silbergwerk.at
www.silberbergwerk.at

Öffnungszeiten:
Anf. Mai bis Ende Sept. von 9 bis 17 Uhr
Anf. Okt. bis Ende April 10 bis 16 Uhr

Die Fahrt mit der Grubenbahn ist Beginn der Reise in die Welt des Silberbergbaus

89 Achenseebahn

Nostalgiefahrt zwischen Jenbach und Pertisau

Die 1889 in Betrieb genommene Achenseebahn von Jenbach zum südlichen Ende des Achensees ist nicht nur für ausgewiesenen Bahnfreunde eine Reise wert. Die Dampfloks, die sich schnaufend die bis zu 16% steile Strecke hinaufarbeiten, gehören zu den ältesten noch in Betrieb befindlichen Loks der Welt, die eine Gleisstrecke fahrplanmäßig bedienen. Für das ungetrübte Gefühl einer Zeitreise sind auch die Personenwagen verantwortlich, die ebenfalls aus dieser Epoche stammen. Auch sie sind in fast unverändertem Zustand seit dieser Zeit im Einsatz. Mit jedem Meter, mit dem sich das Verkehrsfossil aus dem Inntal empordampft, werden die Hälse der Passagiere länger. Der Blick wird frei auf die Tiroler Bergwelt mit Zillertaler Alpen, Rofan- und Karwendelgebirge.
Nach 440 Höhenmetern und knapp sieben Kilometern endet die aussichtsreiche Nostalgiereise an der Station Seespitze. Doch das verwöhnte Auge kommt auch hier nicht zur Ruhe. Die strahlend blaue Wasserfläche des Achensees empfängt die Reisenden schon

vor dem Ausstieg. Zwischen Karwendel im Westen und Rofan im Osten eingebettet, wähnt man sich eher in Norwegens Fjorden angekommen. Doch Seespitz ist für viele nur Durchgangsstation, schließlich lockt die Weiterfahrt per Boot, und die Ortschaften am See sind Sprungbrett für Wanderungen und Gipfelziele rund um den Achensee.

INFO

Achenseebahn AG
Bahnhofplatz 1–3, A-6200 Jenbach
Tel.: +43 52 44 62 24 3
Fax: +43 52 44 62 24 35
E-Mail: info@achenseebahn.at
www.achenseebahn.at

Die historischen Achenseebahn ist Garant für eine aussichtsreiche Fahrt

90 ErlebnisSennerei Zillertal

Alles Käse oder was?

Wie kommen die Löcher in den Käse? Diese Frage lässt sich in der »ErlebnisSennerei Zillertal« klären, wobei man die Beantwortung gleich live miterleben kann. Auf 6000 Quadratmetern und in elf Stationen gibt es hautnahe und multimediale Einblicke in die Welt der Milchverarbeitung und Käseerzeugung. Da wird dem Käsemeister bei seiner Arbeit über die Schulter geschaut – der Käsekessel kaum eine Armlänge entfernt. Die Produktpalette der Zillertaler Sennerei umfasst Schafs- und Ziegenmilchprodukte, Topfen und natürlich Milch und Käse. Unter den 13 verschiedenen Käsesorten sind auch diverse weniger bekannte wie der Kirchtagskäse oder der Zwerglkäse.

Nach dem Rundgang gibt es die Möglichkeit, die Milch- und Käseprodukte zu verkosten. In entsprechendem Ambiente werden die spätestens jetzt hungrigen Besucher mit einem Verkostungsteller zur Belebung der Sinne verwöhnt. Serviert wird ein Käseteller mit sieben verschiedenen Käsesorten der Sennerei Zillertal, Zillertaler Holzofenbrot und frischer Sennerei-Butter.

INFO

ErlebnisSennerei Zillertal
Hollenzen 116
A-6290 Mayrhofen
Tel.: +43 52 85 62 71 3
Fax: +43 52 85 62 71 2
E-Mail: marketing@sennerei-zillertal.at
www.sennerei-zillertal.at
Öffnungszeiten: täglich von 10 bis 15 Uhr

Ohne Milch kein Käse: Almabtrieb im Oktober

91 Hexenwasser Hochsöll

Spiel und Natur ist gleich Naturspiel

2008 startete das »Hexenwasser Hochsöll« in seine bereits siebte Saison. Vielfach ausgezeichnet, bleibt die naturnahe Inszenierung am Berg Vorreiter eines mittlerweile beachtlichen Trends. Der Natur-Spiel-Erlebnis-Pfad auf der Hohen Salve in Tirol gilt zu Recht als Familienparadies par excellence. Und das und vielleicht gerade deshalb, weil das Hexenwasser eben kein Funpark bzw. kein Disney-World am Berg ist.

Ob Staubecken, Wasserrinnen, Kletterteiche, Matschbecken oder Feuerstellen – die über 60 feucht-fröhlichen Stationen begeistern Jung und Alt. Der naturnahe Themenpark ist wahrlich verhext und mit ihm seine Besucher. Bewährt haben sich auch die betreuten Erlebnisstationen, wo es vieles zu entdecken gibt. Neueste Erweiterung: Im Hexenwald wird erstmalig das Wasser von unten nach oben »getragen«. Hexenleitern, magische Pumpen und viel Zauber- und Muskelkraft werden gebraucht, um im eigenen Hexen-Schaffelbad dann die Erfrischung genießen zu können.

Besonders an heißen Tagen ist der Natur-Spiel-Erlebnis-Pfad ein lohnendes Ziel

Kein fauler Zauber! Spielerisch und kompetent sorgen die Betreuer der einzelnen Stationen dafür, dass die Besucher sehen, staunen und begreifen können. Sei es den sphärischen Tönen der Wasserklangschale zu lauschen, ganz allein die Erfahrungsstation für den Regen zu erkunden, sich auf dem längsten Barfußweg Österreichs seiner Schuhe zu entledigen oder mit den Söller Hexen um die Feuerstelle zu tanzen. Selbst das renommierte deutsche Wissenschaftsmagazin GEO jubelte: »Kein fauler Zauber! Im feucht-fröhlichen Natur-Erlebnis-Park Hexenwasser auf der Hohen Salve in Tirol vergessen sogar coole Jungs, dass sie ja eigentlich gar nicht wandern wollten.«

Mensch und Natur machen in der Kombination die Faszination Hexenwasser aus und zwischen 11 und 15 Uhr wird dabei gekonnt nachgeholfen. Denn die Erlebnisstationen werden in dieser Zeit täglich von qualifizierten Mitarbeitern betreut, sodass die großen und kleinen Besucher auch die Hintergründe zu den jeweiligen Highlights erfahren. »Staunen, begreifen und verstehen« unter diesem Motto steht das sagenhafte Hexenwasser und positioniert sich somit als einzigartige Inszenierung am Berg.

INFO

Hexenwasser Hochsöll
Berg- & Skilift Hochsöll
Stampfanger 21
A-6306 Söll
Tel.: +43 53 33 52 60
Fax: +43 53 3352 60 10
E-Mail: bergbahnen.soell@skiwelt.at
www.hexenwasser.at
Öffnungszeiten:
21. Mai bis 18. Okt.
täglich von 9 bis 17.30 Uhr

92 Europäisches Burgenmuseum Reutte

Mittelalter zum Anfassen in Ehrenberg

Die Festungsanlage aus der Ritterzeit

Mit dem Festungsensemble Klause, Ruine Ehrenberg, Festung Schlosskopf und Fort Claudia ist in den vergangenen zehn Jahren die größte kulturhistorische Renovierung eines 700 Jahre alten Kulturgutes mit gleichzeitig außergewöhnlicher Inszenierung gelungen. Im »Museum zum Anfassen – Dem Ritter auf der Spur« erlebt man in 15 Räumen das Mittelalter. Hier kann man eine Ritterrüstung anprobieren, ein Schwert in die Hand nehmen u. v. a. m. Eine eigene Kinderebene mit der Ritter-Rüdiger-Rallye und anschließender Urkunden-Übergabe hat bereits Tausende von Kindern und Familien fasziniert und unterhalten, genauso wie der Weg durch den »Zauberwald«, die funktionsfähige Zugbrücke und der letzte Salzstadel an der Via Claudia Augusta.

Die imposanten Festungsanlagen sind am Abend durch die Beleuchtung weithin sichtbar. Wie das Ganze sich aus der Nähe betrachtet darstellt, das vermittelt eindrucksvoll die Schaufestung am Schlosskopf. Sie führt die Besucher in die faszinierende Bautechnik ein; Natur- und Kulturführer geben darüber hinaus Hintergrundinformationen, die das Mittelalter-Erlebnis zu einer runden Sache machen.

Ehrenberg – die Zeitreise. Höhepunkt im Jahreslauf der Burgwelt Ehrenberg sind die dreitägigen Ritterspiele. Mittelalterfreunde strömen von überall her zur Burganlage bei Reutte, um die Schlacht um Ehrenberg noch einmal mitzuerleben. Das pyrotechnische Spektakel in authentischem Gewand bietet zudem ein umfangreiches Rahmenprogramm. Mittelaltermarkt, eine Krönungsparade, ein echtes Jubiläums-Ritterturnier »Maximilian I.«, abendliche Konzerte mit Feuershows, ein simuliertes Spießgericht und Schaukämpfe in der Arena sorgen für ein täuschend echtes Abbild längst vergangener Zeiten.

INFO

Verein Europäisches Burgenmuseum
Klause 1
A-6600 Reutte
Tel.: +43 56 72 62 00 7
Fax: +43 56 72 62 00 77 7
E-Mail: info@ehrenberg.at
www.ehrenberg.at

Öffnungszeiten:
26. Dez. bis Anf. Nov. von 10 bis 17 Uhr
(kein Ruhetag)

93 Ötzidorf

Wie's damals war vor 4000 Jahren

Zurück in die Jungsteinzeit

Ötzi – der Mann aus dem Eis vom Hauslabjoch ist, nachdem er Tausende von Jahren unter dem Eis der Gletscher begraben lag, quasi posthum wieder heimgekehrt in die Welt, die er vor 4000 Jahren verlassen hat: in das nach ihm benannte Ötzidorf. Eingerahmt von den Bergen der Ötztaler Alpen begibt sich der Besucher dort auf eine Zeitreise in die Jungsteinzeit. Die vielen neuen Erkenntnisse, die die Wissenschaft durch den Fund der Gletschermumie im Jahr 1991 gewann, ermöglichten eine detailgetreue Rekonstruktion des Lebens vor 4000 Jahren und wurden im Ötzidorf in Umhausen/Ötztal Realität. Geschaffen wurde ein archäologischer Freizeitpark mit prähistorischen Bauten, die Wohnen, Wirtschaften und Leben eines Urvolkes in alpiner Umgebung näher bringen und veranschaulichen.

Welt des Ötzimanns. Zu sehen sind auf den 45-minütigen Führungen die Originalbauten des österreichischen Dokumentarfilms »Der Ötztalmann und seine Welt« sowie zahlreiche Rekonstruktionen, nachgebaut von der Überlebensschule Tirol unter Anleitung des Instituts für Ur- und Frühgeschichte der Universität Innsbruck. Darunter Einbaum, Jägerbiwak, Ötzihütte, Bogenschießplatz, Steinschlagplatz, Arbeitsgerät, Brotbackofen, Steinkammergrab und Auerochsen, die der Lebenswirklichkeit Ötzis und seiner Generation Ausdruck verleihen. Natürlich kann das Dorf auch auf eigene Faust erkundet werden. Ein Spielplatz, wechselnde Ausstellungen und ein spezielles Veranstaltungsprogramm sowie der nahe gelegene Stuibenfall machen das Ötzidorf auch dann als Ausflugsziel interessant, wenn man es schon einmal besucht hat. Für alle, die noch mehr auf Tuchfühlung mit der Naturnähe einer längst vergangenen Zeit gehen wollen, sind die an das Dorf angeschlossenen Aktivitäten der »Überlebensschule Tirol« eine spannende Ergänzung. Unter dem Motto »Sehen, entdecken, mitmachen« soll erforschtes Wissen unserer Vorfahren im Umgang und Leben mit und in der Natur praktisch vermittelt werden. Kurse wie »Sprache der Natur«, »Gerben« oder »Kräuterwanderungen« zeigen, dass das Wissen von damals längst noch nicht ausgedient hat.

INFO

Ötzidorf
A-6441 Umhausen
Tel.: +43 52 55 50 02 2
Fax: +43 52 55 50 03 3
E-Mail: office@oetzi-dorf.at
www.oetzidorf.at

Öffnungszeiten:
1. Mai bis 26. Okt. von 9.30 bis 17.30 Uhr
Führungen:
täglich um 10.30, 12, 13.30, 15 Uhr
Dauer jeweils 45 Min.
Gruppen nach Voranmeldung
Audio-Guide in D, E, NL, I und F erhältlich

94 Festung Kufstein
Über der »Perle Tirols«

Als eines der imposantesten mittelalterlichen Bauwerke des Alpenraumes gilt die aufwendig sanierte und revitalisierte Festung Kufstein als beliebtes Ausflugsziel und Highlight des Kulturlandes Tirol. Im Besitz der Bischöfe von Regensburg wurde sie bereits 1205 erstmals urkundlich erwähnt, später mit den bayerischen Herzögen geteilt. Die von Kaiser Maximilian I. ab 1504 neu errichtete und zur Festung ausgebaute Burg war über Jahrhunderte zwischen Bayern und Tirol heiß umkämpft. Seit 1814 gehört sie endgültig zu Österreich, 1924 ging sie in den Besitz der Stadt Kufstein über. Ihr Wahrzeichen bietet Kultur- und Geschichtsinteressierten ein erstaunliches Angebot an Erlebnissen und Eindrücken.

Bizarres Staatsgefängnis. Historisch interessante Attraktionen wie die Heldenorgel – mit über 4300 Pfeifen die größte Freiorgel der Welt –, das interaktive Festungsmuseum, das bizarre ehemalige Staatsgefängnis sowie zahlreiche Ausstellungen, Großkonzerte und Events verschiedenster Art belegen die Vielseitigkeit der stolzen Tiroler Burg. Besonderer Beliebtheit erfreut sich auch der alljährlich an den vier Adventwochenenden stattfindende »Weihnachtszauber«, ein im geschichtlich eindrucksvollen Ambiente der Josefsburg und ihren Kasemattengängen abgehaltener, stimmungsvoller Weihnachtsmarkt abseits von Kitsch und Kommerz.

Attraktive Veranstaltungsstätte. Historisch einmalig ist auch die »Festungsarena«, ein Veranstaltungsoval in der Josefsburg mit mobiler Überdachung. Die Symbiose jahrhundertealter Tradition mit modernem Zeitgeist verleiht dieser Location ihre Besonderheit und macht sie zu einer der attraktivsten Eventstätten Österreichs. Internationale Festungsführungen staatlich geprüfter Fremdenführer werden in zehn verschiedenen Sprachen angeboten.

INFO

Festung-Kufstein
A-6330 Kufstein
Tel.: +43 53 72 60 23 50
Fax: +43 53 72 71 06 0
E-Mail: info@festung.kufstein.at
www.festung.kufstein.at

Öffnungszeiten:
Mitte März bis Anf. Nov. von 9 bis 17 Uhr
Anf. Nov. bis Anf. von April 10 bis 16 Uhr

Heldenorgel-Konzert tägl. ca. 12 Uhr bzw. nach dem Mittagsläuten der Stadtpfarrkirche St. Vitus, Dauer 10 bis 15 Min.

Heldenorgel, Museum, Konzerte und Weihnachtsmarkt – die Festung Kufstein ist ein kulturell lebendiger Ort

95 Hahnenkammrennen Kitzbühel

Einfach nur »The Race«

Auf der Streif rasen die Skiläufer mit Geschwindigkeiten bis zu 140 km/h ins Tal

Wer nach Zermatt kommt, schaut zuerst zum Matterhorn. Wer nach Kitzbühel kommt, schaut zuerst auf die Streif. Start auf 1665 m über dem Meeresspiegel, Ziel auf 805 Metern, Streckenlänge 3312 Meter. Was sich hinter diesen nackten Zahlen verbirgt, ist das größte Skispektakel der Welt: die Hahnenkamm-Abfahrt auf der Streif in Kitzbühel. Immer wieder hat man versucht, mit Superlativen diesem Rennen gerecht zu werden. Es ist nicht gelungen. Deshalb nennt man diese jährliche Sport-Show auf der furchterregendsten Piste im Skizirkus ganz einfach: The Race. Das sagt alles. Und auf der schwersten Abfahrt der Welt können nur die Besten gewinnen. Deshalb bilden diese Siegernamen so etwas wie die Allzeit-Hitparade: von Killy, Schranz und Collombin bis Klammer, Read, Weirather, Girardelli, Zurbriggen, Heinzer, Aamodt, Strobl, Maier, Eberharter, Walchhofer oder Rahlves.

Vom Bauernrennen zum Millionen-Spektakel. Der Beginn war klein und amateurhaft: Zwischen den Kriegen, 1931, ist am Hahnenkamm erstmals ein Skirennen gefahren worden. Aus diesem »Bauernrennen« ist bis heute ein Millionenunternehmen geworden. Was Wimbledon fürs Tennis oder Monte Carlo für die Formel 1 ist »Kitz« für den Skirennsport. Mit dem berühmten Kitzbüheler Ski-Club und dem ORF als »Host Broadcaster« für 500 Millionen TV-Zuschauern wird die Show perfekt aufgezogen und in Stuben auf der ganzen Welt vermittelt. Mit etwa 1000 Journalisten und Fotografen, mit Fans aller Couleur, Kuhglockengebimmel wie bei einem Alpaufzug, mit Reichen, Persönlichkeiten aus Wirtschaft, Kultur und Sport, Jungen und Alten, Arbeitern und Aristokraten vermischt sich in Kitzbühel die ganze Sozial-Palette nur für eines: Sie nehmen Platz für die große Show am Berg. Zehntausende säumen bei den Rennen die Strecke und bevölkern den Zielbereich bei Super-G, Slalom und natürlich beim Höhepunkt, der Abfahrt. Und oben steht der Rennfahrer ganz einsam am Start: Nur er mit seinen Gedanken. Wie komme ich da nur runter? Bernhard Russi war schon Weltmeister, als er 1972 erstmals am Hahnenkamm antreten konnte. »Ich stand an der Mausefalle, starrte in die Tiefe und fragte mich: ›Geht das wirklich?‹« Da kam sein großer Kontrahent, Karl

Schranz, klopfte ihm auf die Schulter und machte Russi Mut. »Komm, da sind schon ganz andere runtergesprungen.« Als der Schweizer dann am Start stand, verließ ihn der Mut wieder. Russi wollte rückwärts aus dem Starthaus entfliehen. Aber hinter ihm stand schon der nächste Fahrer, der starten wollte. Es gab nur noch die Flucht nach vorn ... Die Flucht ins Dunkel, denn am Start der Streif scheint die Sonne nie. Ins Sonnenlicht, ins Schweinwerferlicht im wahrsten Sinne des Wortes, kommen die Ski-Helden erst am Hausberg, wenn sie das Ziel vor Augen haben, wo 40 000 Zuschauer den Ritt über Eis und Bodenwellen bewundern.

Die Schlüsselstellen der Streif. Ob mit der Kraft eines Maier oder der feinen Technik eines Killy – die Schlüsselstellen der Streif sind mit beiden Qualitäten zu meistern. Schon 100 Meter nach dem Start lauert die Mausefalle. 85 Prozent Steilheit, Sprünge bis zu 60 Metern. Die Fahrer müssen nach der Landung in der Lage sein, die Kompression und die sofort folgende Linkskurve aufzufangen. Denn schon zehn Sekunden später folgt der Steilhang: blankes Eis, ein einziger Kampf mit Material, Piste und gegen physikalische Gesetze – schafft man die Ausfahrt in den Brückenschuss, oder landet man in den Fangnetzen?
Über Alte Schneise, Seidlalm und Lärchenschuss erreicht der Rennfahrer den Hausberg. Zuerst der Sprung über die Hausbergkante und erstmals der direkte Kontakt mit den 40 000 Fans. Nach der Landung folgt die heikle Linkskurve in die Traverse, die dem Fahrer kaum Halt gibt; es geht nur darum, die Kante zum Zielsprung zu erreichen. Danach geht's mit Tempo 150 Richtung Ziel. Hier ist vor einigen Jahren nochmals ein Sprung einbaut worden. Den Zuschauern stockte der Atem, als Kristian Ghedina 2004 dort in der Luft eine Grätsche machte!

Einmalig auch das Stadion. Wenn es »Kitz« nicht gäbe, man müsste es erfinden. Ein Abfahrtsstadion fast mitten im 8500-Seelen-Städtchen. Keiner braucht ein Auto, keiner eine Seilbahn, weder Ski noch Board werden benötigt, um ins »Theater« zu gelangen, wo »The Race« aufgeführt wird. Während sich die VIP's auf den Tribünen niederlassen, um sich in Wolldecken zu hüllen, halten sich die Fanclubs entlang der Strecke auf, heizen gegenseitig die Stimmung an und trotzen so der herrschenden Kälte. Wenn der Start um 11.30 Uhr ist, stehen die Ersten schon drei Stunden vorher da. Bei keinem anderen Skirennen der Welt sind so viele Medien vor Ort. Zeitungen, Magazine, TV-Anstalten, die sonst bei keinem Skianlass dabei sind, kreuzen in »Kitz« oft in Zweier-, Dreier- oder Vierer-Besetzung auf. Die Stimmung im Ziel-Medienkorridor ist entsprechend angespannt. Nirgends ist es so schwierig, mit dem Sieger zu sprechen. »Nie wieder Kitz«, hört man dann altgediente Journalisten ausrufen – und ein Jahr später stehen sie trotzdem wieder da. Der Faszination Kitzbühel kann sich keiner entziehen.

Kitzbühel by night. Ein Spektakel wie das Rennen. Schneebars, Schnaps-Stände, man trifft sich im »Waschküchl«, »Stamperl«, »Fünferl« oder im »Chizzo«. Die größten Siegerparties steigen im »Londoner«. Wenn der Held des Rennens mit seiner Entourage so gegen Mitternacht über den Seiteneingang ins proppenvolle Pub eingeschleust wird, geht die Post ab. Die Rennfahrer bekommen dann jeweils den Platz hinter der Theke, verkaufen Bier, schütten es über die Köpfe der Fans. Der Amerikaner Tommy Moe (Olympiasieger 1994) hat sich im »Londoner« an einem zerbrochenen Bierglas eine Sehne an der Hand durchgeschnitten. Seither gibt's nur noch Pappbecher.

INFO

Kitzbühler Ski Club
Hinterstadt 4
A-6370 Kitzbühel
Tel.: +43 53 56 62 30 10
Fax: +43 53 56 71 98 9
E-Mail: club@hahnkammrennen.com
www.hahnenkamm.com

Nächster Termin 22.–24. Januar 2010

96 Pitztaler Gletscherbahn

Mit der höchsten Bergbahn Österreichs

Der Pizexpress bringt seine Passagiere auf eine Höhe von 3440 m – und zur »Kapelle des weißen Lichts«

Die Gletscher-U-Bahn »Pitzexpress« und die »Pitz-Panoramabahn« bringen Sie bis auf 3440 Meter. Damit wird im Pitztal der höchstmögliche Punkt in Österreich erreicht, der von der Seilbahntechnik erschlossen ist. Der markante Hintere Brunnenkogel und seine weitläufigen Pisten bieten optimale Bedingungen für Genussskifahren bei maximaler Schneesicherheit. Als mehrfacher Austragungsort nationaler Meisterschaften ist dieses Areal auch für den Freizeitsportler und Skiurlauber ideal. Und ganz nebenbei beeindruckt von der Aussichtsplattform der einzigartige Rundblick über das weiße Gipfelmeer, der sonst nur Bergsteigern vorbehalten bleibt. Bis zur Mittelbergbahn sind es von hier oben etwa 800 Meter Höhendifferenz – Zeit, die Ski laufen zu lassen.

Gletschersteig. Von der Bergstation der Pitz-Panoramabahn können geübte Bergwanderer den gesicherten Gletschersteig über den Taschachferner zum Taschachhaus erleben. Von hier scheint auch Tirols höchste Spitze in Reichweite. Doch der Weg vom Taschachhaus zur 3774 Meter hohen Wildspitze führt über weite, spaltendurchsetzte Gletscherhänge und ist erfahrenen Bergsteigern vorbehalten. Sie ist wohl Traum eines jeden Bergsteigers, und die Aussicht von dort oben ist praktisch nur durch die Erdkrümmung begrenzt. Sie reicht von den Berner Alpen im Westen (Bietschhorn, Aletschhorn) bis zur Schobergruppe im Osten.

Sakrales Kunstwerk. Nur wenige Schritte vom Bergrestaurant der Pitztaler Gletscherbahn entfernt, schuf der berühmte Tiroler Künstler Prof. Rudi Wach die »Kapelle des weißen Lichtes«. Der in Mailand lebende Künstler verwirklichte hier einen Baukörper als Skulptur, der einzigartig im Alpenraum ist. Aus 180 Einzelteilen von Carrara-Granit, aufgehängt auf einer Nirosta-Stahlkonstruktion, wurde diese Kapelle auch mit völlig neuen Bautechniken realisiert. Für die künstlerische Bearbeitung der Carrara-Granitplatten kam eine eigene Diamantkette zum Einsatz. Bis zu achteinhalb Meter ragt dieses Kunstwerk nunmehr in die Gletscherwelt des Pitztales und lädt Skifahrer und Ausflugsgäste zu einer besinnlichen Einkehr im Hochgebirge ein. Der von Prof. Wach aus dem gleichen Material geschaffene Altar wiegt allein 975 Kilogramm und erscheint durch die Spezialfenster in unterschiedlichen Lichtnuancen. Neben der beeindruckenden Gletscherwelt sicherlich das meistfotografierte Objekt.

Das mächtige Türportal aus Titan verleiht diesem künstlerischen Gesamtobjekt zusätzliche Bedeutung. Nicht nur kunst- und architekturinteressierte Gäste finden hier einen neuen Glanzpunkt, der bewusst als Kontrast zum Urgestein der Berggipfel gewählt wurde. Wach sieht nach eigenen Worten mit diesem Werk einen Höhepunkt seiner Schaffensperiode als Bildhauer realisiert.

INFO

Pitztaler Gletscherbahn GesmbH & CO KG
Mittelberg
A-6481 St. Leonhard
Tel.: +43 5413 86 28 8
Fax: +43 5413 86 28 81 50
Wetterinfo: +43 5413 86 28 82 02

E-Mail: office@pitztaler-gletscher.at
www.pitztaler-gletscher.at

97 Berliner Höhenweg
In kleinem Abstand zu den Gletschern

Der Berliner Höhenweg führt durch das Herz des Hochgebirgs-Naturparks Zillertaler Alpen – von der Gamshütte bis zur Karl-von-Edel-Hütte. Ein anspruchsvoller Weg für erfahrene Wanderer. Wer sich die gesamte Strecke vornimmt, legt in etwa einer Woche mehr als 70 Kilometer zurück und überwindet 6700 Höhenmeter. Die Länge der Tour kann allerdings jeder selbst bestimmen, von allen Hütten gibt es Abstiege ins Tal. Von dort kommen die Bergwanderer mit öffentlichen Verkehrsmitteln (Linie Mayrhofen–Schlegeis, Wandertaxis Mayrhofen–Stilluptal) wieder zum Ausgangspunkt zurück.
Die Tagesetappen des Berliner Höhenwegs führen entlang bestehender Wege und Steige im alpinen und hochalpinen Gelände. Es wurde bewusst darauf geachtet, dass keine Gletscher zu überqueren und keine Felspassagen mit Seil zu klettern sind. Dennoch dürfen alpine Gefahren nicht unterschätzt werden. Eine gute Bergausrüstung, Ausdauer und Trittsicherheit sind in jedem Fall erforderlich, bei einzelnen Etappen ist auch Schwindelfreiheit notwendig! Achtung: Im Juni und Juli können noch Schneereste in den Übergängen liegen. Die Etappen Gamshütte–Friesenberghaus und Kasseler Hütte–Karl-von-Edel-Hütte sollten nur bei trockener Witterung begangen werden, bei Nässe droht Absturzgefahr in den steilen Grasflanken!

Alpintouristische Tradition. Auf dem Berliner Höhenweg begegnet einem der Hauch von Alpingeschichte. Das Zillertal war Mitte des 19. Jahrhunderts eine Keimzelle des Bergsteigens und Ginzling das Bergsteigerdorf der damaligen Zeit. Die Berliner Hütte war 1879 die erste Schutzhütte im Zillertal; seit 1997 steht sie wegen ihres einzigartigen Charakters unter Denkmalschutz. Bereits 1889 wurde der Übergang von der Berliner Hütte über das Schönbichler Horn zum neu gebauten Furtschaglhaus als Höhenweg ausgebaut. Diese Passage war die Grundlage des heutigen alpinen Wegnetzes. Übrigens: Das letzte Teilstück des Höhenwegs wurde 1976 fertiggestellt. Ursprünglich galt die Bezeichnung für den Ver-

Der anspruchsvolle Berliner Höhenweg führt durch das Herz der Zillertaler Alpen

bindungsweg zwischen den Hütten der Sektion Berlin: Gamshütte – Friesenberghaus – Olpererhütte – Furtschaglhaus – Berliner Hütte. Gamshütte und Olpererhütte wurden inzwischen an andere DAV-Sektionen verkauft. Unter der Bezeichnung »Berliner Höhenweg« versteht man heute die gesamte Strecke von der Gamshütte bis zur Karl-von-Edel-Hütte.

Hochgebirgs-Naturpark Zillertaler Alpen. Der Naturpark bildet eine Ausgleichs- und Ruhezone im touristisch hoch erschlossenen Zillertal. Ruhe bedeutet aber nicht Stillstand, denn der Naturpark setzt viele Akzente. Auf knapp 400 Quadratkilometern hat die Natur Vorrang – harte Erschließungen sind ausnahmslos verboten. Der Naturpark reicht von der Reichenspitzgruppe im Osten bis zum Olperer im Westen und von Mayrhofen im Norden bis zur italienischen Staatsgrenze. Wie die Finger einer Hand spreizt er sich von Mayrhofen in seine Seitentäler. Eine Hochgebirgslandschaft mit zerklüfteten Gletschern, tosenden Bächen, Wasserfällen, schroffen Felsen und einsamen Gipfeln – viele davon über 3000 Meter hoch. Wilde Naturlandschaft, eng verwoben mit dem menschlichen Leben und Wirtschaften. Die blumenreichen Wiesen und Almweiden in weiten, von Gletschern ausgeschürften Tälern machen den Reiz der Landschaft aus. Wer den Naturpark erleben will, wandert wie auf dem Berliner Höhenweg am besten auf Schusters Rappen. 1879 leitete die Sektion Berlin des DAV mit der Berliner Hütte die Entwicklung des Alpintourismus im Zillertal ein. Heute durchziehen Wanderwege und Steige den Naturpark wie Lebensadern, viele Hütten bieten dem Wanderer Schutz und laden zum Verweilen ein. Die Region bietet interessante Facetten und Angebote: Sagen und Legenden um Schmuggler, Wilderer und Bergabenteurer, das geologisch interessante »Tauernfenster« mit glitzernden Kristallschätzen, die Almen oder die faszinierende Kulturlandschaft.

Die kleine Gamshütte ist Start- oder Endpunkt

Dem Sturme Trutz, dem Wanderer Schutz. Die Berliner Hütte ist nicht nur die älteste (seit 1879), sondern zweifellos auch die bekannteste der acht Schutzhütten des Deutschen Alpenvereins im Naturpark Zillertaler Alpen. Keine andere Hütte verkörpert so stark das Flair der Pionierzeit des Alpinismus wie diese unter Denkmalschutz stehende Schutzhütte der Sektion Berlin. Damals, also Ende des 19. Jahrhunderts, schaffte der Deutsche Alpenverein mit der Errichtung von Schutzhütten und der Anlage von Wegen die nötige Infrastruktur für seine bergbegeisterten Mitglieder. Die Eröffnung der Berliner Hütte als der ersten Schutzhütte in den Zillertalern läutete nicht nur für den Alpinismus eine neue Ära ein, denn die alpinen Pioniere waren gleichzeitig auch die ersten Touristen. Der Fremdenverkehr wurde schnell zu einem willkommenen Zusatzverdienst für die arme Bergbauernregion, die das Zillertal damals war. Der Grundstein für den heute weitaus wichtigsten Wirtschaftszweig des Tales war gelegt.

INFO

Naturparkbetreuung Zillertaler Alpen
A-6295 Ginzling
Tel.: +43 52 86 52 18
Mobil: +43 66 412 05 40 5
E-Mail: naturpark.zillertal@alpenverein.at
www.naturpark-zillertal.at

98 Hangar-7

Premium-Umfeld für exklusive Flugzeugsammlung

Der Hangar-7 am Salzburger Airport ist ein architektonisches Kunstwerk. Ursprünglich geplant, um die stetig wachsende Sammlung historischer Flugzeuge der Flying Bulls zu beherbergen, ist der Hangar heute ein Synonym für avantgardistische Architektur, moderne Kunst und Spitzengastronomie. Die flügelförmige Konstruktion – eine atemberaubende Mischung aus Glas und Stahl – fügt sich perfekt in die Landschaft ein. Der Blick auf die Berge verstärkt die außergewöhnliche Spannung des Ortes. Längst ist der Hangar-7 ein internationaler Treffpunkt für Liebhaber der historischen Aviatik. Und er ist auch ein Ort für erfolgreiche Ausstellungen. Dreimal im Jahr präsentiert »HangART-7« zeitgenössische Kunst eines anderen Landes.

Bemerkenswerte Architektur. Ein großer Teil der Faszination des Hangar-7 geht von seiner Architektur aus. Steht man im Inneren, scheint sich ein Himmelsgewölbe über den historischen Flugzeugen aufzutun. Blickt man von außen auf die Konstruktion, drängt sich der Vergleich mit einem Flügel auf, der eine ungemeine Dynamik und Schwerelosigkeit ausstrahlt – trotz der verbauten 1200 Tonnen Stahl und 380 Tonnen Spezialglas. In die elliptische Glasschale wurden das Eingangsportal von 40 Metern Länge sowie zwei Zylindertürme eingeschnitten, die Platz für Büros, Lounges und ein Restaurant bieten. Die 1754 Glastafeln, von denen sich nicht zwei die gleichen Maße teilen, geben den Blick auf das beeindruckende Bergpanorama frei und lassen durch ihre Transparenz den Hangar-7 je nach Wetterlage oder Tageszeit in einer anderen Stimmung erscheinen. Erst diese baulichen Voraussetzungen haben ermöglicht, was der Hangar-7 heute ist: Ein Ort, an dem sich Technik, Kunst sowie Unterhaltung begegnen und sich dabei wie selbstverständlich ergänzen. Und natürlich eine Garage, die den Flugzeugen würdig ist.

»Ikarus«-Konzept. So einzigartig der Hangar-7, so einzigartig ist das »Ikarus«-Konzept. Patron Witzigmann und Executive Chef Roland Trettl laden Spitzenköche aus aller Welt ins »Ikarus«, um die Hangar-7-Gäste auch kulinarisch auf eine Weltreise zu führen. Jeden Monat sorgt ein anderer Gastkoch mit raffinierten Menüs und seinem ganz persönlichen Stil für höchsten Gourmet-Genuss. Bei Events am Abend zeigt der Hangar-7 dann seine elegante Seite. Die ausgeklügelte Beleuchtung inszeniert Architektur und Exponate gleichermaßen und sorgt für eine einmalige Stimmung. War der Hangar-7 ursprünglich als Ort der Begegnung von Fliegerei und Kultur gedacht, ist er längst zu einem Forum des Austausches der unterschiedlichsten Leidenschaften geworden.

Kunstflug um die Welt. Gerade die einzigartige Atmosphäre ist es aber, die den Hangar-7 zu einer der lebendigsten Kunsthallen der Welt macht. Die »HangART-7«-Ausstellungen konzentrieren sich ausschließlich auf Arbeiten von Künstlerinnen und Künstlern der Gegenwart. Dabei werden jeweils neue, viel versprechende Talente und aktu-

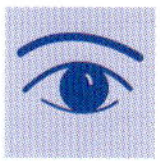

Der Hangar-7 vereint Kunst, Gourmetgenuss und atemberaubende Architektur

elle künstlerische Strömungen fokussiert. Jede »HangArt« ist einem Land bzw. einer Stadt und ihren Künstlern gewidmet. Den Auftakt machte Österreich. Mit China, Spanien, New York, Russland, Südafrika und Mexiko erhielten die Besucher Einblicke in die unterschiedlichsten internationalen Kunstszenen.

INFO

Red Bull Hangar-7
Salzburg Airport
Wilhelm-Spazier-Str. 7A
A-5020 Salzburg
Tel.: +43 66 2 21 97
www.hangar-7.com

Öffnungszeiten:
Ausstellungsraum 9 von bis 22 Uhr
»Ikarus«-Küche von 12 bis 14 Uhr und von 18.30 bis 22 Uhr
Lounge »Carpe Diem« von 9 bis 19 Uhr
Bar »Mayday« von 17.30 bis 3 Uhr

99 Gut Aiderbichl
Das Paradies für Tiere

Gut Aiderbichl in Henndorf bei Salzburg wurde im Jahr 2001 von Michael Aufhauser gegründet. Auf mittlerweile elf Höfen haben über 1000 gerettete Tiere Zuflucht und ein neues Zuhause gefunden. Man begegnet den Tieren hautnah und erfährt von ihren bewegten Biografien. Tiere sind keine Sachen, sondern fühlende Mitgeschöpfe. Das ist die Botschaft von Gut Aiderbichl.

Glückliche Tiergeschichten. Die begeisterte Unterstützung prominenter Menschen verhalf dem Gut schnell zu einer enormen Popularität. Mittlerweile ist Aiderbichl überregional bekannt, und jedes Jahr zu Weihnachten besucht das Fernsehen die Tiere und Menschen. Kein Wunder, denn die glücklichen Geschichten rund um die Tiere, die Anregungen für einen liebevolleren Umgang mit Schwächeren und das leidenschaftliche Plädoyer für Menschlichkeit in allen Lebenslagen trifft eine tiefe Sehnsucht.

»Prominente« Bewohner. Die beste Möglichkeit, das Leben auf Gut Aiderbichl kennenzulernen, ist die »Große Tour«. Hierbei erlebt der Besucher die Bewohner des Guts in all ihren Facetten und erfährt alles Wissenswerte über die Geschichten hinter den Tieren, die Philosophie von Aiderbichl und die neuesten Filme über das Gut. Nach etwa zwei Stunden rundet sich das Bild, und die meisten Fragen sind beantwortet, noch bevor sie gestellt werden können. Auch die hintersten Ecken von Aiderbichl bleiben nicht verborgen, und mit dem Tourguide lernen die Besucher die prominentesten Tiere des Guts kennen. Vorgestellt werden der gutmütige Stier »Francis« oder der berühmte »Schwarze« aus dem Zirkus Barelli. Besonders eindrücklich ist das Schicksal der Fuchsdame »Melissa«. Über ihren abenteuerlichen Weg auf das Gut weiß der Guide genauso zu erzählen wie vom Ei des Kolumbus. Eine überraschende Antwort ist dabei garantiert. Zum Abschluss der Tour geht es mit der Bimmelbahn »Biggy-Express« in die Nachbarschaft von Aiderbichl mit dem malerischen Wallersee und den bayerischen und österreichischen Alpen als Hintergrundkulisse.

INFO

Gut Aiderbichl
Berg 20
A-5302 Henndorf am Wallersee
Tel.: +43 66 2 62 53 95 11 3
E-Mail: info@gut-aiderbichl.com
www.gut-aiderbichl.com

Eine Gutsführung (Dauer ca. 45 Min.) ist im Eintrittspreis enthalten.

Öffnungszeiten:
täglich von 9 bis 18 Uhr

Auf Gut Aidebichl hat jedes Tier eine bewegende Geschichte

100 Schafberg und Wolfgangsee

Tourismusmagnete Zahnradbahn und Schifffahrt

Schafberg-Bahn und Wolfgangsee-Schifffahrt gehörten schon zu Zeiten unserer Urgroßeltern zu den absoluten Highlights der Sommerfrische im Salzkammergut. Eine Rundfahrt mit dem Schaufelraddampfer »Kaiser Franz Josef I.« oder eine »Bergtour« mit der Zahnradbahn hinauf zum Schafberg (1783 m) beeindruckten schon damals die Gäste – und sie tun es immer noch. Durch die Nähe zur kaiserlichen Sommerfrische Bad Ischl war der Wolfgangsee seit jeher ein beliebtes Ausflugsziel für die Erholung suchenden Gäste des 19. Jahrhunderts.

Per Dampflok. Was der Schweiz der Rigi ist für Österreich der Schafberg. Beide sind ähnlich hoch, und auch der Schafberg ist eine 1a-Aussichtsplattform auf die tiefer liegende alpenländische Seenlandschaft. Und genau wie beim Schweizer Pendant führt auch auf den Schafberg eine nostalgische Zahnradbahn, die den Aufstieg nicht nur bequem, sondern auch gleich noch zur Geschichtsstunde werden lässt. Zum 115-jährigen Jubiläum 2008 hat sich die Schafbergbahn selbst das schönste Geschenk gemacht: Die erste Dampflokomotive, Z1, die bei der Eröffnung 1893 als Erste die Schafbergspitze erreichte, wurde nach umfassender Rekonstruktion wieder in Dienst gestellt. Gezogen wird von ihr der ehemalige Kaiser-Salonwagen, der nach umfangreicher Renovierung ebenfalls in historischem Ambiente erstrahlt.

Höllengebirgsschau. Die Auffahrt über den Zwischenstopp an der Schafbergalm auf 1365 Metern zur Bergstation auf 1730 Metern Höhe wird in 45 Minuten bewältigt. Wenige Höhenmeter weiter thront an den steil abfallenden Wänden des Schafbergs einem Adlerhorst gleich das Berghotel Schafbergspitze (1780 m). Der Schafberg, der als der schönste Aussichtsberg im ganzen Salzkammergut gilt, ermöglicht bei klarem Wetter einen herrlichen Blick auf die Salzkammergut-Seen wie Wolfgangsee, Irrsee, Mondsee, Attersee und die imponierende Bergwelt vom Höllengebirge über den Dachstein bis zum Watzmann.

Nostalgieschiff. Tradition ist auch das Stichwort für die Wolfgangsee-Schifffahrt, deren Geschichte vor 135 Jahren begann. Am 20. Mai 1873 stach der Raddampfer »Kaiser Franz Josef I.« erstmals in See. Die Schaufelräder pflügen auch heute noch durch das Wasser wie eh und je. Der Unterschied zu früher ist nur, dass sie heute nicht mehr mit Dampf, sondern von einem Dieselmotor angetrieben werden. Das Nostalgieschiff wurde für das Jubiläumsjahr 2008 in den Zustand von 1900 rückgebaut. Die Wolfgangsee-Flotte (insgesamt sechs Schiffe) sorgt für die Verbindung der Orte rund um den See und stellt mit Sicherheit die eindrucksvollste Möglichkeit dar, diese malerische Gegend zu erkunden.

INFO

Schafberg-Bahn
Markt 35
A-5360 St. Wolfgang
Tel.: +43 6138 22 32 0
Fax: +43 6138 22 32 97 05
E-Mail: berg.schiff@schafbergbahn.at
www.schafbergbahn.at

Seit fast 120 Jahren bringt die Zahnradbahn ihre Passagiere auf den Schafberg

101 Weißes Rössl am Wolfgangsee

Vielbesungenes Romantik-Hotel

Der singende Kellner Leopold (Peter Alexander) und die resche Wirtin Josefa (Waltraut Haas) machten das »Weiße Rössl«, den Wolfgangsee und die Region in den 1950er-Jahren mittels Wirtschaftswunderkino bekannt. Von nun an hat der Wolfgangsee einen festen Platz im Herzen der Erholungssuchenden. Die eingängige Titelmelodie und die Vorlage für den Film stammen aus der Operette »Im Weißen Rössl«, die bereits 1930 in Berlin Premiere feierte. Seither geht die Titelmelodie von Komponist Ralph Benatzky als Botschafter der Urlaubsregion um die ganze Welt.

Unterhalb der Wallfahrtskirche St. Wolfgang idyllisch direkt am See gelegen, geht man heute immer noch auf Sommerfrische ins Weiße Rössl, auch wenn das jetzt längst Wellness- oder Activurlaub heißt. Ein ganzjährig beheizter Pool im See und all die Annehmlichkeiten eines Drei-Sterne-Hotels sind garantiert – und die Bilderbuch- und Filmkulisse gibt's gratis obendrauf.

»Im „Weißen Rössl" am Wolfgangsee, da steht das Glück vor der Tür … «

INFO

A-5360 St. Wolfgang
Tel.: +43 6138 23 06 0
E-Mail: welcome@weissesroessl.at

102 Toplitzsee

Geheimnisumwitterte Bad Ausseer Legende

Den steirischen Teil des Salzkammerguts kennt der Urlauber als das Ausseer Land. Gesegnet mit einer Vielzahl von Seen ist es eine Urlaubsregion der Spitzenklasse für Wanderer und Naturfreunde. Der berühmteste See der Region, der Toplitzsee, liegt im Wald versteckt und glänzt sozusagen vor allem mit vermeintlichen inneren Werten. Um den See ranken sich seit dem Ende des Zweiten Weltkrieg viele Gerüchte. Gesichert ist nur, dass die Nationalsozialisten in den letzten Kriegsjahren gefälschte englische Pfundnoten versenkt (diese wurden auch gefunden) und marinetechnische Waffentests durchgeführt haben. Hartnäckig halten sich jedoch auch Gerüchte, dass auch Gold und Kunstgegenstände ihre letzte Ruhestätte auf dem Grund des Sees gefunden haben sollen. Immer wieder wurden aus diesem Grund aufwändige und gefährliche Suchaktionen am Boden des Sees durchgeführt. Gefunden wurde nichts – außer dem nach seinem Fundort benannten Toplitzseewurm, der im Tiefenwasser des Sees ohne Sauerstoff auskommt. Die Falschgeldfunde, die Legende vom Schatz und wohl auch die mystische Lage des Sees reichten aus, um den See weit über die Alpen hinaus bekannt zu machen. Die »Schatzsucher«, die heutzutage kommen, sind ausschließlich Touristen. Vom legendenumrankten Namen angezogen, finden sie vor allem einen urigen, düsteren See, zwei Kilometer lang, 103 Meter

Der Schatz des Toplitzsees ist sagenumwoben und bisher nicht gehoben

tief und 400 Meter breit. Der See ist umrandet von dichtem Wald und Felswänden, was ein Umrunden zu Fuß unmöglich macht. Mit Plätten (spezielle schlanke Ruderkähne) gelangt man ans andere Seeende und zum Kammersee. Erreicht wird der Toplitzsee in einer etwa halbstündigen Wanderung von Gossau aus. In der Fischerhütte mit Seeterrasse dokumentieren Bildergalerien das, was dem See an Fundstücken alles abgerungen werden konnte.

INFO

Steirische Tourismus GmbH
St. Peter Hauptstraße 243
A-8042 Graz
Tel.: +43 31 6 40 03 0
Fax: +43 31 6 40 03 10
E-Mail: info@steiermark.com
www.steiermark.com, www.toplitzsee.at

103–105 Hallein, Hallstatt, Altaussee

Salz, Salz und nochmals Salz ...

In den ältesten Stollen-Labyrinthen der Salzbergwerke vermengt sich die Geschichte des »Weißen Goldes« mit menschlichen Schicksalen und unmenschlichen Entbehrungen. In den Salzwelten Hallein bei Salzburg, Hallstatt, (»Hall« nannten die Kelten das Salz) und Altaussee lebt die Geschichte und spielen unzählige Geschichten um das Salz, das sogar einer Stadt und einem Land den Namen gegeben hat – Salzburg. Nicht zuletzt wegen des Salzes erlangte es Weltruhm. Die Salzwelten Hallein sind übrigens das älteste urkundlich erwähnte Besucherbergwerk der Welt. Und noch heute begibt man sich auf den gleichen Wegen wie damals in die Geschichte des Salzes. Mit einem Bergmann, mit einer Mannschaft, mit dem Geruch von Karbid! Es sind magische Wege, die betreten werden. Wege, die Bergmänner seit Jahrhunderten begehen, um für die Menschen lebenswichtiges Salz zu fördern. Das ist das Einzigartige, das ist das Abenteuer. Das ist auch ein echtes Erlebnis für die ganze Familie. Denn neben den klassischen Bergwerken sorgen Rutschen (sogar mit Geschwindigkeitsanzeige), Floßfahrten auf unterirdischen Seen, Multimedia-Installationen und jede Menge wissenswerte Überraschungen für beste Unterhaltung.

INFO

Infos zu allen drei Salzwelten:
Salinen Tourismus GmbH
Salzbergstraße 21
A-4830 Hallstatt
Tel.: +43 63 2 20 02 40 0
Fax: +43 63 2 20 04 40 0
E-Mail: info@salzwelten.at
www.salzwelten.at

Salzwelten Hallein

Die Salzwelten am Dürrnberg bei Hallein sind die Stollen des Reichtums für Stadt und Land Salzburg gewesen. Im ältesten Besucherbergwerk der Welt begibt man sich in die über 2500-jährige Geschichte des Salzes, dem »Weißen Gold« früherer Jahrhunderte. Man folgt den Spuren der Kelten, die hier seit 400 v. Chr. Salz abbauten, und entdeckt die geheimnisvolle Welt der Bergmänner, die mit ihren Händen kilometerlange Stollenlabyrinthe in den Berg schlugen. Heute erleben hier große und kleine Gäste Abenteuer, Wissen und Spaß hautnah. Und das bei jeder Witterung – ob bei Hitze oder Regenwetter.

Der Berg, der Fürst und seine Stadt aus Salz. Fürsterzbischof Wolf Dietrich von Raitenau (1559–1617) nutzte das begehrte, lebensnotwendige »Weiße Gold« für erfolgreichen Salzhandel. Mit dem in seiner Epoche permanent weiterentwickelten »nassen Abbau« – das Salz wird durch Wasser herausgelöst – ließen sich gewaltige Mengen fördern und enorme Profite erzielen. Damit machte er Salzburg zu einer prunkvollen, barocken Residenzstadt, die heute UNESCO Weltkulturerbe ist. Nirgendwo sonst auf dieser Welt vermengen sich menschliche Schicksale und unmenschliche Entbehrungen so eindrücklich mit der strahlenden Kraft des »Weißen Goldes«. Dort, wo Menschen seit jeher Salz gewannen, geht es auf Entdeckungstour. Die Grubenbahn befördert die Freizeit-Kumpel sicher und bequem in den Berg, auf rasanten Holzrutschen sausen sie dann hinab in das Herz des Berges, durch mystische Stollen, zurück in längst vergangene Welten.
Die Fahrt mit der Grubenbahn, die rasanten und lustigen Holzrutschen und die Fahrt mit dem Floß über den unterirdischen Salzsee machen den Besuch der Salzwelten am Dürrnberg zu einem unvergesslichen Erlebnis. Das spezielle Angebot für Kinder ist das ultimative Abenteuer mit »Salty Joe« und den Helden vom Bergwerk: »Wir müssen den Salzdrachen besiegen, die zweite Hälfte der Zaubermünze finden, uns in den Tiefen des alten Bergwerkes zurechtfinden und den Schatz des Erzbischofs bergen.« Diese spannende Aufgabe stellt der Abenteurer Salty Joe jeden ersten Sonntag im Monat seinen kleinen Helden vom Bergwerk. Obertage befindet sich ein mit viel Liebe zum Detail rekonstruiertes Keltendorf. Auch das Keltenmuseum in der Stadt Hallein, direkt am Fuße des Dürrnbergs, bietet interessante und überraschende Einblicke in Alltag, Kultur und Religion unserer Vorfahren. Beide Einrichtungen können mit dem Salzwelten-Ticket gratis besichtigt werden.

Männer im Salz und der See im Berg. Die wahren Wunder sind im Berg: glitzernd, faszinierend und geheimnisvoll. Der Salzsee ist der mystische Mittelpunkt auf der Reise zum »Weißen Gold«. Die Floßfahrt über den unterirdischen Salzsee wird begleitet von multimedialer Inszenierung und hinterlässt tiefe Eindrücke einer einzigartigen Welt.
Eindrucksvoll auch der Mythos »Mann im Salz«. In den Jahren 1573 und 1616 wurden zwei keltische Bergmänner aufgefunden – durch das Salz bestens konserviert, nur die Haut war braun gefärbt. Als Heiden wurden sie außerhalb der Friedhofsmauern verscharrt.

INFO

Salzwelten Hallein
Ramsaustraße 3
A-5422 Bad Dürrnberg
Tel.: +43 61 32 20 08 51 1
E-Mail: hallein@salinen.com

Öffnungszeiten:
ganzjährig, nur 7. bis 30. Jan. geschlossen
Führungen stündlich

Eine Floßfahrt auf dem unterirdischen See ist ein unvergessliches Erlebnis

Einfahrt in die Stollen mit der Grubenbahn

INFO

Salzbergwerk Hallstatt
Salzbergstraße 1
A-4830 Hallstatt
Tel.: +43 61 32 20 02 40 0
E-Mail: info@salzwelten.at

Öffnungszeiten:
26.April bis 2. Nov. täglich
tägliche Führungen

Salzwelten Hallstatt

Wohl nur wenige Orte auf der Welt besitzen jene besondere Magie, die in den Menschen das Gefühl für historische Dimensionen weckt. Das Salzbergwerk Hallstatt ist genau einer von diesen seltenen Plätzen, die mit ihrer speziellen Kraft die Seele berühren.
Das Hallstätter Hochtal ist die Wiege des Salzkammerguts. Bereits aus der Bronzezeit gibt es reichhaltige Funde sowohl im Bergwerk als auch außerhalb im Hallstätter Hochtal, welches man heute bequem und rasch mit der Salzbergbahn erreicht. Eine wahre Hochblüte hat der Salzbergbau in Hallstatt in der älteren Eisenzeit (800 bis 400 v. Chr.) erreicht. Die Funde aus fast 1000 geöffneten Gräbern waren so einzigartig, umfassend und reichhaltig, dass diese Epoche heute weltweit auch als Hallstattzeit bekannt ist.

Auf den Spuren vom »Mann im Salz«. Diese Zeit endete mit einem gewaltigen Grubenunglück, bei dem auch der »Mann im Salz«, eine erst 1734 vom Berg freigegebene Leiche eines prähistorischen Bergmannes, sein Ende gefunden hat. Erst vor wenigen Jahren wurden Teile der ältesten Stiege der Welt freigelegt – sie ist durch das Salz so gut konserviert, dass man meinen könnte, noch gestern sind darüber die Bergleute mit ihren mit Salzsteinen gefüllten, schweren Tragsäcken gegangen.

Salzwelten Altaussee

Der jahrhundertelange Salzabbau hat das Ausseerland genauso geprägt wie die vielen weltbekannten österreichischen Künstler, die diese Landschaft in Bildern, Büchern und Hitparaden verewigten. Heute ist das Salzbergwerk Altaussee Österreichs größte aktive Salzabbaustätte, die den Besucher in die untertage liegende Welt der Bergleute entführt. In den Salzwelten Altaussee findet sich das Schöne, das Dramatische und das Heilige, wenig Vergängliches, dafür aber sehr viel Beständiges. In diesem Ausflugsziel für die ganze Familie betritt man einen wahren Berg der Schätze.

Drei Schatzkammern. In der »Schatzkammer der europäischen Kunst« wurden während des Zweiten Weltkriegs die wertvollsten Kunstschätze Europas gelagert. Jetzt tauchen nicht nur die schönsten und wertvollsten Bilder für den Besucher im Bergesinneren wieder auf, er erlebt auch hautnah ihre couragierte Rettung durch die Bergleute vor dem sinnlosen Zerstörungswahn vor fast 65 Jahren.
Die »Schatzkammer des inneren Lichtes« mit der Kapelle der Heiligen Barbara, erbaut aus Natursalzsteinen, ist der sakrale Ort der Salzwelten Altaussee. Der Duft des Tannenreisigs scheint sich ewig zu halten im besonderen Mikroklima des Bergwerks. In der »Schatzkammer der ungesehenen Bilder« hingegen verschwimmt letztendlich die Grenze zwischen Wirklichkeit und Traum; der Berg offenbart sich dem Besucher in scheinbar verzauberten Farben und Formen, und doch ist es das Bergesinnere selbst, das aufbegehrt gegen die Dunkelheit.

Schatzsuche mit dem »Bergmandl«. Zu einer 90-minütigen Abenteuerreise in die sagenhafte Welt untertage geht's mit dem Bergmandl von Altaussee. Kindgerecht erzählt der mittelalterliche Bergmann aus seinem Leben und bringt so den kleinen Besuchern die Geschichte des Salzabbaus auf unterhaltsame und erlebnisreiche Weise näher. Auf der Reise müssen zahlreiche Rätsel und Aufgaben gelöst werden: Wie kam der Mond in den Salzsee? Was hat der Wassermann vom Grundlsee immer schon gewusst? So wird gemeinsam versucht, den guten Berggeistern den Geheimcode, der zum sagenumwobenen Schatz führt, zu entlocken. Wenn das gelingt, erhält jeder Abenteurer am Ende natürlich seinen Anteil am Salzschatz und ein Rutschenfoto zur Erinnerung an dieses unvergessliche Erlebnis.

INFO

Salzwelten Altausee
Lichtersberg 25
A-8992 Altaussee
Tel.: +43 61 32 20 02 40 0
E-Mail: info@salzwelten.at

Öffnungszeiten:
Mitte April bis Mitte Okt. tägl., mehrere Führungen
Abendführung Mittwoch 19 Uhr, telefonische Anmeldung s.o.

Kinderführungen:
Juli und Aug. Montag 15 Uhr

106 Festung Hohensalzburg

Wahrzeichen über der Mozartstadt

Die Festung Hohensalzberg ist Europas größte erhaltene Burganlage

Die 900 Jahre alte Festung Hohensalzburg, das Wahrzeichen der Stadt, ist Europas größte und noch am besten erhaltene Burganlage. Die während des Investiturstreites im Jahr 1077 von Erzbischof Gebhard erbaute Festung diente dem Schutz der Geistlichkeit und der Bevölkerung. Zur gleichen Zeit entstand aus demselben Grund auch die Burg Hohenwerfen im Salzachtal.

Der »Salzburger Stier«. Die Festung erreicht man vom Kapitelplatz durch die Festungsgasse, von hier hat der Besucher die Möglichkeit, mit der Festungsbahn zu fahren, die etwa alle zehn Minuten verkehrt. Zu Fuß

ist der Aufstieg in etwa einer halben Stunde bewältigt. Auf der Festung angekommen, bietet sich ein herrlicher Ausblick auf die Stadt und das Land Salzburg. Innenhöfe, einladende Terrassen und ein Burgbrunnen lassen einen Hauch von Mittelalter spüren.
Im Rahmen einer Burgführung mit modernstem Audio-Guide besichtigt man die einzigartigen Fürstenzimmer, den »Salzburger Stier« (500 Jahre alte Walzorgel), Wehrgänge, die Folterkammer und die Burgkapelle, in der übrigens auch geheiratet werden kann. Das Burg- und Rainer-Regiments-Museum, die romanische Unterkapelle (11. Jahrhundert) und ein Marionettenmuseum runden das Besucherangebot ab.

INFO

Festung Hohensalzburg
Tel.: +43 66 2 84 24 30 11
E-Mail: festung@salzburg.gv.at
www.salzburg-burgen.at

Öffnungszeiten:
ganzjährig geöffnet

107 Haus der Natur
Wunder der Erde in Salzburg

Die farbenfrohe Vielfalt der Fische ist nur eines der Naturwunder, die der Besucher bestaunen kann

Nur wenige Schritte liegen zwischen der berühmten Salzburger Getreidegasse und dem Haus der Natur, dem beliebtesten Naturmuseum Österreichs. Auf fünf Ebenen und etwa 5500 m^2 Ausstellungsfläche bietet es Attraktionen aus Natur und Technik in atemberaubend hoher Qualität. Der Besucher staunt über die Wunder der Erde und ist verzaubert von den faszinierenden Tieren in Aquarium und Reptilienzoo. Seine Reise führt bis an die Grenzen des bekannten Universums und endet schließlich bei ihm selbst, im menschlichen Körper. Das mittelalterliche Gebäude in unmittelbarer Nähe zur Salzach ist ein Ort der Entdeckung und Entspannung und deshalb ein Wetter unabhängiger Besuchermagnet und Ausflugsziel ersten Ranges für die ganze Familie. Insgesamt bietet das Haus der Natur eine schier unendliche Fülle an Einblicken, die auf 80 Schauräume verteilt sind. Darunter Naturattraktionen aus aller Welt in lebendiger Darstellung wie ein 60 000-Liter-Haibecken, Aquarium, lebende Insektenstaaten oder der Reptilienzoo. Weitere Wissensbereiche sind »Riesen der Vorzeit«, »Welt des Meeres«, »Wunderwelt der Kristalle«, eine Weltraumschau mit Simulation eines Meteoriteneinschlages und die spannende Reise durch den menschlichen Körper. Mit der »Großen Tibetschau« wird die bewegte Geschichte des von China vereinnahmten Landes dokumentiert. Zurück in heimische Gefilde führt die Besucher die interaktive Ausstellung über die »Lebensader Salzach«.

INFO

Haus der Natur
Museumsplatz 5
A-5020 Salzburg
Tel.: +43 66 2 84 26 53
Fax: +43 66 2 84 26 53 99
E-Mail: office@hausdernatur.at
www.hausdernatur.at
Öffnungszeiten:
von 9 bis 17 Uhr (Reptilienzoo 10 bis 17 Uhr) täglich, auch an Feiertagen

108 Keltenmuseum Hallein
Bergbau und Soletechnik über Jahrtausende

Seit seiner Wiedereröffnung 2004 präsentiert sich das Keltenmuseum in völlig neuem Gewand. Auf drei Etagen wird in über 30 Räumen die Salzgewinnung und -verarbeitung vom prähistorischen Bergbau der Kelten über die mittelalterliche Soletechnik der erzbischöflichen Knappen bis zur Einstellung der modernen Saline im Jahr 1989 anschaulich erzählt.

Verschiedenste Funde. Die unzähligen Funde aus den keltischen Grabanlagen und Siedlungen am Dürrnberg ermöglichen es, eindrucksvolle Objekte verschiedener Verwendungszwecke zu zeigen. Künstlerisch gestaltete und verzierte Metall- und Tongefäße von oft beträchtlicher Größe, hinreißenden Schmuck in Form reizvoller Gewandfibeln, Armreifen aus Bronze und Gold bis zu Halsgehängen aus Bernstein sowie edle Helme und Waffen und elegante, reich verzierte »Antennendolche« werden dem Besucher präsentiert. Zudem gibt der Salzberg immer wieder Gegenstände aus organischen Materialien frei: Jahrtausende alte Werkzeuge für den Stollenvortrieb, aufwendig gewebte Textilien, lederne Sandalen und Mützen, Leuchtspäne und sogar menschliche Exkremente, die Aufschluss über Gesundheitszustand und Ernährung geben. Das Salz des Halleiner Dürrnbergs sorgte nicht nur für eine Hochblüte zur Keltenzeit. In den drei »Fürstenzimmern« vermittelt unter anderem ein Bilderzyklus von insgesamt 75 Ölbildern detailliert alle Produktionsschritte in der Neuzeit, vom Stollenvortrieb im Salzbergwerk über die Salzgewinnung in den Sudhäusern der Stadt Hallein bis zur Abfahrt der beladenen Salzschiffe. Dem Salz verdankt Salzburg seine Bedeutung.

Kleine Keltenspezialisten. Durch die alljährliche archäologische Tätigkeit am Dürrnberg ist die Ausstellung im Keltenmuseum immer auf neuestem Stand. Dieses Umfeld macht es möglich, auf der Basis aktueller wissenschaftlicher Erkenntnisse Programmangebote für Kinder und Jugendliche zu erarbeiten. Eine weitere Attraktion ist das regelmäßig stattfindende Kinderatelier. Die Mädchen und Buben können hier aus einer breiten Palette von Angeboten wählen. Jeder Workshop hat einen eigenen Schwerpunkt, so können sich die Kinder der Themenvielfalt des Museum spielerisch annähern und zu »Keltenspezialisten« werden.

INFO

Keltenmuseum Hallein
Pflegerplatz 5
A-5400 Hallein
Tel.: +43 62 45 80 78 3
Fax: +43 62 45 80 78 31 4
E-Mail: keltenmuseum@keltenmuseum.at
www.keltenmuseum.at
Öffnungszeiten:
täglich von 9 bis 17 Uhr

So könnte es gewesen sein (rechts). Die unzähligen Funde (links) geben Aufschluss über das Leben der Kelten

109 Kunstausstellung Schmittenhöhe

Gigantische Skulpturen aus Holz

Natur in der Kunst und Kunst in der Natur: die Kunstaustellung Schmittenhöhe

Die Schmittenhöhe ist einer von drei Hausbergen der Region Zell am See–Kaprun und bietet ihren Gästen nicht nur sattgrüne Wiesen und kilometerlange Skiabfahrten, sondern auch eine ganz besondere Attraktion am Wegesrand. Mit mehr als 30 Skulpturen aus Holz beherbergt die Schmittenhöhe Europas größte Freiluft-Kunstgalerie. Überdimensional groß stechen die Werke vieler internationaler Künstler direkt ins Auge und verleiten zum Staunen. Kreiert wurden die meterhohen Statuen und Gebilde als Orte der Begegnung zwischen Mensch, Natur und Kultur.

Immer wieder neu. Bei den in monatelanger Arbeit erstellten Skulpturen ließen die Künstler ihrer Kreativität freien Lauf. Ob in den Himmel ragendes Mobiliar, Pyramiden oder muschel- und sternförmige Konstrukte: Alles das erwartet Wanderer und Skifahrer bei ihrem Ausflug auf die Schmittenhöhe. Bedacht haben die Künstler ihre Werke mit Namen wie »Die Welle«, »Ka Luft mehr« oder »Holzstoß«. Selbst ein Kunstwerk auf Wasser gehört zum Programm. »Zelle am See« nennt sich das Gebilde, das auf dem Speicherteich hoch oben auf dem Berg schwimmt. Regelmäßig werden alte Arbeiten durch neue ersetzt, denn die Witterung auf 2000 Meter Höhe nagt an der Substanz. So hält die größte Freiluftgalerie Europas bei jedem Besuch neue Überraschungen bereit – im Sommer wie im Winter.

INFO

Zell am See–Kaprun Tourismus
Brucker Bundesstraße 1a
A-5700 Zell am See
Tel.: +43 65 42 77 00
Fax: +43 65 42 72 03 2
E-Mail: welcome@zellamsee-kaprun.com
www.zellamsee-kaprun.com

110 Eisriesenwelt

Die Schauhöhle im Tennengebirge

Jäger und Wilderer waren die ersten, die sich die Höhle im Tennengebirge zunutze machten, sei es als Versteck, sei es als Unterstand. Offiziell entdeckt aber wurde die Eisriesenwelt 1879 vom Salzburger Naturforscher Anton von Posselt-Czorich. Doch im Gegensatz zu den »Nachbarhöhlen« am Dachstein dauerte es bis in die Mitte der 1920-er-Jahre, bis die ersten touristischen Aktivitäten die Höhle erreichten. Lange Jahre war der Aufstieg von Werfen aus zum in 1641 Meter gelegenen Höhleneingang nur zu Fuß zu machen. Inzwischen sorgt eine Kombination aus kurzen Wanderpassagen, steiler Bergstraße und Seilbahn dafür, dass das Erreichen der Höhle zum gemütlichen Ausflug wird. Der Weg nach oben bzw. unten kann an mehreren Stellen zur Einkehr unterbrochen werden, so auf der Wimmerhütte am Beginn der kurzen Seilbahnauffahrt. Vor allem aber auf dem kurz unterhalb des Höhleneingangs gelegenen Dr.-Oedl-Haus, wo vor oder nach den bemer-

kenswerten Einblicken in die eisige Unterwelt das Kontrastprogramm in Form einer aussichtsreichen Terrasse wartet.
Zuletzt die traurige Nachricht für alle Hobbyfotografen: Leider darf auf den Führungen nicht fotografiert werden, und so bleiben neben den beeindruckenden Bildern im Kopf nur Postkarten.

INFO

Höhlenunternehmen:
Eisriesenwelt GmbH
Getreidegasse 21
A-5020 Salzburg
Seilbahn:
Seilbahnunternehmen Eisriesenwelt
Getreidegasse 21, A-5020 Salzburg

Info-Tel.: +43 64 68 52 48
E-Mail: info@eisriesenwelt.at
www.eisriesenwelt.at

Von beeindruckender Größe sind die natürlichen Eisskulpturen der Eisriesenwelt

111 Dachsteinhöhlen

Dreimal ins Reich der Finsternis

Ausgangspunkt für eine Entdeckungsreise in die Höhlenwelten unterhalb des Hohen Dachstein ist Obertraun am Hallstätter See. Von dort geht es bequem mit der Seilbahn hinauf zur ersten Station, der Schönbergalm auf 1350 Meter. Wer es etwas sportlicher mag, erwandert sich den Höhlenzustieg auf dem steilen Steig in etwa zwei Stunden. Von der Schönbergalm sind es nur wenige Meter, bis sich dem Besucher die faszinierenden Höhlenwelten der Rieseneis- und der Mammuthöhle erschließen.
Bei geführten Touren erhalten jährlich rund 150 000 Besucher Einblick in die eisige Unterwelt der Rieseneishöhle. In der Jahresbilanz liegt die Temperatur unter dem Gefrierpunkt, so dass die bizarren Eiskegel mit den mystischen Namen voraussichtlich auch in den kommenden Jahren noch zulegen werden. Klingende Namen wie »König Artus Dom«, »Eispalast« und »Gralsdom« regen schon im Vorfeld die Fantasie an und sind nur einige der Stationen der knapp einstündigen Tour durch die zwei Kilometer lange Höhle.

Frauenpower. Auch die Mammuthöhle geizt nicht mit lockender, bildgewaltiger Terminologie. »Höhlenvenus«, »Dame mit Reifrock« und »Reich der Schatten« präsentieren sich auf dem ein Kilometer langen Abschnitt, der für touristische Führungen freigegeben ist. 60 Kilometer des Höhlensystems der Mammuthöhle sind insgesamt bisher erforscht, viele weitere liegen im wahrsten Sinne des Wortes noch im Dunkeln. Mit einer Höhendifferenz von 1199 Metern ist die Dachstein-Mammuthöhle auf Rang 30 der längsten und auf Rang 31 der tiefsten Höhlen der Erde.

Altbekannter Brüller Die dritte prominente Höhle, die Koppenbrüllerhöhle, befindet sich direkt am Fuße des Dachsteinmassiv im Tal. Bereits im 19. Jahrhundert fand sie als be-

rühmte Schauhöhle Eingang in die Reiseliteratur. Die jüngste der drei Höhlen erlaubt einen Einblick in die unterirdischen Wasserstraßen des Dachsteinmassiv und wird nach kurzer Wanderung entlang der Traun erreicht. Ein besonderes Schauspiel bietet sich dem Höhlenbesucher nach starken Niederschlägen und während der Schneeschmelze, wenn die Wasserläufe zu reißenden, unterirdischen Gebirgsbächen anschwellen.
Wer die Dachstein Höhlenwelten genießen will, der sollte auf adäquate Kleidung und Schuhwerk achten. In den Höhlen (vor allem in der Rieseneishöhle) ist es auch im Sommer empfindlich kalt. Ansonsten sind die Touren auch oder gerade für Kinder geeignet. Auf Grund der Sicherheitsbestimmungen können die Höhlen nur im Rahmen einer geführten Tour besucht werden.

INFO

Dachstein & Eishöhlen GesmbH & Co. KG
Winkl 34
A-4831 Obertraun am Hallstättersee
Tel.: +43 61 31 53 10
Fax: +43 61 31 53 14 80 0
E-Mail: info@dachsteinwelterbe.at
www.dachsteinwelterbe.at

Öffnungszeiten Dachstein-Welterbe-Seilbahnen:
1. Teilstrecke Anf. Mai bis Anf. Nov.
2. Teilstrecke 10. Mai bis Anf. Nov.
3. Teilstrecke 7. Mai bis Anf. Nov.

Fahrzeiten 1. Teilstrecke:
von 8.40 bis 17.10 Uhr,
7. Juni bis Ende Aug. bis 17.40 Uhr

112 Dachstein Sky Walker

Atemberaubende Aus- und Tiefblicke

Vom »Sky Walker« aus geht der Blick nicht nur in die Ferne, sondern auch in die Tiefe

Ein Aussichtsbalkon der besonderen Art erwartet die Besucher der Dachstein-Bergstation. Dort thront in 2700 Meter Höhe, 250 Meter über der steil abfallenden Wand des Hunerkogels, der »Dachstein Sky Walker«. Er bietet die Gelegenheit, ohne alpinistische Mühen einen unbeschwerten Blick auf den östlichen Teil des Alpenhauptkamms zu werfen – das entsprechende Wetter vorausgesetzt. Neben schneebedeckten Gipfeln am Horizont gibt der Balkon dabei durch eine in den Boden eingelassene Glasplatte auch den Blick in die gähnende Tiefe frei und sorgt so für Tiefblicke, die sonst nur Kletterern vorbehalten sind. Aber keine Angst! Die 40-Tonnen-Stahlkonstruktion ist für Windgeschwindigkeiten von 210 km/h und acht Meter Schnee pro Quadratmeter ausgelegt und wird von 60 Felsankern gehalten. Ein Rundweg um die Dachstein-Bergstation bietet schließlich noch die Möglichkeit, sich auf 2700 Meter Höhe die Beine zu vertreten und sich so ganz nebenbei die atemberaubendsten Einblicke in die berühmte Dachstein-Südwand zu erschließen.

INFO

Dachstein Seilbahn Talstation
Schladming/Ramsau am Dachstein
Tel.: +43 36 87 22 04 280 0
E-Mail: dachstein@planai.at
www.planai.at

Öffnungszeiten:
10. Mai bis Ende Nov. 7.50 bis 17.10 Uhr tägl.

113 Nationalpark Hohe Tauern

Größter Nationalpark Mitteleuropas

Das Land Salzburg hat den größten Anteil am Nationalpark Hohe Tauern, was der Grund ist, dass er an dieser Stelle und nicht bei Tirol oder Kärnten erscheint. Der größte Nationalpark Mitteleuropas umfasst einen 100 Kilometer langen Abschnitt des östlichen Alpenhauptkamms von der Hochalmspitze im Osten bis zur Reichenspitze im Westen und beinhaltet mit dem Großglockner (3797 m) auch den höchsten Gipfel Österreichs. Für knapp 2 Mio. Besucher ist der Park jährlich alpiner Spielplatz, Erholungsraum und Naturerlebnis. Die Highlights des Parks sind vielfältig: Naturschauspiele wie die Krimmler Wasserfälle oder die Umbalfälle, atemberaubende Passstraßen und nahezu unberührte Rückzugsgebiete für die bedrohte Flora und Fauna des Alpenraums. Beste Gelegenheit also, solche Raritäten wie Steinadler, Bartgeier, Schneehase, Steinbock oder Apollofalter zu Gesicht zu bekommen.

Sanfter Tourismus. Zahlreiche Schutzhütten erschließen das über 4000 Kilometer lange Wegenetz durch den Park. Die äußere Zone ist geprägt durch die jahrhundertlange Annäherung des Menschen an die Bergwelt: großteils gut erschlossene Täler, Alminfrastruktur, Bergwiesen und Nutztierhaltung. Je näher es an die Kernzonen geht, desto mehr wird man die Alpenwelt in ihrer Ursprünglichkeit kennenlernen. Seit vielen Jahren wird im Nationalpark auf sanften Tourismus gesetzt. Das spiegelt sich auch im Besucherangebot wieder. So gibt es über 50 Lehrpfade mit breit gestreuter thematischer Ausrichtung: Schmetterlingslehrpfade, geschichtliche Rundwanderwege, Natur- und Kulturlehrpfade oder Gletscherlehrwege. Ergänzt wird das Angebot durch über zwanzig Infostellen an touristisch besonders im Fokus stehenden Punkten wie Krimml, Rauris, Maltatal oder Kalser Glocknerhaus.

Einblicke und Ausblicke: Über 50 Lehrpfade bringen dem Besucher den Nationalpark näher

Nationalparkzentren. Einen guten Einstieg in den Nationalpark bieten die drei Nationalparkzentren in Mallnitz, Mittersill und Matrei. Mittels Panoramaflügen, 3D-Kino, Lehrvorführungen und interaktiven Ausstellungseinheiten werden dem Besucher viele wissenswerte Aspekte des Parks in der warmen Stube näher gebracht. Für unverfälschtes Naturerlebnis pur heißt es allerdings, die Wanderschuhe zu schnüren und sich selbst auf den Weg zu machen.

INFO

Nationalpark Hohe Tauern
Kirchplatz 2
A-9971 Matrei in Osttirol
Tel.: +43 48 75 51 12
Fax: +43 48 75 51 12 21
E-Mail: ferienregion@nationalpark.at
www.nationalpark.at
www.hohetauern.at

114 Krimmler Wasserfälle

Naturwunder an der Krimmler Ache

Ein ohrenbetäubendes Spektakel bietet sich den Begehern des vier Kilometer langen Krimmler Wasserfallweges. In drei Stufen stürzen die Schmelzwassermassen aus den Gipfelregionen talwärts gen Krimml. Und der Besucher ist hautnah dabei. Der 1901 fertiggestellte Weg ist mit zahlreichen Aussichtskanzeln und einer Nationalpark-Infostelle versehen und überwindet knapp 400 Höhenmeter in einer Stunde reiner Gehzeit.

Drei mächtige Wasserfälle. Startpunkt ist der Kürsinger Platz, etwas oberhalb des Infozentrums »WasserWunderWelt Krimml« gelegen. Von dort geht es immer rechterhand des Wassers gegen das Krimmler Achental hoch. Erster Höhepunkt ist der »Untere Fall« mit 140 Meter Fallhöhe, an den sich quasi direkt der 100 Meter hohe »Mittlere Fall« anschließt.

Schäumend rauscht das Wasser der Krimmler Fälle bis zu 140 m in die Tiefe

Dem folgt das Flachstück »Schönangerl«, ehe der »Obere Fall« erreicht wird. Hier sind es noch einmal weitere 140 Höhenmeter, die das Wasser der Krimmler Ache überwindet. Pro Jahr kommen auf diesem Weg 177 Milliarden Liter Wasser zu Tal, was dem gesamten Inhalt des Zeller Sees entspricht. Gespeist werden die Krimmler Wasserfälle von insgesamt 23 Gletschern. Dies bedeutet auch, dass die Wassermenge entsprechend der Temperaturen stark schwankt. Die Sommermonate Juni und Juli sind also besonders geeignet, das Naturspektakel in Bestform zu erleben.

In die Berg'. Wer am Endpunkt des Wasserfallweges Lust auf mehr hat, der wandert weiter zum Krimmler Tauernhaus (1631 m). Über markierte Wanderwege gelangt man von dort aus zur Warnsdorfer Hütte (3 Std.) im Talschluss oder durch das Rainbachtal zur Richterhütte (2.30 Std.). Beide Wege sind als leichte Bergtouren klassifiziert und runden die Eindrücke aus dem Krimmler Achental ab. Die genannten Alpenvereinshütten sind während der Saison bewirtschaftet und bieten auch Übernachtungsmöglichkeiten.

INFO

OeAV-Sektion Warnsdorf/Krimml
Oberkrimml 47
A-5743 Krimml
Tel.: +43 65 64 72 62
Fax: +43 65 6472 12 4
E-Mail:
warsdorf.krimml@sektionen.alpenverein.at
www.wasserfaelle-krimml.at

Öffnungszeiten Wasserfallweg:
Mitte April bis Okt.

Öffnungszeiten WasserWunderWelt Krimml:
1. Mai bis 31. Okt.
täglich von 9.30 bis 17 Uhr
Tel.: +43 6564 20 11 3
www.gerlosstrasse.at

115 Kitzsteinhorn

Schneestrand-, Gletscher- und Dreitausendererlebnis

Von der Sonnenterrasse schweift der Blick über die 3000er der Hohen Tauern

Das Kitzsteinhorn war einst ein zünftiger Dreitausender für Bergsteiger – bis die Seilbahn kam. Damit wurde er zum Familien-Dreitausender, was nicht unbedingt schlecht sein muss. Dort droben liegt Salzburgs einziges Gletscherskigebiet, es wird übers ganze Jahr hinweg Ski und Snowboard gefahren.

Schneestrand. Schneestrand? Drei topmoderne Seilbahnen bis auf 3029 Meter eröffnen jedermann mühelos die eindrucksvolle Gletscher- und 3000er-Welt am Kitzsteinhorn. Oben auf den Panoramaterrassen sind die Dreitausenderriesen im Nationalpark Hohe Hohen Tauern zum Greifen nahe. Durch den Panoramatunnel geht es an die Südflanke des Kitzsteinhorns und weiter zum Gletscher. Touristisches Highlight der Gipfelrunde: die »Ice Arena« am Gletscherplateau. Der Erlebnisbereich im Gletscherschnee mit Rutschbahnen, Schneestrand, Icebar und Info-Station garantiert einen prickelnden Sommertag für die ganze Familie.

Wandern und Kindertag. Im Juli und August werden auf Salzburgs höchstem Aussichtsberg täglich kostenlos geführte Wanderungen angeboten: zwei Mal täglich die »Panorama Gletscher Wanderung« und einmal pro Woche die »Erlebniswanderung vom Kitzsteinhorn zum Maiskogel«. Am »Kitz Kids Day« ist ein kostenloses Kinderprogramm in der »Ice Arena« geboten. Das Alpincenter auf 2450 Meter ist Startpunkt für zahlreiche Wanderungen und Touren in den angrenzenden Nationalpark Hohe Tauern.

Geführte Gipfeltour »Mein erster 3000er«. Gipfelstürmer erleben am Kitzsteinhorn, am Seil eines staatlich geprüften Bergführers gesichert und nach einem etwa einstündigen Anstieg, ihr ganz spezielles, faszinierendes 3000er-Gipfelglück. Ganz oben genießen sie das einzigartige 360-Grad-Panorama inmitten der Hohen Tauern und erkunden dann die Welt des ewigen Eises.

INFO

Kitzsteinhorn Gletscherbahnen Kaprun AG
Wilhelm-Fazokes-Straße
A-5710 Kaprun
Tel.: +43 65 47 87 00
Info Service Tel.: +43 65 47 86 21
E-Mail: office@kitzsteinhorn.at
www.kitzsteinhorn.at

116 Entrische Kirche
Heimlicher Versammlungsort und Kraftquelle

Die Tropfsteinhöhle diente früher als Versammlungsraum der Lutherischen

Die »Entrische Kirche«, die man aus dem Gasteiner Tal erreicht, ist die größte Naturhöhle der Salzburger Zentralalpen und eine der bedeutendsten der Randzone der Hohen Tauern. Die Höhle wurde für das Schutzgebietssystem »Natura 2000« der Europäischen Union nominiert und ist seit vielen Jahren ein beliebtes Ausflugsziel für die ganze Familie. Früher hatte die Höhle einen ganz speziellen Zweck: Sie diente den damals in Gastein vertretenen Lutherischen als geheimer Versammlungsort. In Gedenken an diese Zeit findet alljährlich am ersten Samstag im September ein ökumenischer Gottesdienst in der Höhle statt.

Erdgeschoss problemlos. Staunend stehen Jung und Alt vor den wunderbaren Tropfsteinbildungen und Felsformationen, die durch die Kraft des Wassers nach den Eiszeiten gebildet wurden. Wie diese zauberhafte Märchenwelt genau entstanden ist, wird vom staatlich geprüften Höhlenführer erklärt. Das Erdgeschoss kann auf einem gut ausgebauten, 400 Meter langen Führungsweg ohne Ausrüstung besucht werden. Eine eigene Taschenlampe ist jedoch von Vorteil. Bei einer Höhlentemperatur um 6° Celsius sind warme Kleidung und festes Schuhwerk empfehlenswert.

Große Höhlentour. Die Höhle ist aufgrund der hohen positiven Erdstrahlen auch ein »Ort der Kraft«. Viele Besucher sollen dort laut eigener Aussage von Krankheiten und Beschwerden befreit worden sein. Für alle, die ihr Glück versuchen möchten, sind Sitzungen oder Meditationen nach Anmeldung möglich.
Wer auf ein besonderes Erlebnis neugierig ist, vereinbart die vier- bis sechsstündige »Große Höhlentour« in die erste Etage. Ein Abenteuer und Naturerlebnis pur. Hierzu ist jedoch zusätzliche Ausrüstung nötig und daher eine Voranmeldung erforderlich.

Führung ab drei Personen. Von den Parkplätzen der Bundesstraße 167 in Klammstein folgt man einem Naturlehrpfad und erreicht in ca. 35 Minuten den in 1040 Meter Seehöhe gelegenen Höhleneingang. Im Frühjahr nach der Schneeschmelze donnert hier ein gewaltiger Wasserfall herunter. Der Eintritt in die Höhle ist nur im Rahmen einer Führung, beginnend beim Höhleneingang und ab drei Vollzahlern möglich. Außerhalb der Betriebszeiten sowie bei winterlichen Verhältnissen am Zugang oder beim Höhleneingang bzw. bei anderen Naturereignissen bleibt die Höhle geschlossen und der Weg gesperrt.

INFO

Richard Erlmoser
Staatl. gepr. Höhlenführer
Unterberg 32
A-5632 Dorfgastein
Tel.: +43 64 33 76 95
Mobil: +43 66 4 98 61 34 7
Fax: +43 64 1659 92 4
E-Mail: hoehle@dorfgastein.net
www.gastein.net

117 Graz mit Schlossberg und Uhrturm

Berühmte steirische Metropole

Der Grazer Schlossberg. Er zieht die Menschen an. Im Frühling mit frischem Grün, den ersten Sonnenstrahlen, im Sommer mit Schatten spendenden Bäumen und Freilicht-Aufführungen, im Herbst mit seiner Farbenpracht, im Winter kann man hier dem Grau der Stadt entfliehen. Und das innerhalb von wenigen Minuten. Seit 1894 überwindet die Schlossbergbahn bravourös die rund 60 % Steigung hinauf zum Schlossbergplateau – neuerdings mit modernen Panoramagondeln. Oben gibt es viel zu entdecken: den 34 m hohen Glockenturm aus dem 16. Jahrhundert mit der »Liesl«, der größten Glocke von Graz, die Kasemattenbühne in den freigelegten Kellerräumen des einstigen Schlosshauptmannhauses und eine Zisterne, der 94 Meter tiefe Türkenbrunnen, die mächtige Stallbastei. Sie stammen von Domenico dell' Aglio. Er stand an der Spitze jener norditalienischen Bauleute, die Mitte des 16. Jahrhunderts Graz mit neuen Stadtmauern und den Schlossberg mit einer 400 Meter langen Festung ausstatteten.

Niemand nahm je diese Festung ein. Auch nicht Napoleon. Doch verlangte er nach einem Sieg über die Habsburger im Jahr 1809 die Schleifung der Festung. Eine großzügige Geldzahlung der Grazer Bürger an die Franzosen konnte den Uhrturm (28 Meter hoch) und den Glockenturm vor der Zerstörung retten. Dreißig Jahre später verwandelte Freiherr von Welden den einstigen Festungshügel in den heute noch erhaltenen romantischen Park mit seinen teilweise sehr südländischen Pflanzen.

Nach unten führen die rund 260 Stufen der Schlossbergtreppe oder der gläserne Lift, der im Stollensystem des Schlossbergs endet. Dieses wurde im Zweiten Weltkrieg als Luftschutzkeller für die Grazer angelegt. Heute gibt es hier neben einer Märchengrottenbahn für Kinder auch den »Dom im Berg«, eine Veranstaltungs- und Ausstellungshalle mit modernsten technischen Einrichtungen – und das mitten im Felsen.

Über den Dächern von Graz

Der Uhrturm. Ein Turm an dieser Stelle des Berges in Graz wird bereits im 13. Jahrhundert erwähnt. Im Zuge der Neubefestigung des Schlossbergs ab der Mitte des 16. Jahrhunderts erhielt der Turm sein heutiges Aussehen. Die Zeiger auf den mächtigen Zifferblättern sorgen häufig für Verwirrung. Gehen in Graz die Uhren anders? Nein. Die Tatsache, dass es ursprünglich nur weithin sichtbare große Zeiger für die Stunden gab und jene für die Minuten erst später dazukamen, hatte eine Vertauschung der Zeiger zur Folge. Das Uhrwerk, das Michael Sylvester Funck im Jahre 1712 baute, funktioniert noch heute, wird aber seit Mitte des 20. Jahrhunderts elektrisch betrieben.

Bei Bränden in der Stadt läutete die Feuerwache am Uhrturm die Feuerglocke. Sie ist eine der drei noch erhaltenen Glocken des Turmes (1645). Die 1382 gegossene nunmehr älteste Glocke in Graz schlägt die Stunden. Die »Armesünderglocke« (um 1450) wurde bei Hinrichtungen ge-

Der Uhrturm aus dem 16. Jahrhundert

läutet. In späterer Zeit mahnte sie Nachtschwärmer an die Sperrstunde, was ihr auch den Beinamen »Lumpenglocke« einbrachte. An drei Ecken des Turmes sind Wappen angebracht, die einst Befestigungswerke des Schlossbergs schmückten: der Steirische Panther mit dem Herzogshut der Steiermark (um 1570), der einköpfige Adler als Wappen des späteren Kaisers Ferdinand I. (1552) sowie der Doppeladler mit den Initialen Maria Theresias.
Die mächtige Bürgerbastei, auf der der Uhrturm steht, musste – wie ihr Name sagt – in Kriegszeiten von den Grazer Bürgern verteidigt werden. Heute befindet sich auf ihr ein prächtiger Garten mit Blumen, teils sehr südländischen Pflanzen und zahlreichen Bänken.

INFO

Informationsbüro
Herrengasse 16
A-8010 Graz
Tel.: +43 31 6 80 75 0
Fax: +43 31 680 75 15
E-Mail: info@graztourismus.at
www.graztourismus.at

Öffnungszeiten:
Sept. bis Juni
Montag bis Freitag von 10 bis 17 Uhr
Samstag, Sonn- und Feiertag 10 bis 16 Uhr
Juli und Aug.
Montag bis Freitag 10 bis 19 Uhr
Samstag, Sonn- und Feiertag 10 bis 18 Uhr

118 Rettenbachklamm

Rundwanderung mit Straßenbahnanschluss

Ursprüngliche Natur am Rande der Stadt

Eine Wanderung durch die kleine Schlucht des Rettenbaches in abwechslungsreicher, naturräumlich ungewohnter Umgebung im Grazer Osten ist besonders reizvoll. Die gut gepflegte Weganlage führt durch den krautreichen Schluchtwald entlang des Rettenbaches bis zum Weiler Wenisbuch. Durch die besonderen Klimaverhältnisse (kühle Sommer-, milde Wintertemperaturen) in der Schlucht sind besonders die verschiedenen Farne und Moose sehenswert.

Routenbeschreibung. Auf markiertem und teilweise gesicherten Steig führt die Wanderung durch die Klamm, bis sie sich mit dem Weg 85B kreuzt. Hier besteht die Möglichkeit, in etwa 20 Minuten zur Haltestelle Mariatrost (Straßenbahnlinie 1) zu gelangen. Weiter auf dem Rabensteinersteig, durch den Wald und die Obstgärten des Obstbaus Pölzer, zur Platte. Die Stephanienwarte bietet einen eindrucksvollen Blick über Graz. Der Zutritt zur Warte ist nur mit Schlüssel möglich – erhältlich in der Geschäftsstelle der OeAV-Sektion

Graz, Sackstraße 16. Weiter geht's von der Platte abwärts zum zweiten Plattenkreuz und auf der Straße nach Wenisbuch, bis links der Lineckerweg abzweigt. Auf diesem aufwärts in den Sattel zwischen Lineckberg und Hauenberg. Von hier bietet sich ein großartiger Rundblick auf den Schöckl, das Hügelland östlich von Graz und das Grazer Becken bis zur Koralpe – Stubalpe – Gleinalpe im Hintergrund. Weiter dem Weg 25 folgend auf den Hauenstein und steil abwärts, wo der Wanderer bald darauf auf die Föllinger Straße und den Mariazellerweg trifft. Von hier ist bereits die Basilika Mariatrost zu sehen, ein Anblick, der die Wanderer für den Rest des Weges begleitet. Die letzte Etappe führt schließlich, stets der Markierung folgend, nach Mariatrost und zur Haltestelle Mariatrost.

INFO

Gehzeit: 3.30 Std. Weglänge: 10 km
Höhenunterschied: ca. 350 Hm Auf-/Abstieg
Charakter: Wald-/Forstweg, teilw. Asphaltstraße

Kurzvariante: Von der Platte über den Rabensteinersteig zurück zur Wegkreuzung nach der Rettenbachklamm und über Weg 85B nach Mariatrost
2 Std., 4 km, 250 Hm Auf-/Abstieg

Einkehrmöglichkeiten:
Buschenschank Pölzer
Wenisbucher Straße 141
Tel.: +43 31 6 39 18 63

Buschenschank Höfler
Föllinger Straße 42
Tel.: +43 31 6 39 18 02

Gasthaus Kirchenwirt Mariatrost
Kirchplatz 9, Tel.: +43 31 6 39 11 12

119 Großglockner Hochalpenstraße

Noch immer Touristenmagnet

Ganz weit vorne auf der Beliebtheitsskala der touristischen Highlights in Österreich ist die mautpflichtige Großglockner Hochalpenstraße. Lediglich Schloss Schönbrunn zieht jährlich noch mehr Besucher an als die 1935 fertiggestellte Passstraße über den Alpenhauptkamm.

Neben dem fahrerischen Spektakel, das vor allem auch viele Motorradfahrer anlockt, ist sicher auch die Nähe zu Österreichs höchstem Berg ein Grund dafür. Der 3798 Meter hohe Großglockner gab der Straße nicht nur seinen Namen sondern ist auch mit dem ihm zu Füßen liegenden Pasterzengletscher das landschaftliche i-Tüpfelchen. Von Fusch auf der Salzburger Seite schraubt sich die Straße über 30 Kilometer zum Hochtor (250 m) hinauf, ehe es knapp 20 Kilometer hinunter auf die Kärntner Seite nach Heiligenblut geht.

Abstecher zum Pasterzengletscher. Ihre Bedeutung als einstmals wichtige Transitstrecke über die Alpen hat die Straße längst verloren. Heutzutage vorwiegend durch Tourismus finanziert, fordert jedes Frühjahr einen hohen finanziellen und technischen Aufwand, um die Fahrbahn von den meterhohen Schneemassen (in Rekordwintern bis zu 20 Meter!) zu befreien und für den Ausflugsverkehr befahrbar zu machen. Die Straße ist gespickt mit Informationseinrichtungen, Schautafeln, Ausstellungen, Panoramawegen und natürlich zahlreichen Gelegenheiten, einen Fotostopp einzulegen. So führt ein Stopp am Haus »Alpine Naturschau« in die Bergwelt der Hohen Tauern ein, und ein geologischer Lehrweg sorgt für die passende Gelegenheit, das Auto einmal stehen zu lassen und sich die Hochgebirgsregion mit eigener Muskelkraft zu erwandern. Nachdem von Norden kommend der höchste Punkt schon überwunden ist, wartet die Straße mit ihrem eigentlichen Höhepunkt auf – dem Abstecher zum Pasterzengletscher, über dem sich majestätisch der Großglockner erhebt.

Am Ende der Gletscherstraße befindet sich das Besucherzentrum Kaiser-Franz-Josef-Höhe (2369 m), in dem auf vier Stockwerken die Themen Gletscher, Eis und natürlich König Glockner visuell und informativ aufbereitet werden. Von dort führt auch der leicht begehbare Panoramaweg »Gamsgrubenweg« mit seinen lehrreichen Inszenierungen oberhalb des Pasterzengletschers hinauf zum Wasserfallwinkl. Je nach Wetterverhältnissen ist die Großglockner Hochalpenstraße von Ende Oktober bis Mitte Mai gesperrt. Außerdem besteht ein Nachtfahrverbot.

INFO

Großglockner Hochalpenstraßen
Rainerstraße 2
A-5020 Salzburg
Tel.: +43 66 2 87 36 73 0
Fax: +43 66 2 87 36 73 13
E-Mail: info@grossglockner.at
www.grossglockner.at

Öffnungszeiten Straße:
Anf. Mai bis 15. Juni von 6 bis 20 Uhr
16. Juni bis 15. Sept. von 5 bis 21.30 Uhr
16. Sept. bis Ende Okt. von 6 bis 19.30 Uhr
Letzte Einfahrt 45 Min. vor Nachtsperre

Öffnungszeiten Ausstellungen:
täglich von 10 bis 17 Uhr

Informationen Straßenzustand:
Tel.: +43 65 46 65 0

Kunst in der Kehre

120 Maltatal

Zu Österreichs höchster Staumauer

Der Ausflug ins »Tal der stürzenden Wasser« und zu Österreichs höchster Staumauer (200 Meter) nimmt seinen Anfang in Gmünd am Beginn des malerischen Maltatals. Die Malta-Hochalm-Straße führt von der Mautstelle auf 911 Meter bis 1933 Meter Seehöhe durch mehrere Vegetationsstufen ins Hochgebirge. Die 14,4 Kilometer lange Strecke bietet mit ihren Spitzkehren und Felsentunnels ein besonderes Fahrgefühl für Motorrad- als auch Autofahrer. Unzählige Wasserfälle entlang der Straße machen das Maltatal zu etwas Besonderem.

Melnikfall. Sehr sehenswert sind die »Malteiner Wasserspiele« des Maltabaches in einem leicht zugänglichen, schluchtartigen Taleinschnitt. Über mehrere Felsstufen rauscht das Wasser über den Melnikfall in die Tiefe, und von bezaubernder Schönheit sind die Faller Tümpfe, in die die Wasserfälle stürzen. Das wie ein Wachturm Straße, See und Staumauer überragende Bergrestaurant und Hotel Malta beendet schließlich nach schwungvollen tausend Höhenmetern die Malta-Hochalm-Straße mit dem Erreichen der Staumauer.

Kölnbreinsperre. Bei einer einstündigen Führung durch das Innere des Damms erfährt man alles über die Kölnbreinsperre: Was hält sie aufrecht? Wann wurde sie erbaut? Wofür das ganze gestaute Wasser? Den Höhepunkt findet die Führung bei einer Multivisions-Show mit überdimensionaler Glühbirne. Ist der Wissensdurst noch immer nicht gestillt, wartet im Verbund-Erlebniszentrum die Ausstellung »Strom aus Wasserkraft«. Für Naturliebhaber ist die »Tauernschatzkammer« ein Muss. Dort finden sich eine Ausstellung mit den größten Bergkristallen der Hohen Tauern und aus reinem Gebirgswasser geformte Steinformationen, sogenannte »Suiseki«.

Östliche Alpen-Dreitausender. Nach soviel Input wird es Zeit, sich an dem großartigen Panorama rund um den See zu erfreuen – mit

Wandern hoch über dem türkisen Glitzern des mächtigen Stausees

einem Blick auf die vergletscherte Bergwelt der Hohen Tauern. Es lohnt sich in jedem Fall, ein Stück des Weges entlang des Stausees zu erkunden, auch wenn man sich nicht vorgenommen hat, auf dem unschwierigen Wanderweg bis zur Osnabrücker Hütte weiter ins Tal hinein vorzustoßen. Aber auch ohne einen zusätzlichen Abstecher in die Welt der östlichsten Dreitausender der Alpen sollte ein ganzer Tag für den Ausflug zur Staumauer eingeplant werden.

INFO

Tourismusverband Malta
A-9854 Malta 13
Tel.: +43 47 33 22 01 5
Fax: +43 47 33 22 01 7
E-Mail: malta.tourist@ktn.gde.at
www.malta.com

121 Wörthersee

Größte Badewanne der Alpen

Das Wasser des Wörthersees erreicht im Sommer einladende 25°C

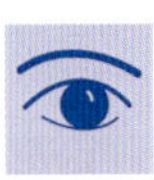

Er verdankt seine Anziehungskraft einerseits der reizvollen Lage am Alpenrand und andererseits seiner Qualität als Badesee und Wassersportzentrum. Der 16,5 Kilometer lange See, zwischen Villach und Klagenfurt im Bundesland Kärnten gelegen, ist auf Grund zweier Besonderheiten einer der wärmsten Seen der Alpen. Seine windgeschützte Lage und seine geringe Durchflutung lassen ihn in den Sommermonaten locker 25 Grad erreichen und machen ihn zum Paradies für Wassersportler jeglicher Couleur. Baden, Schwimmen, Tauchen, Wasserski, Parasailing, Wakeboarden oder eine Runde mit dem Bananaboat – der See kommt selten zur Ruhe. Doch auch zu Land lässt das Freizeitangebot kaum Wünsche offen. Für alle, die den See etwas genauer kennenlernen wollen, empfiehlt sich der Wörthersee-Rundwanderweg. Satte 55 Kilometer sind zu absolvieren, will man ihn umrunden. Der Weg führt meist durch waldreiches Gebiet und gibt an vielen Stellen den Blick auf den See und die umliegenden Bergzüge frei. Er ist thematisch unterteilt in die Abschnitte Feuer, Wasser, Erde, Luft und überwindet insgesamt 2200 Höhenmeter. Wer sich mindestens drei der zehn Stempelpunkte erwandert, darf sich am Ende mit dem Wörthersee-Mandl-Pin dekorieren.

Auch die weitere Umgebung des Sees bietet zahlreiche lohnende Ausflugsziele. Wer hoch hinaus will, für den ist der Pyramidenkogel genau das Richtige. Der Aussichtsturm bietet den besten Überblick über den See, aber auch die Berggestalten der Hohen Tauern und der Karawanken zeigen sich mit etwas Wetterglück am Horizont. Lohnend auch der Besuch im Minimundus-Park. 150 Modelle der berühmtesten Bauwerke aller fünf Kontinente sind dort detailgetreu wiedergegeben.

INFO

Wörthersee Tourismus GmbH
Villacher Straße 19, A-9220 Velden
Tel.: +43 42 74 38 28 80
Fax: +43 42 74 38 28 81 9
E-Mail: info@woerthersee.com
www.woerthersee.com

122 Landesmuseum Joanneum Graz
Viereinhalb Millionen Objekte

22 Sammlungen und Abteilungen, 12 Standorte, 450 Mitarbeiterinnen und Mitarbeiter und 4,5 Millionen Sammlungsobjekte: Das ist das älteste und zweitgrößte Museum Österreichs, eines der ganz wenigen Universalmuseen Europas. Den Grundstein legte 1811 Erzherzog Johann, indem er seine umfangreichen naturwissenschaftlichen Sammlungen der Öffentlichkeit zur Verfügung stellte.
Das Landesmuseum Joanneum verfügt über eine außergewöhnliche Vielfalt an Objekten in architektonisch bemerkenswerten Bauwerken. Schlösser, Adelspalais' und ehemalige Klosteranlagen gehören ebenso in den architektonischen Verbund wie das spektakuläre Kunsthaus Graz. So vielfältig wie die Standorte sind auch die Inhalte: von fossilen Baumriesen, Mammutzähnen und Kugelzangen über Mumien, Römersteine, volkskundliche Alltagsobjekte und höfischen Zierrat bis hin zu Alten Meistern und Exponaten moderner und zeitgenössischer Kunst. Das Landesmuseum Joanneum hält für seine Besucherinnen und Besucher eine schier unfassbare Fülle an Schätzen bereit!

INFO

Landesmuseum Joanneum
Raubergasse 10
A-8010 Graz
Tel.: +43 31 6 80 17 96 60
Fax: +43 31 6 80 17 96 69
E-mail: post@museum-joanneum.at
www.museum-joanneum.at

Von außen und innen sehenswert ist das Joanneum Graz

123 Nationalpark Kalkalpen
Im Terrain der unverbauten Bäche

Wald ist Trumpf im Nationalpark Kalkalpen: Von den knapp 21 000 Hektar sind 80 % bewaldet. Fichten, Tannen und Buchen dominieren das Bild. Der zweite, dem Naturraum seinen Stempel aufdrückende Faktor ist das Wasser. Man spricht von 800 Quellen auf dem Gebiet des Nationalparks, die Hunderte von Kilometern unverbauter Bäche speisen. Mit seinen größtenteils moderaten Geländeausprägungen und rund 500 Kilometern Rad- und Mountainbikewegen eignet sich der Park besonders für Fahrradtouren. Dabei geht es durch romantische Täler, vorbei an rauschenden Gebirgsbächen und urigen Klausen. Wer es etwas bequemer angehen lassen möchte, erkundet die Wälder hoch zu Ross. Wanderreitführer sorgen dabei für die entsprechende Hilfestellung im Umgang mit den Vierbeinern. Aber es geht auch noch bequemer: mit malerischen Kutschfahrten. Für das Vorwärtskommen sorgen dabei Noriker, die älteste Pferderasse Österreichs.

Im Gebirg' der Sensenschmieden. Wer höher hinaus will, wendet sich dem Sengsengebirge zu, dessen Name auf die Zeit zurück-

zuführen ist, als die Gegend noch bekannt war für ihre zahlreichen Sensenschieden, die sich der üppigen Holzvorräte der Wälder der Region bedienten. Neben dem Reichraminger Hintergebirge ist das Sengsengebirge der zweite Gebirgsstock des Nationalparks. Hier erreicht er in der Hohen Nock mit knapp 2000 Metern seinen höchsten Punkt. Für einen Überblick über das reichhaltige Angebot und Ausflugstipps empfiehlt sich ein Abstecher ins Nationalpark-Zentrum in Molln oder ins Besucherzentrum Ennstal.

INFO

Nationalpark O.ö. Kalkalpen Ges.m.b.H.
Nationalpark Allee 1
A-4591 Molln

Tel.: +43 75 84 36 51
Fax: +43 75 84 36 54

E-Mail: nationalpark@kalkalpen.at
www.kalkalpen.at

Unzählige Quellen und weite Wälder finden sich im Nationalpark Kalkalpen

124 Nationalpark Gesäuse

»Wo die Enns daherrauscht durch das Tal ... «

Der in der Obersteiermark liegende Nationalpark Gesäuse wurde 2002 gegründet und setzt auf schroffe Felsen, blühende Bergwiesen und große Artenvielfalt. Buchsteinmassiv und Hochtorgruppe sind die zentralen Gebirgsstöcke des Parks, dazu kommt als weitere bedeutende Landmarke der Fluss Enns. Hochalpine Gletscherwelten wird man hier vergeblich suchen, die höchsten Erhebungen sind wenig mehr als 2000 Meter hoch. Die schroffen Gesäuseberge dürfen trotzdem nicht unterschätzt werden. Es gibt beachtlich hohe (bis 900 Meter) und bei Kletterern berühmte Wände und Kanten dort (Hochtor-Nordwand, Rosskuppenkante, Dachl-Nordwand, Ödsteinkante etc.). Stolze 48 Orchideenarten sind im Park bekannt, darunter so prächtige Exemplare wie der Frauenschuh. Beste Voraussetzungen also, um unter der Leitung eines Fachmanns sich diese Naturschönheiten zu erwandern. Wem dass zu beschaulich ist, der wendet sich der Fauna zu und geht mit erfahrenen Berufsjägern auf die Pirsch. Je nach Jahreszeit kann die Felsakrobatik der Gämsen, die Balz des Auerhahns oder die Brunft des Rothirsch in freier Wildbahn live miterlebt werden. Das einzigartige Naturerlebnis wird dabei von den fachkundigen Leitern der Exkursionen ergänzt. Wer auf diese Weise auf den Geschmack gekommen ist, setzt noch eins drauf und macht sich auch nachts auf den Weg ins Unterholz. Auf geführten Nachtwanderungen vermitteln Nationalparkführer Einblicke in eine düstere Welt voller unbekannter Geräusche. Ein ganz besonderes Konstrukt gilt es im Zentrum des Parks zu bewundern: den Weidendom. Das größte lebendige Bauwerk der Alpen (jedem Nationalpark sein Superlativ) schlägt Wurzeln, treibt Blätter und bietet in seinem Umfeld Forscherspaß für Jedermann sowie Naturerlebnis.

Wichtige touristische Zentren des Nationalparks sind außerdem der Nationalpark-Pavillion Gstatterboden mit seinen Ausstellungen und das Informationsbüro Admont als administratives Zentrum des Parks.

Erfrischung für Körper und Geist bietet der Nationalpark Gesäuse

INFO

Nationalpark Gesäuse GmbH
Weng 2
A-8913 Weng im Gesäuse
Tel.: +43 36 13 21 00 0
E-Mail: info@nationalpark.co.at
www.nationalpark.co.at

125 Großglockner
Österreichs alpine Nummer eins

An seiner charakteristischen Form ist der Glockner schnell zu erkennen

Über dem größten Gletscher der Ostalpen, der Pasterze, ragt der höchste Berg Österreichs 3798 Meter in den Himmel. Der Berg steht auf der Grenze zwischen Kärnten und Osttirol in den Hohen Tauern und ist die Hauptattraktion der Großglockner-Hochalpenstraße. Von ihr weg führt eine Stichstraße zur Kaiser-Franz-Josefs-Höhe, von wo aus die Ausflügler beeindruckende Einblicke in die Wände des Großglockners genießen. Nirgendwo sonst kommt man so einfach und schnell so nahe an einen Fast-Viertausender. Charakteristisch für den Glockner ist seine Pyramidenform mit den zwei Zacken, dem Klein- und dem Großglockner – getrennt durch den schmalen Steg der Oberen Glocknerscharte.

Die Salmhütte war schon Stützpunkt der Erstbesteiger

Wege der Pioniere. Einer der berühmtesten Anstiege führt durch die Pallavicinirinne. J. Kramser, J. Tribusser, G. Bäuerle und stiegen über die steile Eisflanke 1876 vom Inneren Glocknerkar zur Oberen Glocknerscharte auf. Die Erstbesteigung des Berges gelang unter großem materiellen und personellen Aufwand einer Expedition unter der Leitung von Franz Xaver Salm-Reifferscheidt, dem Fürstbischof zu Gurk. Für diese Unternehmung wurden sogar extra eine Hütte (die alte Salmhütte auf 2750 Meter) und weiter oben ein Unterstand errichtet. Den Gipfel erreichten am 28. Juli 1800 Martin und Sepp Klotz, Pfarrer P. Horasch und zwei Zimmerleute. Der Normalanstieg führt von der auf 3456 Meter hoch gelegenen Erzherzog-Johann-Hütte auf der Adlersruhe über Glocknerleitl, Kleinglockner und Obere Glocknerscharte auf den höchsten Punkt.

INFO

Eine schöne Sicht auf den Großglockner hat man von der Großglockner-Hochalpenstraße (Tour 119)
www.grossglockner.at

126 Nationalpark Nockberge
Wo die milden Gipfel stehen

Von der Eiszeit verschont, von einer ausufernden Zivilisation Jahrhunderte lang übersehen, von der totalen touristischen Vermarktung in letzter Minute gerettet – das ist das Kärntner Nockgebiet. Die sanft geschwungenen grünen Nocken erinnern an Irland, die Hochplateaus an die helle Weite Kastiliens. Bis in die Gipfelregionen weiden Rinderherden und riesige Hirschrudel miteinander, die zahlreichen verfallenen Bergwerke sind längst von alpinen Urwäldern überwuchert. Wilde Natur und uralte Bergbauernkultur prägten den Charakter des Nationalparks Nockberge, der mitten in Österreich eine geradezu exotische Landschaft umfasst.

Skizirkus oder umweltverträglicher Tourismus. Es bedurfte einer intensiven und beharrlichen Aufklärungsarbeit seitens der Naturschützer, um unter Zurückweisung großräumiger Erschließungspläne die Unterschutzstellung der Nockberge durchzusetzen. Anfang der 1970-er-Jahre geisterten in manchen Köpfen Pläne für eine touristische Erschließung des zentralen Teiles der Gurktaler Alpen herum. Es sollte ein gigantischer Skizirkus zwischen Innerkrems, Bad Kleinkirchheim, Falkert und Turracherhöhe entstehen. Massive Proteste der Naturfreunde, des Alpenvereins und Unterschriftenaktionen gegen ein solches Projekt führten in kürzester Zeit dazu, das es zu einer Volksbefragung kam. Diese wurde am 7. Dezember 1980 durchgeführt und es waren 94,32 % gegen eine Totalerschließung des Nockgebiets. Nach intensiven Diskussionen mit der ortsansässigen Bevölkerung unter tatkräftiger Mitwirkung der Naturschutzorganisationen – allen voran die Naturfreunde Österreich – und fieberhaften Planungsarbeiten bewirkte man schon 1984 das »Schutzgebiet Nockberge« – den Nationalpark auf Probe. Eine weitere Informations- und Planungsphase führte schließlich zur Gründung des Nationalparks Nockberge, der am 1. Januar 1987 per Verordnung der Kärntner Landesregierung endgültig eingerichtet wurde.

»Nocken« – sanfte Formen der vielfältigen Gesteinswelt. Die Nockberge bestehen aus geologisch höchst bemerkenswerten Gesteinsformationen. Unter den Tieren haben Mornellregenpfeifer sowie Schneehuhn und Schneehase als Eiszeitrelikte hier im tundrenhaften Klima der Bergkuppen bis heute überlebt. Die Nockberge gehören zu den interessantesten Mittelgebirgsformationen Europas und stellen im Alpenraum auf Grund ihrer sanften Formen und ihrer geologischen Vielfalt eine Seltenheit dar. Die geologische Besonderheit liegt in der Existenz eines rund drei Kilometer breiten, in den kristallinen Schichten eingezwängten Kalk- und Dolomitgesteinszuges, der in Nord-Süd-Richtung das Nationalparkgebietes durchquert und zahlreiche Karsterscheinungen aufweist. All diese Gesteine unterschiedlichster Ausprägung entstanden in Hunderten Millionen Jahren durch unzählige Wechsel von Land und Meer, Wüste und Urwald! Das Antlitz der rundlichen »Nocken« wurde nur durch Eiszeitgletscher in wenigen Bereichen überprägt, die schroffe Kare mit eingebetteten, klaren Karseen und scharfe Grate zurückließen. Abgerundet wird dieses faszinierende Bild durch zahlreiche klare Bäche und eine Vielzahl kleiner, extrem nährstoffarmer, kalter Bergseen und Tümpel.

Der echte Speik verbreitet einen intensiven Geruch nach Baldrian

INFO

Nationalparkverwaltung Nockberge
A-9565 Ebene Reichenau 117
Tel.: +43 42 75 66 5
Fax: +43 42 75 70 89
E-Mail: nockberge@ktn.gv.at
www.nationalparknockberge.at

127 Stilfserjoch

»Haarnadeln« an der Vinschgauseite

Der Nationalpark Stilfser Joch ist ebenso faszinierend wie die berühmte Passstraße

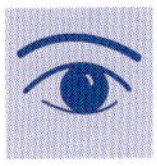

Es könnte einem schwindelig werden, wenn es über den zweithöchsten Pass der Alpen geht. Insgesamt 48 Kehren sind zu durchfahren und mindestens 1500 Höhenmeter, egal ob man von Norden aus dem Vinschgau kommt oder von Süden, von Bormio aus, die Strecke in Angriff nimmt. Mit seinen 2757Metern ist das Stilfserjoch der zweithöchste Alpenpass – und eine Herausforderung für Mensch und Maschine. Und so ist der Pass eine beliebtes Ausflugsziel für alle, die Fahrspaß mit einer Prise Bergerlebnis kombinieren wollen. Vor allem die Kehren auf der Nordseite sind unter Rennradfahrern und Mountainbikern sehr beliebt, trotz oder gerade wegen der steilen Rampen mit bis zu 15 % Steigung. Wer es ganz nach oben geschafft hat, genießt den Blick zurück in die Tiefe auf die Ameisenstraße, auf der sich Ausflugsverkehr perlenschnurartig aufgereiht nach oben schlängelt. Was für Mensch und Maschine die Erholungspause am Berghotel Franzenshöhe auf 2188 Meter ist, ist der vom Verkehrslärm gebeutelten Bergwelt der Winter. Denn erst wenn Sonne und sommerliche Temperaturen ordentlich Vorarbeit geleistet haben, wird die Passstraße in der Regel von Juni bis November für den Verkehr freigegeben.

Nationalpark Stilfserjoch. Nach der Fertigstellung der Passstraße 1825 wurde 1935 der Stilfserjoch Nationalpark gegründet. Er erstreckt sich über das gesamte Ortler-Cevedale-Massiv und reicht von den sonnenreichen Weinlagen im Tal bis hinauf ins ewige Eis rund um das Dreigestirn Ortler (3905 m), Königsspitze (3851 m) und Cevedale (3769 m). Die Besucherzentren des Nationalparks befinden sich im Martelltal, in Prad am Stilfserjoch, in Trafoi und in Martell. Jedes Haus beinhaltet eine Ausstellung zu einem speziellen Thema, das Personal gibt Auskunft über den Nationalpark, Veranstaltungen, Wetter und den Zustand der Wege.

INFO

Nationalpark Stilfserjoch
Rathausplatz 1, I-39020 Glurns
Prad: Tel. +39 0473 61 82 12
E-Mail: info@aquaprad.com
Martell: Tel. +39 0473 74 50 27
E-Mail: info@culturamartell.com
Trafoi: Tel. +39 0473 61 20 31
E-Mail: info@naturatrafoi.com

128 Gärten von Schloss Trautmannsdorff

Die ganze Welt in einem Garten

Schloss Trautmannsdorff befindet sich am ostsüdöstlichen Ende von Meran. Das Schloss und seine Gärten sind schon von weitem sichtbar und eine der Touristenattraktionen Südtirols. Auf dem 12 ha großen Gelände sind über 80 Gartenlandschaften aus aller Welt versammelt. Im Juni 2001 eröffnet, übertrafen die Gärten von Schloss Trautmannsdorff schnell alle Erwartungen und avancierten zum Publikumsrenner. 2005 wurden sie zum schönsten Garten Italiens gekürt. Möglich macht das Sammelsurium von Kultur- und Naturlandschaften das wintermilde Klima. Nirgendwo sonst im deutschsprachigen Alpenraum sind die Winter so gemäßigt wie hier. Dies wusste auch schon Kaiserin Elisabeth von Österreich (»Sissi«) zu schätzen, die zweimal zur Winterkur im Schloss residierte. Die Besichtigung des Parks ist ein Ausflug ins Reich der Sinne – und dazu noch lehrreich. Staunen und genießen lautet das Motto beim Flanieren durch den Englischen Staudengarten oder bei einer Rast am Seerosenteich. Unterwegs enträtseln Themenpavillons die wunderbare Welt der Pflanzen und in der »Grotte« geht es zurück zum Urmeer und zu den Ursprüngen der Pflanzen. Während der »Walgarten« einem Abstecher ins gemäßigte Klima Floridas und Japans mit Reisterrassen und Teeplantagen gleichkommt, ist im »Sonnengarten« mediterranes Flair Trumpf. Feigenbaum, Zypresse, Ölbaum, Lavendel und Weinrebe prägen das Bild und am Südhang unterhalb des Schlosses führt die Oleandertreppe zum nördlichsten Olivenhain Italiens hinunter. Die Macchia-Lodge, Wasser- und Terrassengärten und die Landschaften Südtirols bilden weitere thematische Schwerpunkte. Ein weiterer Höhepunkt des Parks: die Volière. Die spektakuläre Aussichtsplattform des Stararchitekten Matteo Thun gewährt einen verzückenden Überblick über die Gartenlandschaft und lässt den Blick in die umliegende Bergwelt schweifen.
Im Zentrum der Gärten liegt das Schloss, in dem heute das »Touriseum«, das Südtiroler Landesmuseum für Tourismus untergebracht ist. Es zeigt 200 Jahre bewegte alpine Tourismusgeschichte.

INFO

Schloss Trautmannsdorff
St.-Valentin-Straße 51a
I-39012 Meran
Tel.: +39 04 73 23 57 30
Fax: +39 04 73 23 57 31
E-Mail: botanica@provinz.bz.it
www.trauttmansdorff.it

Öffnungszeiten :
22. März bis 15. Nov. von 9 bis 18 Uhr
(letzter Einlass 17 Uhr)
15. Mai bis 15. Sept. von 9 bis 21 Uhr
(letzter Einlass 20 Uhr)
Kein Ruhetag, Tiere nicht gestattet

Mediterranen Charme besitzen die Gärten von Schloss Trautmannsdorff

129 Südtiroler Weinmuseum
Auf den Spuren des Rebensaftes

In einer der bekanntesten Weinbaugegenden Europas gelegen, präsentiert das Weinmuseum anhand zahlreicher Exponate Geschichte und Bedeutung des Weinbaus in Südtirol. 1955 als erstes Weinmuseum südlich der Alpen gegründet, war es 30 Jahre lang auf Schloss Ringberg oberhalb des Kalterer Sees untergebracht. 1986 übersiedelte es in das Zentrum von Kaltern. Hier, im einstigen »Zehentkeller« des landesfürstlichen Gutshofes, vermitteln heute verschiedenste Exponate einen kulturgeschichtlichen Überblick über die lange Tradition der Weinproduktion in Südtirol. Die historischen Kellergewölbe bergen zahlreiche museale Schätze: Überdimensionale Weinfässer und Weinpressen, traditionelle bäuerliche Arbeitsgeräte, Gläser, Weinflaschen und Gemälde geben einen Einblick in die Lebens- und Arbeitswelt der Weinbauern.

Der Geschichte des Südtiroler Weins nachspüren kann man im Weinmuseum

Weinlehrpfad. Auf dem Freigelände befindet sich ein Weinlehrpfad mit früher in Südtirol weit verbreiteten, heute aber nur noch von wenigen Winzern kultivierten Rebsorten. Dort können die Besucher alte Rebgerüste und verschiedene Rebsorten erkunden und – ganz nebenbei – einen großartigen Rundblick auf die Weinhügel der Umgebung und den Kalterer See genießen. Das Weinmuseum ist Teil des Südtiroler Landesmuseums für Volkskunde in Dietenheim bei Bruneck.

INFO

Südtiroler Weinmuseum
Goldgasse 1
I-39052 Kaltern
Tel. u. Fax: +39 04 71 96 31 68
E-Mail: weinmuseum@landesmuseen.it
www.weinmuseum.it

Öffnungszeiten:
1. April bis 15. Nov.
Dienstag bis Samstag von 10 bis 17 Uhr
Sonn- und Feiertage von 10 bis 12 Uhr
Montag geschlossen

Führungen auf Anfrage
Das Museum ist behindertengerecht ausgestattet (einzige Ausnahme der tiefe Keller)

130 Südtiroler Weinstraße
Zwischen Nals und Salurner Klause

Eine Entdeckungsreise entlang der Südtiroler Weinstraße, der ältesten Weinstraße Italiens, ist ein lohnenswertes Unterfangen – und das nicht nur für den verwöhnten Gaumen. Auch landschaftlich ist die Gegend reizvoll und hat mit dem Kalterer See den wärmsten Alpensee im touristischen Portfolio. Doch der Ruhm der Region ist eindeutig dem Wein und den 15 Weinbaugemeinden geschuldet. Rund um Bozen reifen der samtig-kräftige St. Magdalener und der charaktervolle Lagrein. Im Überetsch und im Etschtal gilt es, vorzügliche Weißweine zu verkosten und den bekannten Kalterersee-Vernatsch neu zu entdecken, und im Unterland, in seiner Heimat Tramin, nebst anderen den feinwürzig-aromatischen Gewürztraminer.

Die »Weißen« auf dem Vormarsch. Der Vernatsch spielt bei den »Roten« mengenmäßig nach wie vor die wichtigste Rolle. Weißburgunder und Chardonnay sind mit einem Anteil von über 50 Prozent die Spitzenreiter bei den weißen Rebsorten, die insgesamt auf dem Vormarsch sind. Nirgendwo sonst in Italien ergeben die weißen Sorten wie Pinot Grigio, Gewürztraminer, Veltliner, Sauvignon, Müller-Thurgau, Riesling, Silvaner oder Kerner so fruchtig-frische, typische und charaktervolle Weine.

Muskateller. In der Tradition der Südtiroler Weingeschichte wurden die Weine immer trocken ausgebaut. Einzige Ausnahmen sind zwei klassische Südtiroler Raritäten: der würzige Rosenmuskateller und der aromatische Goldmuskateller. Seit einigen Jahren produzieren Südtirols Kellermeister auch beeindruckende Süßweine. Die Südtiroler Passiti (Strohweine) und Spätlesen zählen heute zu den begehrtesten Süßweinen Italiens.

Auch landschaftlich ein Genuss: die Südtiroler Weinstraße

INFO

Verein Südtiroler Weinstraße
Pillhofstr. 1, I-39057 Frangart (BZ)
Tel.: +39 04 1 86 06 59
Fax: +39 04 1 86 10 63
E-Mail: info@suedtiroler-weinstrasse.it
www.suedtiroler-weinstrasse.it

131 Schloss Tirol

Die Wiege Tirols

Oberhalb von Meran liegt Schloss Tirol, Stammburg der Grafen von Tirol und somit Wiege und Namensgeber des Landes Tirol. Um 1140 von den Grafen von Tirol erbaut, erlebte das Schloss seine Blütezeit unter Gräfin Margarete Maultasch, die mit der Verlegung des Herrschaftssitz von Meran nach Innsbruck endete. Im Originalzustand erhalten sind zwei Palastbauten mit zweigeschossiger Palastkapelle. Romanische Bauplastik an Portalen und Fenstern, gotischer Freskenschmuck zeugen von der frühen Baukunst.

Schloss als Museum. Die Ringmauern der Burg zählen zu den ältesten noch existierenden Burgmauern überhaupt. Heute befindet sich im Schloss das Südtiroler Landesmuseum für Kultur- und Landesgeschichte, das die Geschichte des Landes Tirols schildert. Der Parcours führt von der Vorburg zum Tempel, wo die Baugeschichte der Burg selbst thematisiert wird, über Krypta und Rittersaal zur Kapelle und weiter zum Kaisersaal, wo das Leben der mittelalterlichen Gesellschaft gezeigt wird. Im Ostpalast wird Tiroler Landesgeschichte präsentiert und im Mushaus stehen Schloss und Land Tirol während des 19. Jahrhundert im Mittelpunkt. Einen hautnahen Einblick in den mittelalterlichen Alltag auf Schloss Tirol erlangt der Besucher im überdachten Küchenhof der Burg. Die Kapelle mit Fresken aus dem 13. Jahrhundert birgt die älteste Tiroler Glasmalerei und eine mächtige, holzgeschnitzte Kreuzigungsgruppe aus dem nachfolgenden Jahrhundert.

Greifvogelstation. Eine abwechslungsreiche und sinnvolle Ergänzung zum Besuch von Schloss Tirol ist die nahe gelegene Greifvogelstation. Hier werden verletzte Vögel (v.a. Greifvögel) gesund gepflegt, um anschließend wieder in die freie Wildbahn entlassen zu werden. Ein als Lehrweg angelegter Rundgang zeigt die Greifvögel bei ihren beeindruckende Flugeinlagen und vermittelt außerdem viele interessante biologische Hintergrundinformationen aus dem Leben der Tiere.

INFO

Südtiroler Landesmuseum
für Kultur- und Landesgeschichte
Schlossweg 24
I-39019 Tirol
Tel.: +39 0473 22 02 21
Fax: +39 0473 22 11 32
E-Mail: info@schlosstirol.it
www.schlosstirol.it

Öffnungszeiten:
Mitte März bis 30. Nov. von 10 bis 17 Uhr,
1. bis 31. August bis 18 Uhr
Montag Ruhetag
Führungen möglich

Ein passender Ort für die Geschichte des Landes: die alten Mauern des Schlosses Tirol

132 Kloster Neustift
Tirols größte Klosteranlage

Das Augustiner Chorherrenstift Neustift nahe Brixen wurde im Jahr 1142 vom Brixner Bischof, dem seligen Hartmann, an der Schnittstelle zweier wichtiger Verkehrs- und Pilgerwege – der Brennerroute und dem Pustertal – gegründet. Von Anfang an war das Stift ein Ort, an dem Pilger auf der Reise nach Rom oder ins Heilige Land einkehrten und im Hospiz Rast machten. Zugleich entwickelte sich das Kloster zu einem wichtigen Zentrum im geistigen Leben Europas: Mit ihrer Klosterschule und der Hege von Wissenschaft und Kunst wurden die Chorherren bedeutende Träger für das kulturelle Leben. Davon zeugen heute noch die sehr umfangreiche Stiftsbibliothek und die weitläufige Bildungstätigkeit im Schülerheim und im Bildungshaus.

Die Basilika des Klosters gilt als die schönste spätbarocke Kirche des Landes

Wirtschaftlich autark. Zu den Hauptaufgaben der Augstiner Chorherren gehören die Pflege der feierlichen Liturgie, das gemeinsame Chorgebet und vor allem die Tätigkeit in der Pfarrseelsorge. Noch heute sind die Augustiner Chorherren von Neustift in 20 Pfarreien als Seelsorger tätig. Wirtschaftlich war und ist das Kloster dank seiner Güter weitgehend selbstständig. Wälder, Felder und Weinberge gehören heute noch ebenso dazu wie ein E-Werk und die Stiftskellerei. Die Klosteranlage gilt als die größte von ganz Tirol und ist sehr gut erhalten. Ein Besuch derselben ist wie ein Spaziergang durch die wichtigsten Epochen der Kunstgeschichte. Romanik, Gotik, Barock und Rokoko, alle haben ihre Zeichen gesetzt. Eine fachkundige Führung durch Stiftskirche, Kreuzgang, Pinakothek und Bibliothek gibt Einblick in die spannende und bewegte Geschichte dieses Klosters.

Klostergarten. Ein Besuch des erst kürzlich restaurierten Klostergartens gilt noch als Geheimtipp. Zudem kam ab Sommer 2008 mit dem neu gestalteten und nunmehr verkehrsfreien Stiftsplatz am Eingang des Klosters eine weitere große Bereicherung dazu. Dort befindet sich auch der Stiftskeller, in welchem die hochwertigen Weine der Stiftskellerei zu typischen Südtiroler Brettljausen genossen werden können.

INFO

Augustiner Chorherrenstift Neustift
Stiftstraße 1, I-39040 Vahrn
Tel.: +39 04 72 83 61 89
Fax: +39 04 72 83 73 05
E-Mail: info@kloster-neustift.it
www.kloster-neustift.it

Hl. Messen an Sonn- und Feiertagen
6.30 und 9 Uhr

Stiftsführungen (ab 10 Personen):
10, 11, 14, 15, 16 Uhr
von Mitte Juni bis Mitte Sept.
auch 12 und 13 Uhr
(an Sonn- und Feiertagen geschlossen)

Im Jan., Febr. und März sind montags Führungen nur nach Reservierung möglich
Führungen durch den historischen Stiftsgarten (ab 10 Personen):
5. Mai bis 18. Okt. Montag, Mittwoch und Freitag nach Reservierung

133 Kloster Säben
Aus der Siedlung Sabina

Gleich einer abweisenden, besonders wehrhaften Burg ragt das Kloster Säben in den Himmel über Klausen. Es gilt als einer der ältesten Wallfahrtorte Tirols und geht auf die spätrömische Siedlung Sabina (später: Säben) zurück. Seit 1687 ist das auf dem »Heiligen Berg« gelegene Säben ein Benediktinerinnenkloster. Zwei Wege führen vom Städtchen Klausen aus hinauf zur Anlage, der 30-minütige Kreuzweg und die 40-minütige Säbener Promenade. Beide führen an Schloss Branzoll (Privatbesitz) vorbei, bevor sie sich trennen. Der Kreuzweg passiert die Gnadenkapelle und Liebfrauenkirche, ehe er den eigentlichen Klosterkomplex mit Klosterkirche und Heilig Kreuzkirche erreicht. Bis auf das Kloster selbst, das wegen der Klausur der Nonnen des Benediktinerordens nicht zugänglich ist, können alle Bauwerke besichtigt werden. Sie sind von großer kunstgeschichtlicher Bedeutung. So findet der bekannte Ladiner Kreuzgang bereits 1503 erstmalige Erwähnung.

Hoch thront das Kloster über Klausen

INFO

Tourismusverein Klausen
Tinneplatz 6, I-39043 Klausen
Tel.: +39 04 72 84 74 24
Fax: +39 04 72 84 72 44
E-Mail: info@klausen.it
www.klausen.it

134 Burg Runkelstein
Juwel unter Südtirols Schlössern

Südtirol und auch die Region Bozen ist wahrlich nicht arm an Burgen und Schlössern. Ein besonderes Juwel erhebt sich jedoch hoch über dem Eingang des Sarntals im Norden der Stadt: Burg Runkelstein. Nach einer äußerst wechselvollen Geschichte mit vielen Herren, die kamen und gingen, machte Kaiser Franz Joseph I. die Burg 1893 den Bozner Bürgern zum Geschenk. Die Feste aus dem 13. Jahrhundert beeindruckt nicht nur von außen mit ihrer majestätischen Lage, sondern auch mit ihrem Inneren. Berühmt geworden ist die Burg Runkelstein durch den größten erhaltenen profanen mittelalterlichen Freskenzyklus Europas. Er zeigt das Leben bei Hofe: Ritterspiele, Jagdszenen, Tänze und Ballspiele und bezieht sich außerdem auf bekannte literarische Werke aus dem Mittelalter.

Die gut erhaltenen Fresken brachten vor allem Licht in die Bekleidungsgeschichte des frühen Mittelalters. Den steinernen Kunstwerken verdankt die Burg auch den Beinamen »Bilderburg«. Weitere lohnende Stationen auf einem Rundgang oder einer Führung sind der Rittersaal, der westliche Palast und die Lauben im Oberstock. Ein kurzer Fußmarsch führt vom Besucherparkplatz am Fuße des Burgfelsens hinauf zum Burgtor. Die Burgschänke versorgt die friedlichen Eroberer aus der heutigen Zeit. Dank umfangreicher Restaurierungsarbeiten ist die Burg im Sommer Schauplatz von Ausstellungen, Theateraufführungen und Konzertveranstaltungen.

Das berühmte Fresko zeigt Szenen bei Hofe

INFO

Schloss Runkelstein
Kaiser-Franz-Josef-Weg, I-39100 Bozen
Tel.: +39 047 1 32 98 08
Fax: +39 04 71 32 40 26
E-Mail: runkelstein@runkelstein.info
www.runkelstein.info

Öffnungszeiten:
Dienstag bis Sonntag von 10 bis 18 Uhr
(letzter Einlass 17.30 Uhr)

Ostermontag und Pfingstmontag geöffnet

135 Mann aus dem Eis

»Ötzi« im Archäologiemuseum Bozen

Das am 28. März 1998 eröffnete Südtiroler Archäologiemuseum in Bozen dokumentiert auf 1200 m² die Ur- und Frühgeschichte Südtirols vom Ende der letzten Eiszeit (15 000 v. Chr.) bis zur Zeit Karls des Großen (um 800 n. Chr.). Eingefügt in diesen historischen Rahmen nehmen der Mann aus dem Eis und seine Beifunde eine zentrale Stellung im Ausstellungsbereich ein.

Momentaufnahme aus der Kupferzeit. Das Besondere des 1991 am Gletscher zutage getretenen Fundkomplexes besteht darin, dass die Auffindung einer Mumie mit vollständiger Kleidung und Ausrüstung Einblick in die Kleidung und die technischen Fähigkeiten der beginnenden Kupferzeit (3300 bis 3100 v. Chr.) gibt. »Der Mann aus dem Eis« bietet eine Momentaufnahme eines kupferzeitlichen Mannes, der sich im Hochgebirge bewegte. Die Bekleidung setzt sich aus einer Mütze, einem Fellmantel, einem Paar Beinkleider und einem Lendenschurz aus Leder sowie einem Paar gefütterter Schuhe zusammen. Zu seiner Ausrüstung gehören ein nicht vollendeter Bogen, ein Köcher mit Pfeilen und Pfeilschäften, ein Beil mit Kupferklinge, ein Dolch mit Silexklinge (Feuerstein), ein Retuscheur, Birkenrindengefäße, eine Kraxe und diverse Reservematerialien sowie Knochenspitzen.

Der »Mann aus dem Eis« präsentiert sich. Der Tatsache bewusst, dass es sich um einen archäologischen Fund handelt, dessen »Zurschaustellung« durchaus auch zu ethischen Polemiken führen könnte, wurde auf eine zurückhaltende Form der Präsentation großer Wert gelegt. Heute präsentiert sich die Abteilung »Mann aus dem Eis« sehr sachlich gehalten; Grafik und Architektur stehen in keiner Konkurrenz zum Objekt. Die verschiedenen Aspekte, wie etwa die Entdeckung, Bergung, Nachuntersuchung oder medizinische Forschungen werden zusätzlich zu den Schautafeln durch Videoprojektionen illustriert.

Durch die Unterteilung des Schauraumes entscheidet der Museumsbesucher selbst, ob er sich die Mumie ansehen möchte oder nicht. Das Fenster, durch welches man einen Blick auf die Mumie werfen kann, steht nicht im Mittelpunkt des Geschehens, sondern ist in einen optisch abgegrenzten, dezent gehaltenen apsidialen Raum eingebunden. Die 40 x 30 cm große Wandöffnung erlaubt es dem Museumsbesucher, einen Blick in die Kühlzelle zu werfen, in der die Mumie auf einer Präzisionswaage liegend, bei -6°C und 98% Luftfeuchtigkeit gelagert bzw. konserviert wird. Ein größeres Fenster würde zu einem unkontrollierbar hohen Energieverlust im Inneren der Zelle führen.

Im Gegensatz zu den anderen Abteilungen des Museums ist die Etage, die dem Komplex »Mann aus dem Eis« gewidmet ist, abgedunkelt. Diese Maßnahme dient weniger der Inszenierung, sondern ist vielmehr eine konservatorische Notwendigkeit, die sich aus der Lichtempfindlichkeit der Objekte ergibt. Die Beifunde sind in klimatisierten Spezialvitrinen bei einer Temperatur von 18°C gelagert. Optische Glasfiberlampen beleuchten die Objekte bei 50 Lux.

Wahrscheinlich umgebracht. Auch die wissenschaftliche Forschung macht anhand dieses einzigartigen Fundes noch immer Fortschritte, sowohl was das Schicksal des Mannes aus dem Eis angeht, als auch in Erkenntnissen über seine Zeit. Erste Befunde stellten bereits fest, dass der für damalige Verhältnisse sehr alte Mann von ca. 45 Jahren an altersbedingten arthritischen Schmerzen gelitten haben muss. Dagegen ließ er sich mit Tätowierungen an den neuralgischen Punkten kurieren. Zudem quälten ihn Peitschenwürmer im Verdauungstrakt. Aufgrund von Röntgenaufnahmen und einer Computertomografie konnte darüber hinaus vor zwei Jahren in der linken Schulter von »Ötzi« eine Pfeilspitze nachgewiesen werden. Nachdem der Schusskanal zu seinen Lebzeiten nicht mehr verheilt war, nehmen die Wissenschaftler an, dass »Ötzi« durch einen abgeschossenen Pfeil tödlich verletzt wurde. Dieser Befund trug dazu bei, die persönliche Tragödie des Mannes aus dem Eis zu erhellen, wirft aber gleichzeitig weitere Fragen nach der Ursache für seinen gewaltsamen Tod auf.

So könnte der Mann aus dem Eis zu Lebzeiten ausgesehen haben

Ja nicht »Eismann«. Im Sommer 2001, zehn Jahre nach dem Auffinden der Mumie, wurden der Mann aus dem Eis in Bozen von einem Forscherteam kurzzeitig kontrolliert »aufgetaut«, um verschiedene Gewebsproben für weitere wissenschaftliche Untersuchungen zu entnehmen. Diese Proben wurden an unabhängige Institute zur Analyse weitergegeben. Einige Ergebnisse dieser Untersuchungen sind schon bekannt, andere stehen dagegen noch aus. Veröffentlicht wurden bereits die DNA-Untersuchungen zu Ötzis Mageninhalt. Demnach verzehrte der Mann aus dem Eis einige Stunden vor seinem Tod Rotwildfleisch, Steinbockfleisch und Einkorn, vermutlich als Brei oder Brot. An dem aufgetauten Leichnam konnten darüber hinaus bis dahin unbekannte, nicht verheilte Schnittverletzungen an den Händen nachgewiesen werden, die auf einen Nahkampf kurz vor dem Tod hindeuten. Anhand der vorgefundenen Mineralienkomposition in den Zähnen von »Ötzi« kann man seinen Geburtsort näher eingrenzen. Die bisherigen Ergebnisse deuten auf zwei Aufenthaltsorte des Mannes auf der Alpensüdseite hin: auf das Eisacktal und auf den Vinschgau (mit der Fundstelle am

Tisenjoch). Weitere Untersuchungen wie z.B. DNA-Untersuchungen sind dagegen noch nicht vollkommen abgeschlossen.
Übrigens: Mit Beschluss der Südtiroler Landesregierung vom 2. Juli 1997 lautet die offizielle Bezeichnung der Gletschermumie »Mann aus dem Eis«. Im deutschen Sprachraum ist der Kosename »Ötzi« (nach der Fundstelle in den Ötztaler Alpen) sehr geläufig. Zu vermeiden ist hingegen der Ausdruck »Eismann«, um einer Verwechslung mit einem Lieferservice für Tiefkühlkost vorzubeugen.

INFO

Südtiroler Archäologiemuseum
Museumstraße 43, I-39100 Bozen
Tel.: +39 04 71 32 01 00
E-Mail: museum@iceman.it
www.iceman.it
Öffnungszeiten:
ganzjährig, auch an Feiertagen
(außer 1. Jan., 1. Mai, 25. Dez.)
Dienstag bis Sonntag von 10 bis 17.30 Uhr
montags geschlossen,
außer Juli, Aug. und Dez.

136 Messner Mountain Museum

Eine Idee – fünf Häuser

Das von Reinhold Messner konzipierte Museumsprojekt sieht insgesamt fünf Häuser vor, die sich an unterschiedlichen Standorten über seine Heimat Südtirol verteilen sollen. Jedes befasst sich mit einem anderen Schwerpunkt der Bergwelt. Mit dem Messner Mountain Museum macht einer der berühmtesten Bergsteiger und Grenzgänger der Welt sein Erbe (be)greifbar. Messner selbst nennt das MMM seinen »15. Achttausender«. Zu den bereits bestehenden Häusern des Messner Mountain Museum gehören das MMM Juval, das MMM Ortles, das MMM Dolomites und das MMM Firmian.

Die fragile Architektur des MMM Dolomites

INFO

Info zu allen Häusern unter:
www.messner-mountain-museum.it

MMM Firmian

Im Juni 2006 wurde das »Messner Mountain Museum Firmian« auf Schloss Sigmundskron bei Bozen (Firmian ist sein alter Name) nach dreijähriger Umbauphase eröffnet. Es ist das vierte und zentrale Haus des MMM. Der Fokus liegt auf den Bergen in der Kunst und auf der Geschichte der Bergbesteigung. Darüber hinaus soll es Treffpunkt für Bergsteiger aus aller Welt sein, und es ist der Verwaltungssitz des MMM.

Begegnungsstätte Berg – Mensch. Das MMM soll zeigen, »was der Berg mit den Menschen macht« (Messner). Sein Museum auf Schloss Sigmundskron versteht er als »Begegnungsstätte mit dem Berg, mit der Menschheit und letztlich auch mit sich selbst«. Dabei basiert das MMM Firmian auf der Burg selbst, dem Sanierungskonzept sowie den Exponaten der Ausstellung. Auf einer Fläche von insgesamt 1100 Quadratmetern begleiten Bilder, Skulpturen, symbolische Gegenstände und Erinnerungen an zahlreiche Expeditionen den Besucher auf einem vorgegebenen Parcours durch die Burganlage. Der sogenannte »Weiße Turm« ist darüber hinaus der Geschichte der Burg und jener des Landes Südtirol gewidmet. Auf Schloss Sigmundskron war die besondere Herausforderung, das historische Gemäuer zu erhalten und alle Eingriffe zu jedem Zeitpunkt wieder rückgängig machen zu können. Die neue Architektur bleibt dabei im Hintergrund und dient nur als Bühne. Die Glasdächer auf den Türmen sind beispielsweise von außen nicht sichtbar, genauso wenig wie Rohre, Strom- und Wasserleitungen. Als Materialien hat Architekt Tscholl ausschließlich Stahl, Glas und Eisen verwendet – als moderne und gleichzeitig zeitlose Werkstoffe.

INFO

MMM Firmian, Begegnung Mensch – Berg
Sigmundskronerstr. 53, I-39100 Bozen
Tel.: +39 0471 63 12 64
E-Mail: info@messner-mountain-museum.it

Öffnungszeiten:
Erster Sonntag im März bis letzter Sonntag im Nov.
Dienstag bis Sonntag von 10 bis 18 Uhr

MMM Ortles

Tief im Vinschgau, in Sulden unterhalb des berühmten Ortlers und jenes Ferner, den die Suldner »Im End der Welt« nennen, befindet sich das MMM Ortles auf 1900 Metern. Das Museum ist dem ewigen Eis gewidmet und zeigt Exponate in Anlehnung an den Roman von Christoph Ransmayr »Die Schrecken des Eises und der Finsternis«. Hier erfährt man von Gletschern, Schneemenschen, Nord- und Südpol und seltenen Kuriositäten der Alpingeschichte, die von Messner zusammengetragen wurden. Das Museum ist unterirdisch angelegt, ein gezacktes Fensterband, das die Decke des Museums durchbricht, erweckt den Eindruck, selbst in einer Gletscherspalte zu sein. An einer Stelle ist die schneebedeckte Spitze des Ortlers sichtbar und fügt sich wie ein weiteres Gemälde in die Ausstellung ein. Für oberirdische Unterhaltung sorgt der Gasthof »Yak & Yeti« mit Yakzucht und Biohof. Gleich in der Nähe das Minimuseum »Curiosa« mit Fragwürdigkeiten und Eigenheiten der Alpinismusgeschichte.

INFO

MMM Ortles – Eis und Ortler
I-39029 Sulden
Tel.: +39 335 60 81 205
E-Mail: ortles@messner-mountain-museum.it

Öffnungszeiten:
Vom zweiten Sonntag im Dez. bis 1. Mai und vom zweiten Sonntag im Juni bis zum zweiten Sonntag im Okt.
Mittwoch bis Montag von 14 bis 18 Uhr

MMM Dolomites

Auf dem Monte Rite, südlich von Cortina, auf einem Plateau in 2181 Metern Höhe, hat Reinhold Messner im Jahr 2002 das MMM Dolomites, das »Museum in den Wolken« zum Thema »Fels« eingerichtet. In diesem ehemaligen Fort aus dem Ersten Weltkrieg sind Gemälde, Skulpturen und Installationen über die Dolomiten zu bewundern. Das Herzstück ist die große Galerie mit einmaligen Dolomiten-Bildern von der Romantik bis heute. Anhand von Erinnerungsstücken an die bedeutendsten Dolomitenkletterer erklärt Messner die Entwicklung des Felskletterns. Das Museum und das Panorama auf die wichtigsten Berge der Dolomiten lässt sich wegen der Höhenlage nur von Juni bis zum ersten Schneefall im Oktober genießen.

INFO

MMM Dolomites – Dolomiten und Fels
Localitá Monte Rite
I-32040 Cibiano di Cadore
Tel.: +39 04 35 89 09 96
E-Mail:
dolomites@messner-mountain-museum.it

Öffnungszeiten:
Vom 1. Juni bis 30. Sept.
Juni und ab Mitte Sept. von 10 bis 17 Uhr,
Juli bis Mitte Sept. von 10 bis 18 Uhr

MMM Juval

Das MMM Juval befindet sich in Reinhold Messners Privatschloss Juval nahe Naturns. Hier zeigt der Sammler Exponate rund um den »Mythos Berg«. Die heiligsten Berge der Welt sind in einer Galerie zu bewundern. Eine einmalige Tibetica-Sammlung, Kulturgegenstände aus Afrika, Indien und Nepal bezeugen die religiöse Dimension der Berge. Außerdem betreibt Messner hier biologische Landwirtschaft und Weinanbau und hält Yaks, tibetische Hochland-Rinder. Von Ostern bis Allerheiligen geöffnet, wird die Saison nur durch die jährlichen Ferien der Familie Messner im Juli und August unterbrochen. Ein Einkehrtipp für danach sind die Ortlhöfe (Wein- und Biohof) mit Gastwirtschaft, kleinem Bergtierpark und Bauernladen.

INFO

MMM Juval – Mythos Berg
Juval 3, I-39020 Kastellbell (BZ)
Tel.: +39 348 44 38 87 1
E-Mail: info@messner-mountain-museum.it

Öffnungszeiten:
Palmsonntag bis 30. Juni und
vom 1. Sept. bis 1. Sonntag im Nov.
Donnerstag bis Dienstag von 10 bis 16 Uhr;
nur mit Führung

MMM Bergvölker

Auf Schloss Bruneck im Pustertal wird das fünfte Museum untergebracht (voraussichtlich 2010 Eröffnung). Mit dem interaktiv angelegten Projekt MMM Bergvölker will Reinhold Messner Menschen nicht »ausstellen«, sondern zum Erfahrungsaustausch mit der bäuerlichen Bevölkerung vor Ort einladen. Jedes Jahr sollen Gäste aus einer anderen Bergregion – darunter Sherpa, Inka, Tibeter und Mongolen – den Sommer im MMM Bergvölker verbringen und über ihre Lebensweise erzählen, begleitet von Exponaten aus der Alltagskultur der verschiedenen Bergregionen.

INFO

MMM Ripa – Bergvölker
Schloss Bruneck
I-39031 Bruneck (BZ)
Tel. +39 471 631264
E-Mail: info@messner-mountain-museum.it
Eröffnung voraussichtlich 2010

Thema auf Juval ist der Mythos Berg. Zugleich ist die Burg Wohnsitz der Familie Messner

137 Maria Weißenstein

Berühmteste Südtiroler Wallfahrt

Papst Johannes Paul II. pilgerte 1988 nach Maria Weißenstein

Südsüdöstlich von Bozen im Laifertal liegt auf einem Hochplateau vor malerischer Bergkulisse das Kloster Maria Weißenstein, Südtirols berühmtester Wallfahrtsort. Heute zählt man mehr als 4000 Aussagen von Zeugen, die von der Madonna aus Weißenstein Gnade erhalten haben sollen. Der Wallfahrtsort entstand 1553, als die Muttergottes einem Bauern namens Leonhard Weißensteiner erschien, der in der Nähe wohnte und dort große Güter besaß. Leonhard war häufig von geistigen Krisen betroffen. Oftmals mussten seine Familienangehörige ihn sogar fesseln. Als er einmal in geistiger Verwirrung aus seinem Haus entfloh, lief er durch den Wald und stürzte in eine Schlucht. (Heute kann man noch jenen Ort, die Leonhards-Einsiedelei 15 Minuten von Weißenstein entfernt, besuchen und die mehr als 200 Meter tiefe Schlucht in Augenschein nehmen.) Beim Sturz erschien ihm die Muttergottes, die ihm Heil und vollkommene Gesundheit versprach, wenn er ihr zu Ehren eine Kapelle errichten würde, wo die Gläubigen beten und sie loben könnten.

Leonhard kehrte gesund und heil nach Hause zurück und machte sich sofort an die Arbeit. Bei der Grabung stieß er auf eine kleine, weiße Muttergottesstatue, die ähnlich der ihm erschienenen Madonna aussah: Sie stellte eine Pietà aus Alabaster dar. Die Statue wurde inmitten der neugebauten Kapelle aufgestellt, und bald wurde sie Ziel vieler Verehrer, die von der wunderbaren Heilung des Leonhard tief berührt waren. Um die wachsende Zahl der Neugierigen und Gläubigen unterzubringen, musste man schon 1561 neben der Kapelle eine Kirche bauen. 1638 begann man mit dem Bau der größeren, barocken Kirche nach dem Entwurf von Johann Baptista Delai aus Bozen. Dies ist die heutige Basilika von Weißenstein, die 1653 fertiggestellt und 1673 geweiht wurde.

Hunderte von Votivtafeln. Das Innere der Kirche wurde 1754, also 200 Jahre nach der Erscheinung, vom Wiener Hofmaler Josef Adam von Mölk mit reichen Stuckaturen und Fresken versehen. Im Lauf der Zeit ist die Basilika immer wieder renoviert und verschönert worden; hier seien der Hauptaltar aus vergoldetem Messing und Silberblättern, eine Rokoko-Kanzel und die imposante Orgel erwähnt.

Wichtig, um die Volksfrömmigkeit verstehen zu können, sind Hunderte von Votivtafeln, die an der Mauer des Ganges vor der Wallfahrtskirche hängen. In volkstümlicher Kunst stellen sie Szenen des täglichen Lebens dar: einen Kranken, der auf dem Bett liegt und von betenden Angehörigen umgegeben ist; einen Reiter, der vom Pferd stürzt; einen Arbeiter, der vom Dach des Hauses fällt; eine Familie, die bei einem Autounfall gerettet wurde usw. Die meisten Bilder tragen den Namen des Spenders und einen Schriftzug. Oft steht in deutscher, italienischer oder ladinischer Sprache geschrieben: »Maria hat geholfen. Maria wird weiter helfen«.

INFO

Weißenstein
Weißenstein 10
I-39050 Petersberg
Deutschnofen (Bz)
Tel.: +39 04 71 61 51 24
Fax: +39 04 71 61 13 33
E-Mail: maria@weissenstein.it
www.weissenstein.it

138 Ortler
Höchster Berg östlich der Schweiz

Der Höchste der Ortlergruppe ist eines der ganz großen Ziele in den Alpen. Er ragt knapp 2000 Meter zwischen Suldental und Trafoiertal auf, ist Südtirols höchster Punkt (3905 m) und der höchste Alpengipfel östlich der Schweiz. Einstmals war er auch der höchste Gipfel Österreichs. Vier markante Grate führen zum Ortlergipfel hinauf – keiner davon kann einfach mal so »mitgenommen« werden. Auch nicht der Normalweg, der über die Payerhütte (3020 m) und den Tabarettakamm empor und über den Ortlerferner zum Gipfel leitet. Wer vom Ortler spricht, der spricht meist auch von Königsspitze und Cevedale. Dabei beeindruckt vor allem die 3851 Meter hohe Königsspitze (ital.: Gran Zebru) durch ihre formschöne Gestalt, von der sich auch der Nicht-Bergsteiger vom Suldental aus überzeugen kann.

Ins »Sibirien Tirols«. Wie am Mont Blanc führte auch am Ortler der Weg des Erstbesteigers nicht über den heute üblichen Normalweg. Josef Pichler (»Pseirer-Josele«) stieg 1804 über die ungleich schwierigere Nordwestflanke durch die »Hinteren Wandl« von Trafoi aus auf den höchsten Gipfel der Donaumonarchie. Eigentlich war es der Auftrag von Bergoffizier und Topograph Johannes Nepomuk Gebhard. Als der sich aber ins »Sibirien Tirols« vorwagte, wo »die Bauern mit den Bären aus einer Schüssel essen und die Kinder auf Wölfen reiten« (wie das Innsbrucker Wochenblatt noch im Jahr 1802 zu berichten wusste), übernahm ab hier der einheimische Gämsenjäger Josef Pichler diese waghalsige Unternehmung. Er tat dies quasi auf Geheiß von Erzherzog Johann, dem Sohn des österreichischen Kaisers Leopold. Der hatte im Frühjahr vom Reschenpass aus den imposanten Gipfel für sich entdeckt und gab daraufhin Order, ihn zu erkunden.

Trauriger Superlativ. Im Ersten Weltkrieg waren die Gletscher und Felsgrate am Ortler das höchstgelegene Schlachtfeld des Gebirgskrieges. Zwischen 1915 und 1917 standen sich hier wie an vielen anderen Stellen der Alpenfront die italienischen Alpini und die österreichischen Kaiserjäger gegenüber – der Gipfel selbst blieb jedoch unbesetzt. Auswirkungen auf den Ortler hatte der Krieg aber doch. Er ist zwar immer noch die »höchste Spitz im ganzen Land Tyrol« (so Peter Anich 1774 im Atlas Tyroliensis), liegt aber jetzt auf italienischem Staatsgebiet.

Die Besteigung des Ortler bleibt erfahrenen Alpinisten vorbehalten, doch seine mächtige Gestalt imponiert auch von unten

INFO

Ferienregion Ortler
Büro Sulden
Hauptstraße 72
I-39029 Sulden (BZ)
Tel.: +39 0473 737060
Fax: +39 0473 613182
E-Mail: info@ortlergebiet.it
www.ortlergebiet.it

139 Naturpark Texelgruppe
Spronser Seenplatte und Eisjöchl

Der Naturpark Texelgruppe liegt zwischen Passeier- und Schnalstal und ist der größte seiner Art in Südtirol. Da er auf der Südseite bis in die Tallagen nahe Meran herunterreicht und seine Gipfel die 3000-Meter-Marke weit übersteigen, ist die Vielfalt des Parks in jeder Hinsicht beeindruckend. Zu den Sahnestücken zwischen eisigen Hochgebirgswelten und mediterranem Flair zählen sicher solche Naturschönheiten wie die alpin gelegene Spronser Seenplatte oder der knapp hundert Meter hohe Partschinser Wasserfall. Wie so viele Natur- und Nationalparks erschließt sich auch die Texelgruppe am besten auf ausgedehnten Wanderungen. Beste Gelegenheit dafür bietet der moderate Meraner Höhenweg, der den Park auf 80 Kilometer Wanderwegen umrundet. Je nach Tempo sind fünf bis sechs Tage vonnöten, die ausgezeichnete Infrastruktur am Weg ermöglicht es jedoch, sich die Tour entsprechend der eigenen Wünsche und Vorstellungen einzuteilen. Auch gibt es zahlreiche Zugänge (teils mit Aufstiegshilfen), sodass auch nur einzelne Abschnitte gewandert werden können.

Wer mehrere Tage Zeit hat, sollte die Schönheiten des Parks auf dem herrlichen Meraner Höhenweg erkunden

Wer nicht die gesamte Umrundung machen möchte, steht vor der Wahl: Süd- oder Nordabschnitt? Die Himmelsrichtung gibt dabei

schon entscheidende Hinweise auf den Charakter der beiden Teilstücke: Der Nordteil ist deutlich alpiner als der Südteil. Er führt im Schatten der Ötztaler Eisriesen vom Pfossen- ins Pfeldererta l (oder umgekehrt) und erreicht am Eisjöchl mit 2895 Metern seinen höchsten Punkt. Dieser Abschnitt ist als Wanderung nur in den Sommermonaten von Juni bis September zu machen. Mehr Spielraum lässt die sonnenverwöhnte Südseite. Sie ist im Normalfall bereits ab Mai und bis in den November durchgehend begehbar und der Weg erreicht seinen höchsten Punkt von nur 1839 Metern mit dem Hochganghaus. Seine zahme Seite versüßt der Meraner Höhenweg dem Wanderer mit wärmenden Tiefblicken auf die Kulturlandschaften und Ortschaften des Etsch- und des Passeiertals und die vis-à-vis liegenden Gipfel der Sarntaler Alpen.

Naturparkhaus. Für zusätzliches Hintergrundwissen zum Park empfiehlt sich ein Abstecher ins Naturparkhaus Texelgruppe in Naturns. Schon mit dem Motto des Hauses »Vom Wasser und vom Licht« wird deutlich, welche für den Park so prägende Elemente hier im wahrsten Sinne des Wortes unter die Lupe genommen werden. Multivisionsschauen und interaktive Elemente ergänzen das Angebot.

140 Naturpark Fanes-Sennes-Prags

Zu Luianta und Dolasila

»Aushängeschild« des Naturparks ist sicherlich der Pragser Wildsee. Die »Perle der Dolomitenseen« liegt von wilder Bergszenerie umgeben malerisch inmitten der Pragser Dolomiten im nördlichen Teil des Parks auf knapp 1500 Meter und ist Ziel und Ausgangspunkt vieler touristischer Aktivitäten. Auf den Wanderwegen, die vom See aus beginnen, wird man mit spektakulären Tiefblicken auf ihn belohnt. Wer nicht so hoch hinaus will, chartert ein Ruderboot, erkundet damit den Wildsee und genießt dabei den Blick auf die umliegenden Berge. Auch ein Sprung ins Wasser des zumeist eiskalten Gebirgssee ist für Hartgesottene eine Option. Die märchenhafte Lage des Sees hat wohl auch die Fantasie der Einheimischen angeregt, denn einer Sage nach soll das Südufer des Sees den Zugang zur Unterwelt, zum unterirdischen Reich der Fanes verbergen. Um die Spur der Fanes-Sage und ihrer Heldinnen Luianta und Dolasila zu verfolgen, kann man sich auf dem Lehrpfad »Le Rëgn de Fanes« begeben, der mythologisch interessierte Besucher in die Welt der Dolomitensagen und der ladinischen Kultur einführt. Dazu muss man aber den Wildsee-Kessel verlassen und sich in die Niederungen rund um St. Vigil begeben. In St. Vigil in Enneberg liegt auch das Naturparkhaus des Parks, die erste Adresse, um sich einen Überblick über die Möglichkeiten zu verschaffen, die der Park seinen Besuchern bietet.

INFO

Amt für Naturparke
Rittner Straße 4
Landhaus 11
I-39100 Bozen
Tel.: +39 04 71 41 77 70
Fax: +38 04 71 41 77 89
www.provinz.bz.it

Der Pragser Wildsee, die Perle der Dolomiten

141 Seiser Alm
Königin der Hochalmen

Am Fuß des Schlern liegt die größte Almfläche Europas, die Seiser Alm

Legenden von Hexen und Magie umranken ihre Geschichte, aber auch ihre Schönheit ist sagenhaft: Die Seiser Alm ist eine der reizvollsten Ferienlandschaften Europas für Wanderer und Wintersportler, für Genussaktive und Familien. Bergriesen wie der legendäre Schlern umrahmen ein Hochplateau, das seine Ausstrahlung immer wieder wechselt: ein Blütenmeer im Frühjahr, im Sommer ein sattgrünes Puzzle aus Wiesen, Weiden und Wäldern, ein betörendes Farbenspiel im Herbst und im Winter ein Traum in weiß-blau. Die Seiser Alm ist mit 52 Quadratkilometern die größte Almfläche Europas. Auf durchschnittlich 2000 Metern Höhe findet sich am nördlichen Eingangstor der Dolomiten eine der faszinierendsten Natur- und Kulturlandschaften. Oberhalb der Orte Kastelruth, Seis und Völs, eingerahmt von den Dolomitengipfeln des Schlern und verwöhnt von jährlich 320 Sonnentagen, ist sie ein ideales Ziel für Winter- und Sommersportler, Ruhesuchende und Genießer. Denn ihre exklusive Lage und die Einzigartigkeit der Natur bewahrt die Seiser Alm auch durch Restriktionen für den Autoverkehr, der nur zu sehr eingeschränkten Zeiten zugelassen ist. Ansonsten erreichen die Gäste das Landschaftswunder mit dem Shuttlebus »Seiser Alm Express« oder über die moderne Gondelbahn.

Rund um die Seiser Alm. Kultberg Schlern: Epos aus Stein, Symbolberg der Südtiroler – was hat man dem Schlern nicht schon für Namen und Attribute gegeben. In der Sage galt er als Tummelplatz von Hexen und verführungsfreudigen Teufeln. Doch wenn heutzutage noch jemanden der Teufel reitet, dann sind es höchstens die Bergsteiger. Wer den Schlern erwandert oder erklettert hat, wird mit Aussichten belohnt, die es nicht oft gibt in Europa. Zum Greifen nah die Dolomiten – Rosengarten, Langkofel, zu Füßen die Seiser Alm – alles auf einmal, an einem einzigen Tag oder einen ganzen Urlaub lang, so oft man möchte.

Drei Orte, drei Gesichter: Wer glaubt, der größte Ort im Gebiet um die Seiser Alm sei nur für Pilger der Volksmusik erlebenswert, tut Kastelruth mit seinem wunderschönen Zentrum wahrhaft unrecht, man denke nur an die berühmte Fronleichnamsprozession.

Zweiter Hauptort ist das malerische Seis in einer sonnigen Höhenmulde gelegen, gleich-

sam an die sanften Schultern des Schlern gelehnt. Obwohl schon zu Beginn des 19. Jahrhunderts von gekrönten Häuptern, russischem Hochadel und Künstlern entdeckt, ist Seis ein Bergdorf geblieben – ursprünglich und ohne Allüren.
Dritter im Bunde ist Völs mit seiner herrlichen Panoramalage, die das Dorf schon früh zur Sommerfrische der Bozner Bürger machte. Später kamen Naturgenießer aus allen Himmelsrichtungen nach Völs – unter anderem natürlich auch, weil hier das Heubad seinen Ursprung hat.

Von Schwerenötern und anderen Schlossherren Die wohl berühmteste Veranstaltung der Seiser Alm ist der Anfang Juni stattfindende »Oswald von Wolkenstein-Ritt«. Er erinnert an den als Haudegen, Dichter und Minnesänger bekannt gewordenen Adeligen, der aus der Gegend stammte und immer wieder hierher zurückkehrte. Die Burg Hauenstein nahe Seis war eine seiner Wohnstätten – noch heute als Ruine zu besichtigen.

INFO

Seiser Alm Marketing
Dorfstraße 15, I-39050 Völs am Schlern
Tel.: +39 04 71 70 96 00
E-Mail: info@seiseralm.it
www.seiseralm.it

Die Idylle eines Bergdorfes blieb der Seiser Alm bis heute erhalten

142 Rosengarten-Latemar

Pittoreske Dolomitengruppen

An der Südtiroler Grenze zum Trentino liegt die Ferienregion Rosengarten-Latemar. Inmitten der »Bleichen Berge« fügt sich die bizarre Bergwelt mit den Gebirgszügen Rosengarten, Latemar, Schwarz- und Weißhorn zu einer unvergleichlichen Ferienregion zusammen. Geschützt vom Alpenhauptkamm ist das Klima mild und ausgeglichen. Der Frühsommer beginnt in den tieferen Lagen bereits im April, in den Höhenlagen Mitte Juni. Die warme Jahreszeit endet im Spätherbst, Anfang November. Bekannt ist die Region weit über ihre Grenzen hinaus durch eine der berühmtesten Ansichten der Alpen überhaupt: der Rosengarten im Alpenglühen – für viele der Inbegriff der Dolomiten.

König-Laurin-Sage. Eine der bekanntesten Sagen des Alpenraums, die Legende von König Laurin und seinem Rosengarten, gibt Aufschluss über das Geheimnis des atemberaubenden Naturschauspiels. Simhild durfte eintreten in Laurins Zaubergarten, ihn pflegen und ihn im einstigen Glanz neu erblühen lassen. Doch noch bevor sie den König in den wiedererstandenen Rosengarten führen konnte, wendete sich das Schicksal: Laurin wollte nämlich die schöne Simhild zur Frau nehmen. Sie floh aus dem Rosengarten und schien das Glück mit sich zu nehmen. Ausgestattet mit einer Tarnkappe und dem Zaubergürtel, der ihm die Kraft von zwölf Männern verlieh, gelang es Laurin zwar noch, Simhild in sein Reich zu entführen, doch damit besiegelte er sein Schicksal. Zu ihrer Befreiung rückte der starke Dietrich von Bern an, er nahm den Zwergenkönig gefangen und erschlug seine Kämpfer. Durch einen Zauberspruch wollte der König seinen Garten, der ihn verraten hat, für immer vernichten; weder am Tag noch in der Nacht sollte man die Blütenpracht je wieder sehen. Laurin vergaß die Dämmerung, und so kam es, dass der Rosengarten nach Sonnenuntergang in voller Pracht »erblüht«.

Die zackigen Felsen des Rosengartens rotglühend in der Abendsonne

Mannigfache Möglichkeiten. Ob man den höchsten Gipfel der Rosengartengruppe unter der Leitung eines erfahrenen Bergführers erklimmen oder lieber gemäßigtere Regionen zwischen Rosengarten und Latemar erkunden und erwandern möchte – vom gemütlichen Spaziergang auf den Hochebenen bis hin zu den anspruchsvollen, hochalpinen Gipfeltouren und Klettersteigen im Rosengarten- und Latemargebiet: Berg- und Naturliebhaber können diese Dolomitenregion immer wieder in vollen Zügen neu entdecken. Beste Jahreszeit für Wanderungen sind Frühsommer und Herbst. Bei den teils kostenlosen geführten naturkundlichen Blüten- und Kräuterwanderungen der Tourismusvereine wird der Urlauber fachkundig in das Reich der Alpenflora eingeführt.

INFO

Tourismusverband Rosengarten-Latemar
Unterbirchabruck 9
I-39050 Birchabruck
Tel.: +39 04 71 61 03 10
E-Mail: info@rosengarten-latemar.com
www.rosengarten-latemar.com

143 Geoparc Bletterbach

Eintauchen in die Erdgeschichte

Mit Grödner Sandstein, Bozner Quarzporphyr und Sarldolomit ist die »Spur der Steine gepflastert«, die südlich von Bozen durch den Geoparc Bletterbach führt. Die Wanderung durch die Schlucht kommt einer Zeitreise durch die Jahrmillionen der Erdgeschichte gleich. Die 16 Infotafeln, welche die Besucher auf der Wanderung durch Südtirols Canyon begleiten, informieren über die verschiedenen Gesteinsschichten, die er preisgibt. Außerdem geben die Tafeln auch Auskunft über die vielen wertvollen Funde von verkohlten Pflanzen und Gehölzen, versteinerten Mikroorganismen, Schalentieren und Kopffüßlern sowie über die zahlreichen Fährten verschiedenster Saurierarten. Und sie erzählen die Geschichte des Metalls, das in den Knappenlöchern abgebaut wurde und von den Sagen des Goldplatzes und des Riesen Grimm.

Zugabe Weiß- und Schwarzhorn. Ausgangspunkt für die acht Kilometer lange Erlebniswanderung ist das Besucherzentrum in Aldein oder das Geomuseum in Radein. Um besonders viele Erkenntnisse aus dem Park mitzunehmen, empfiehlt sich eine geführte Tour. Wanderer benötigen je nach Aufenthalt an den Schautafeln 1.30 bis 2 Std. und müs-

Der Grand Canyon Südtirols gibt Einblicke in die Erdgeschichte

sen gut 250 Höhenmeter überwinden. Wer auf den Geschmack gekommen und trittsicher und schwindelfrei ist, dem seien die umliegenden Gipfel empfohlen. Vom Weishorn (2316 m), das direkt über dem Bletterbachtal thront, hat man an guten Tagen Weitblicke bis weit nach Nordwesten zur Ortlergruppe und zu den Gipfeln der Ötztaler Alpen. Auch für das benachbarte Schwarzhorn sind keine besonderen alpinen Kenntnisse erforderlich.

Auf Steinschlag achten. Der Weg durch die Schlucht ist bei schönem Wetter für geübte Wanderer problemlos zu bewältigen. Gutes Schuhwerk ist aber unabdingbar. Bei Regenwetter, Gewitter und bei kühlen bis kalten Temperaturen wird wegen Steinschlaggefahr von einer Wanderung durch die Schlucht dringend abgeraten. Touristen, die die Schlucht auf eigene Faust und ohne Führung durchwandern wollen, sind gebeten, einen Solidaritätsbeitrag zur kostenaufwändigen Erhaltung der Wege beizutragen. An den Zugängen wurden dafür eigens Geldboxen angebracht.

INFO

Besucherzentrum Geoparc Bletterbach
Lerch 40, I-39040 Aldein
Tel.: +39 04 71 88 69 46
Fax: +39 04 71 88 62 82
E-Mail: info@bletterbach.info
www.bletterbach.info
Öffnungszeiten:
25. April bis 1. Nov. (abhängig von der Schneeschmelze) täglich von 9.30 bis 18 Uhr

An heißen Tagen ist die Wanderung durch die schattige Schlucht eine Wohltat

144 Riva del Garda
Besuch im alten Scaligerstädtchen

Riva lockt mit kleinen Gässchen und mediterranem Charme

Der Weg über den Brenner führt die Touristenströme das ganz Jahr über ins »gesegnete Land«, nach Italien. Denn die Wahrscheinlichkeit ist groß, dass jenseits des Alpenhauptkammes die Sonne lacht. Mit jedem Kilometer, den es dem Gardasee entgegen geht, steigen die Temperaturen und die Landschaft nimmt mehr und mehr südlichen Charakter an. Vorbei an unzähligen Wein- und Obstplantagen wird die Vegetation immer mediterraner, ja gar subtropisch. 2000 Sonnenstunden im Jahr, milde, niederschlagarme Winter und trockene und heiße Sommer machen den Gardasee zu einem der beliebtesten Ausflugsziele der Alpenregion. Dazu kommen die berühmten Windströmungen, von denen vor allem der Vento (vormittags, aus dem Norden wehend) und der Ora (nachmittags, von Süden blasend) für die riesige Surfer- und Seglergemeinde von Bedeutung sind. Mit einer Länge von 50 und einer Breite bis zu 18 Kilometern ist der Gardasee der größte See Italiens.

Allerlei Sehenswertes. Das Städtchen Riva del Garda (15 000 Einwohner) ist das Tor zur Gardasee-Region und wird oft auch als die »Perle des Gardasee« bezeichnet. Der Ort ist das Wirtschaftszentrum am See und die natürliche Durchgangsstation für alle Besucher rund um ihn. Die Schönheit und Eleganz von Riva zeigt sich vor allem in ihrem historischen Kern am Hafen, wo auch seit dem 12. Jahrhundert der »Torre d'Apponale« über die Stadt wacht. Die direkt am See gelegene Piazza III Novembre mit ihren Arkaden, die Barockkirche Inviolata, das historische Stadttor der Piazza Covour und die Kirche Santa Maria Asunta mit ihren neun Marmoraltären sind nur einige der altehrwürdigen Sehenswürdigkeiten der Stadt. Einen Besuch wert ist die mächtige »Burg Rocca«. Sie ist komplett von einem Wassergraben umzogen und beherbergt das Stadtmuseum, das Museo Civicio mit naturkundlichen, archäologischen und frühgeschichtlichen Sammlungen.

Berühmte Reisende. Immer schon waren es vor allem deutsche Touristen, die von dem mediterranen Charme der Region angezogen wurden, darunter bereits Ende des 19. Jahrhunderts so prominente Namen wie die Gebrüder Mann, Max Brod, Franz Kafka oder Friedrich Nietzsche. Heutzutage ist aktive Erholung das vorherrschende Motto am Gardasee. Wassersportler, Kletterer, Bergwanderer und Gleitschirmflieger, Rennradfahrer und Mountainbiker finden hier das perfekte Terrain vor, um sich nach Lust und Leidenschaft auszutoben.

INFO

Riva del Garda
Ingarda Trentino Spa
Largo Medaglie d'Oro al Valor Militare 5
I-38066 Riva del Garda

Tel.: +39 0464 554444
Fax: +39 0464 520308

E-Mail: info@gardatrentino.it
www.gardatrentino.it/de/riva-del-garda-gardasee/www.tr3ntino.it/de/

145 Fassaner Dolomiten

Vier berühmte Berggruppen

Im Trentino liegen einige der attraktivsten Dolomitengruppen. Was nicht heißt, dass die Dolomitenberge Südtirols nicht ebensolche Anziehungspunkte wären. Doch haben Marmolada, Pala oder Brenta ihren ganz eigenen Nimbus und bei Kletterern und Klettersteiggehern sind sie ungemein gefragt. Die Formenschönheiten dieser Gebirge sind legendär. Benannt wurden die Dolomiten übrigens nach dem französischen Mineralogen Déodat de Dolomieu. Reinhold Messner bezeichnet sie als die »schönsten Berge der Welt«.

Zwischen großen Massiven. Das Fassatal im äußersten Nordosten des Trentino liegt eingebettet in vier große Gebirgsmassive: die Sellagruppe im Norden, die »Dolomitenkönigin« Marmolada (3342 m) im Osten, den Rosengarten im Westen und den Langkofelstock im Nordwesten. Zahlreiche mittlere und anspruchsvolle Touren auf die Zwei- und Dreitausender versprechen eindrucksvolle Erlebnisse. Lohnend ist zum Beispiel der Anstieg zum Rifugio Maria am 2952 Meter hohen Sass Pordoi dar (auch per Seilbahn): Oben angelangt, genießen Wanderer einen atemberaubenden Rundblick über alle Gipfel des Tals. Von hier aus locken Hochgebirgstouren durch karge »Mondlandschaften«. Als Hauptattraktion im Rosengarten (Tour 142) dem Reich des Sagenkönigs Laurin, präsentieren sich die Vajolettürme, an denen Kletterer ihr Dorado finden, ebenso wie am Piz Ciavazes (Sella) oder an der kilometerbreiten und bis zu 900 Meter hohen Marmolada-Südwand.

In den Flanken des Cimerlo stehen bizarre Felstürme

Die Dolomiten sind ein Paradies für Wanderer

146 Palagruppe
Im Reich der »Schleierkante«

Die Schleierkante

Die berühmte Palagruppe (italienisch »Pale di San Martino«) überthront mit ihrem Hauptzug den Ferienort San Martino di Castrozza im Nordosten des Trentino. Sie gehört zum Naturpark »Paneveggio« und bildet eine lange, gezahnte Felsenkette mit Bergen wie Cima della Vezzana (3192 m, höchster Palagipfel), Cimòn della Pala (3185 m) oder Pala di San Martino (2982 m). Aus dem idyllischen Bergdorf San Martino begleiten qualifizierte Bergführer die Alpenurlauber auf leichten Natur- und historischen Thementouren sowie schwierigen, teils auf Klettersteigen verlaufenden Routen zu den Pale oder gar auf anspruchsvollen Klettertouren wie den »Gran Pilaster« an der Pala di San Martino oder die »Schleierkante« an der Cima della Madonna. Im Pala-Südzug heißt der Hauptmagnet für engagierte Alpinisten Monte Agnèr mit 1500 Meter hohen Wänden, die mit zu den höchsten der Dolomiten überhaupt gehören. Auch die ebenso hohe Nordkante ist äußerst begehrt.

147 Brentagruppe
Mekka für Klettersteigler und Kletterer

Im Westen des Trentino lockt inmitten des Naturparks Adamello-Brenta die Brentagruppe zu Ausflügen in luftige Höhen. Neben ihrer steil-schroffen Felsstruktur gelten im nördlichen Bereich ausgedehnte Wälder, eine unverfälschte Natur und die schwache Besiedelung als Hauptmerkmale dieser Dolomitengruppe. Zu den bekanntesten Gipfeln des durch seine bewegte Bergsteigergeschichte berühmten Gebirges zählen die Cima Tosa – mit 3173 Metern der höchste Gipfel der Brenta –, die Cima Brenta, die Cima Brenta Alta, der auch als »Guglia« bekannte Campanile Basso, die Cima d'Ambièz und der Crozzon di Brenta. Von Madonna di Campiglio und Pinzolo oder von San Lorenzo in Banale oder Molveno gelangt man per Seilbahn schnell in die Höhenlagen. Die anspruchsvollen Steiganlagen des »Sentiero delle Bochette« gehören seit Jahrzehnten zum Begehrtesten, was Klettersteiggeher planen.

Die nackten Felsgestalten der Brenta wirken fast unwirklich

148 Monte Baldo

Aussichtskanzel der Extraklasse

Vom Monte Baldo reicht der Blick über den gesamten Gardasee

In den Sommermonaten herrscht rege Betriebsamkeit rund um die Seilbahn im Ortskern, denn Malcesine ist voll mit Urlaubern und Wassersportlern und viele Gardasee-Besucher, die in den umliegenden Ortschaften am See ihr Quartier aufgeschlagen haben, machen einen Abstecher hierher. Zu Recht, denn das kleine Städtchen bietet alles, was man mit dieser Region verbindet und hier sucht: eine unversehrte, mittelalterliche Altstadt mit engen Gassen und Winkeln, die unmittelbare Nähe zum See und ein sehenswertes Kastell. Mit altertümlichem Charme kann die Seilbahn auf den Monte Baldo nicht dienen, im Gegenteil, neueste Technik wird hier eingesetzt – was man der Bahn auch ansieht. Die futuristische Talstation ist in wenigen Schritten von der Hauptdurchfahrtsstraße aus zu erreichen und ist der Startpunkt für einen überaus lohnenden Besuch auf dem ersten Aussichtsbalkon über dem Gardasee.

1500 Höhenmeter über dem See. In zwei Abschnitten geht es im Sommer über üppiges Grün den steilen Berghang hoch. Ist die erste Etappe noch eine durchschnittliche Angelegenheit, so werden mit zunehmender Höhe die Hälse immer länger. Mit jedem der knapp 1500 Höhenmeter, die die Bahn überwindet, weitet sich der Blick auf die den Gardasee umgebende Bergwelt und den See selbst mit seinen fjordartigen Umrissen, dem Tiefblau des Wassers, weiß gesprenkelt von den Segeln der Wassersportarmada weit, weit unten. An dieser Stelle kommen den Passagieren die rotierenden Gondeln zugute, die auf der zweiten Etappe (mit Umsteigen) ab der Station »S. Michele« im Einsatz sind. Doch schon nach zehn Minuten ist der bequeme Aufstieg zu Ende – der Monte Baldo fängt hier aber erst richtig an.

Zahlreiche Wandermöglichkeiten. Wie schon an der Mittelstation durchzieht auch das Gelände um die Bergstation ein umfangreiches Wegenetz, was bei den Besuchern nicht selten zu einigem Aktivismus führt. Denn besser noch als eine Terrasse mit Aus-

Vor oder nach dem Ausflug auf den Monte Baldo lohnt ein Rundgang durch das bezaubernde Städtchen Malcesine

sicht (vor allem, wenn man sich den Aufstieg schon erkauft hat) ist ein Panoramaweg am Grat entlang. Beine vertreten und genießen scheint die oberste Devise rund um Bergstation und Restaurant zu sein. Die nächste Steigerung wäre an dieser Stelle die Wanderung zurück zum See auf einem der zahlreichen Wanderwege, die mehr oder weniger direkt nach unten führen. Aber Achtung: 1500 Höhenmeter sind auch im Abstieg kein Pappenstiel. Weitere besonders lohnende Unternehmungen sind die Gratwanderungen entlang des Baldo-Rückens Richtung Nordosten zum Monte Altissimo di Nago oder in südwestliche Richtung zur Cima Valdritta – der höchsten Erhebung des gesamten Baldo-Kamms. Beide Weg sind sehr beliebt und gut markiert, erfordern aber Bergerfahrung; zumal es bei Wetterstürzen in 2000 Meter Höhe immer noch rasch ungemütlich werden kann. Bergausrüstung ist hier angesagt, auch wenn man es sich bei den Temperaturen unten am See kaum vorstellen mag. Außerdem sind für beide Strecken Übernachtungen am Berg einzuplanen. Wie weit man auch gehen mag, der Monte Baldo ist mit seinem den gesamten Bergrücken überspannenden Wegenetz und diversen Unterkunftsmöglichkeiten ein perfekter Spielplatz für Wanderer, aber auch für Mountainbiker. Außerdem besticht er durch seinen Blumenreichtum. Besonders lohnend ist es auch, die diversen Almen des Berges zu besuchen. Im Winter ist der Baldo übrigens ein gefragter Pistenskiberg.

INFO

Funivia Seilbahn Malcesine Monte Baldo
Navene Vecchia 12, I-37018 Malcesine (VR)
Tel.: +39 045 74 00 206
Fax: +39 045 741885
E-Mail: info@funiviedelbaldo.com
www.funiviedelbaldo.com
Fahrzeiten: vom 4. April bis 1. Nov.
von 8 bis 18.45 Uhr, alle 30 Minuten

149 Gestüt Lipica

Die berühmtesten Pferde der Welt

Der Besuch des Gestüts Lipica gleicht einer Reise ins Mittelalter. Das im Karst, einer ungewöhnlich steinigen und vom Bora (Adriawind) gefegten Gegend, gelegene Anwesen geht bis ins Jahr 1580 zurück und begründet seine weltweite Bekanntheit mit der Zucht der Lipizzaner. Die berühmten weißen Pferde sind heute die Hauptattraktion, den historischen Rahmen dafür geben die trotz Umbau und Instandhaltung im Kern in der originalen Anmutung befindlichen Gebäude des Gestüts. Natürlich dreht sich auf Lipica (fast) alles um die Lipizzaner, von denen es die besten bis in die nicht minder berühmte Spanische Hofreitschule nach Wien schaffen.

Nicht gleich weiß. In Lipica erfährt der Pferdefreund alles über seinen Liebling. Sei es bei einer der mehrsprachigen Führungen, einer der Dressur- oder Reitvorführungen oder aber direkt und hautnah, wenn er selbst im Sattel sitzt. Und die schattigen Wälder der Umgebung sind das ideale Terrain für ausgedehnte Spaziergänge, wenn der Rücken der Pferde einmal vorübergehend seinen Reiz verloren hat. Übrigens: Die Fohlen sind zumeist von dunkler Färbung, erst ab etwa dem sechsten Lebensjahr entwickeln die Lipizzaner das für sie charakteristische Weiß.
Um den Ansprüchen des modernen Tourismus gerecht zu werden, wurde die Anlage sukzessive vergrößert, sodass nicht nur Pferdefans die Reise nach Lipica antreten. Zwei Hotels, Sportanlagen, Casino und sogar ein Nachtclub ergänzen das Programm rund ums Pferd.

INFO

Gestüt Lipica
Lipica 5
Slo-6210 Sežana
Tel.: +38 6 5 73 91 58 0
Fax: +38 6 5 73 91 73 0
E-Mail: info@lipica.org
www.lipica.org, www.slovenia.info

Die berühmten Lipizzaner-Schimmel werden braun geboren

150 Nationalpark Triglav
Im Reich des Zlatorog

Der Triglav trägt seinen Namen »Der Dreiköpfige« zu Recht

Im Grenzgebiet zu Italien und Österreich, in den Julischen Alpen, liegt der Triglav-Nationalpark, Sloweniens einziger Nationalpark. Im Zentrum des Parks thront der höchste Berg Sloweniens, der 2864 Meter hohe Triglav, der dem Park seinen Namen gab. Verbunden ist der Berg mit der Sage vom Zlatorog, dem Gamsbock mit den goldenen Krickeln – die bedeutendste Bergsage Sloweniens. Und für jeden Slowenen ist es quasi Pflicht, einmal auf dem höchsten Berg des Landes gestanden zu haben. In den Sommermonaten sind denn auch Karawanen von Einheimischen am Berg unterwegs, um sich diesen Traum zu erfüllen. Dass die Besteigung zum Volksfest taugt, dafür sorgen die zahlreichen, gut ausgestatteten Hütten am Berg, die der Geselligkeit der Slowenen entgegen kommen und manchen ausländischen Bergsteiger vielleicht überraschen mögen. Aber auch das gut ausgebaute und markierte Wegenetz des Nationalparks steht denen der Parks in den benachbarten Alpenländern in nichts nach.

Reich der Luchse und Bären. Besucherzentren, Info-Punkte und Museen im Park sorgen neben der filmreifen Kulisse für unbeschwertes Wandervergnügen und Hintergrundinformationen. Zahllose funkelnde Bergseen (darunter die berühmten »Sieben Seen«) und blendendweißer Karst erinnern an die Verfilmung von Karl Mays »Schatz im Silbersee«. Hierfür wurde allerdings im Nationalpark Plitvicer Seen in Kroatien gedreht, nicht allzu weit weg vom Triglav. In den höheren Regionen teilt sich der Wanderer den Triglav-Nationalpark mit zahlreichen Gämsen und Steinböcken, die sich, gar nicht scheu, vom Trubel um den »Dreiköpfigen« wenig beeindruckt zeigen. Deutlich mehr Glück braucht man schon, um Luchse, Bären oder Steinadler vor die Kamera zu bekommen. Dass es inzwischen 1,6 Millionen Besucher pro Jahr geworden sind, zeigt die Vielseitigkeit des Parks, in der ambitionierte Bergsteiger genauso auf ihre Kosten kommen wie Wanderer und Naturliebhaber.

INFO

Nationalpark Triglav
Ljubljanska cesta 27
Slo-4260 Bled
Tel.: +38 6 4 57 80 20 0
Fax: +38 6 4 57 80 20 1
E-Mail: triglavski-narodni-park@tnp.gov.si
www.tnp.si/nationalpark

Berge – eine Leidenschaft
Herausnehmbare Tourenkarten
Fundierte Ausrüstungstests
Bergsteiger Know-how von Profis
Die schönsten Tourengebiete in den Alpen
Reportage: Der Extrem-Skifahrer Benedikt Böhm
TOUREN | TESTS | SERVICE
Bergsteiger
Februar 2009
12 Tourenblätter zum Sammeln
Sextener Dolomiten • Chiemgauer Alpen • Mangfall-Gebirge • Tegernseer Berge • Sarntaler Alpen
WINTERWANDERN
Die schönsten Touren zwischen Chiemgau und Isarwinkel
Allgäu
Skitouren im Tannheimer Tal
Wilder Kaiser
Ein neuer Klettersteig
Tölzer Land
Die Benediktenwand von allen Seiten
Südtirol
Sagenhafte Sarntaler Alpen
WANDERN · KLETTERSTEIGE · SKITOUREN · TREKKING
Bergsteiger-Service
Marktübersicht SKITOURENHOSEN
Drei Zinnen und mehr...
SEXTENER DOLOMITEN
Jeden Monat neu am Kiosk!
www.bergsteiger.de

BILDNACHWEIS

S. 4: Gornergrat Bahn
S. 6: Dietmar Mathis, Kleinwalsertal Tourismus
S. 7: Joachim Burghart
S. 10: Eugen E. Hülser
S. 11: Frank Drechsel, Kleinwalsertal Tourismus
S. 12: © TheDarkNeo/PIXELIO, www.pixelio.de
S. 13: © Elke Hannmann/PIXELIO, www.pixelio.de
S. 15: Richard Goedeke
S. 17: Richard Goedeke
S. 18 und S. 19: Office de Tourisme Chamonix Mont-Blanc
S. 20: Fabrique de chocolat Cailler
S. 21: Schweizerisches Freilichtmuseum Ballenberg
S. 22: Susanne Schenker, Augusta raurica
S. 23: © Lionel Flusin, Montreux Jazz Festival Foundation
S. 24 und S. 25: Zermatt Bergbahnen AG
S. 26 und S. 27: Matterhorn Gotthard Bahn
S. 28 unten und S. 29: © PHOTOPRESS/Jungfrau
S. 30: © PHOTOPRESS/Jungfrau
S. 31: Kraftwerke Oberhasli AG
S. 32: Aareschlucht AG
S. 33: UNESCO Biosphäre Entlebuch
S. 34 und S. 35: Furka Dampfbahn
S. 36 oben: Matterhorn Gotthard Bahn
S. 36 unten und S. 37: Luzern Tourismus AG
S. 38: Hergiswiler Glas AG
S. 39: Appenzeller Schaukäserei
S. 40: Ferienregion Heidiland
S. 41: Graubünden Ferien
S. 42: Stiftung pro Kloster St. Johann
S. 43 und S. 44: Lucerne Festival
S. 45: Festival internazionale del film Locarno
S. 46 oben: Sven Klein, Rorschachenberg
S. 46 unten: Pilatus-Bahnen
S. 47: Rigi Bahnen AG
S. 48: Bergbahnen Engelberg-Trübsee-Titlis AG
S. 49: Säntis-Schwebebahn AG
S. 50: © Claudia Huldi/PIXELIO, www.pixelio.de
S. 51: Kunstmuseum Liechtenstein
S. 52: Liechtensteinisches Landesmuseum
S. 53: Liechtenstein Tourismus
S. 54: Rolls Royce Museum
S. 55: Illwerk Tourismus
S. 55, S. 56 und S. 57: Vorarlberger Illwerke AG
S. 58: Hans Wiesenhofer, Kleinwalsertal Tourismus
S. 59: © FTM/www.guenterstandl.de
S. 60: © FTM/tanner-werbung.com
S. 62: Bergbahnen Oberstdorf/Kleinwalsertal
S. 63: Hörnerbahn GmbH & Co. KG
S. 64: E. Reiter; Photo Pfronten Tourismus
S. 65: Touristikverein Deutsche Alpenstraße
S. 66: Tourist Info Walchensee
S. 67: E.ON Wasserkraft GmbH
S. 68: © by Knappich E.
S. 70: © Christine Braune/PIXELIO, www.pixelio.de
S. 72: Schlossmuseum Murnau
S. 73: Freilichtmuseum Glentleiten
S. 74: Franz Marc Museum
S. 75: Kloster Benediktbeuren
S. 77: Tegernseer Tal Tourismus GmbH
S. 79: Passionsspiele Oberammergau 2000
S. 80: © G. Redmann/PIXELIO, www.pixelio.de
S. 81: Bayerische Zugspitzbahn Bergbahn AG
S. 83: Tourist-Information Zugspitzdorf Grainau
S. 85: Horst Höfler
S. 86: Karwendelbahn
S. 88: Wendelsteinbahn GmbH
S. 89: Chiemsee-Schifffahrt
S. 90 und S. 91: Residenz Heinz Winkler
S. 92: R. Stangassinger
S. 93: InterContinental Berchtesgaden Resort
S. 94: © H. Möer/PIXELIO, www.pixelio.de
S. 95: Horst Höfler
S. 96: Chiemsee-Schifffahrt
S. 98 und S. 99: Institut für Zeitgeschichte Dokumentation Obersalzberg
S. 100 und S. 101: Markt Marktschellenberg
S. 102: Horst Höfler
S. 104: Horst Höfler
S. 105: © Alpinarium Galtür/Margeritha Spiluttini
S. 106: Cube Hotels
S. 107: Alpine Coaster Imst/Abber
S. 108: Tourismusverband Pitztal
S. 109: Aqua Dome
S. 110: Timmelsjoch Hochalpenstraßen AG
S. 111 und S. 112: © Innsbruck Tourismus
S. 113: Alpenzoo Innsbruck-Tirol
S. 114: The PENZ
S. 115: © smart design

Blumenreiche Matten und formschöne Gipfel prägen die Allgäuer Bergwelt

S. 116: © Walter Oczlon
S. 117 und S. 118: Schwazer Silberbergwerk
S. 119 oben: Achenseebahn AG
S. 119 unten: Sennerei Zillertal
S. 120: Hexenwasser Hochsöll
S. 121: Verein Europäisches Burgenmuseum Ehrenberg
S. 122: Ötzi-Dorf Umhausen
S. 123: pro.media kommunkation GmbH
S. 124: Tourismusverband Kitzbühel
S. 126: Pitztaler Gletscherbahn GmbH & Co KG
S. 127: Horst Höfler
S. 128: Mark Zahel
S. 129: Ulrich Grill
S. 130: Luigi Caputo
S. 131: Gut Aiderbichl
S. 132: Schafberg-Bahn
S. 133: Weißes Rössl
S. 134: © Ich/PIXELIO, www.pixelio.de
S. 135 und S. 136: Archiv Salzwelten
S. 137: Salzburger Burgen & Schlösser
S. 138: Haus der Natur
S. 139: Keltenmuseum Hallein
S. 140 und S. 141: Salzburger Land Tourismus GmbH
S. 142: Dachstein/Raffalt.
S. 143: Nationalpark Hohe Tauern
S. 144: OeAV Sektion Warnsdorf/Krimml
S. 145: Salzburger Land Tourismus GmbH
S. 146: Richard Erlmoser
S. 147: © Graz Tourismus
S. 148: © Martina Gomboz
S. 150: Bettina Winterfeld
S. 151: VERBUND-Tourismus GmbH
S. 152: © Wörthersee Tourismus GmbH
S. 153: Landesmuseum Joanneum
S. 154 oben: Roland Mayr/www.naturfoto-mayr.com
S. 154 unten: Jack Wolfskin/Gaudenz Danuser
S. 156 oben: Großglockner Hochalpenstraße AG
S. 156 unten: Mark Zahel
S. 157: Nationalpark Nockberge, Moik & Neffe
S. 158: Giovanni Peretti
S. 159: © Die Gärten von Schloss Trautmannsdorff/Meran
S. 160: Südtiroler Weinmuseum
S. 161: Südtiroler Weinstraße
S. 162: Schloss Tirol
S. 163: Augustiner Chorherrenstift Neustift
S. 164: Tourismusverein Klausen
S. 165: © Stadt Bozen; Fotograf: Augustin Ochsenreiter
S. 166: Südtiroler Archäologie-Museum,
Fotograf: Andreas Kaiser
S. 167: Tappeiner AG, Lana
S. 169: Messner Mountain Museum
S. 170: Maria Weißenstein
S. 172: V. Passiria, Ferienregion Meraner Land
S. 173 oben: Horst Höfler
S. 173 unten: © dumman/PIXELIO, www.pixelio.de
S. 174 und S. 175: Seiser Alm Marketing
S. 176: TVB Rosengarten-Latemar
S. 177: Geoparc Bletterbach
S. 178: Trentino Marketing
S. 179 oben: Trentino Marketing; Fotograf: Ettore Perazzni
S. 179 unten: Eugen E. Hüsler
S. 180: Horst Höfler
S. 181: Trentino Marketing; Fotograf: Michele Dalla Palma
S. 182: © DoRe/PIXELIO, www.pixelio.de
S. 183: B. Kladnik/Slovenian Tourist Board
S. 184: Horst Höfler
S. 186: Mark Zahel

REGISTER

I

J

K

L

M

N

O

P

R

S

T

U

V

W

Z

IMPRESSUM

Produktmanagement: Dr. Heike Degenhardt
Redaktion: Horst Höfler, Egling-Siegertshofen
Layout: COMTEX, Augsburg
Repro: kaltnermedia GmbH, Bobingen
Herstellung: Thomas Fischer
Printed in Italy by Printer Trento S.r.l.

Alle Angaben dieses Werkes wurden vom Autor sorgfältig recherchiert und auf den aktuellen Stand gebracht sowie vom Verlag geprüft. Für die Richtigkeit der Angaben kann jedoch keine Haftung übernommen werden.
Für Hinweise und Anregungen sind wir jederzeit dankbar. Bitte richten Sie diese an:
Bruckmann Verlag
Postfach 40 02 09
D-80702 München
E-Mail: lektorat@verlagshaus.de

Die Deutsche Nationalbibliothek – CIP-Einheitsaufnahme
Ein Titeldatensatz für diese Publikation ist bei der Deutschen Nationalbibliothek erhältlich.

ISBN 978-3-7654-5153-9